城市公共交通管理丛书

Chengshi Gonggong Jiaotong Zhanlue Guihua yu Jihua Tongji Guanli

城市公共交通战略规划与计划统计管理

（2016 年版）

北京公共交通控股（集团）有限公司　编

人民交通出版社股份有限公司
China Communications Press Co.,Ltd.

内 容 提 要

本书主要针对城市公共交通管理人员编写，内容包括：战略与企业战略管理、规划与企业战略规划、公交企业的社会责任报告、计划与企业计划、统计学基础、统计指标及常用统计分析方法、企业生产经营统计分析、信息化在企业统计分析中的应用、统计法律基础等内容。

本书可作为公共交通企业内部各类管理岗位培训、继续教育的首选教材，同时也可作为高等职业教育的专业教材和各级管理人员的参考书。

图书在版编目（CIP）数据

城市公共交通战略规划与计划统计管理：2016 年版/北京公共交通控股（集团）有限公司编. — 北京 ：人民交通出版社股份有限公司，2016. 3

（城市公共交通管理丛书）

ISBN 978-7-114-12797-7

Ⅰ. ①城… Ⅱ. ①北… Ⅲ. ①城市交通—公共运输—交通运输企业—劳动计划—中国②城市交通—公共运输—交通运输企业—劳动统计—中国 Ⅳ. ①F512. 6

中国版本图书馆 CIP 数据核字（2016）第 016887 号

城市公共交通管理丛书

书　　名：城市公共交通战略规划与计划统计管理（2016 年版）
著 作 者：北京公共交通控股（集团）有限公司
责任编辑：李　喆
出版发行：人民交通出版社股份有限公司
地　　址：（100011）北京市朝阳区安定门外外馆斜街 3 号
网　　址：http：//www. ccpress. com. cn
销售电话：（010）59757973
总 经 销：人民交通出版社股份有限公司发行部
经　　销：各地新华书店
印　　刷：北京市密东印刷有限公司
开　　本：720 × 960　1/16
印　　张：22
字　　数：306 千
版　　次：2016 年 3 月　第 1 版
印　　次：2016 年 3 月　第 1 次印刷
书　　号：ISBN 978-7-114-12797-7
定　　价：45. 00
（有印刷、装订质量问题的图书由本公司负责调换）

前　　言

随着我国城镇化发展的逐渐深入，公共交通越来越成为一个城市经济社会发展的重要基础性事业。公共交通是满足人民群众基本出行需要的社会公益性事业，是政府提供的基本公共服务和重大民生工程，受到党和国家领导人的高度关注。加快发展公共交通事业，实现建设现代化公共交通是我国公共交通行业的发展目标。

本书共十四章，包含两大部分内容，第一部分为战略规划类，包括第一章至第五章，从战略的基本概念开始，较系统地介绍了企业战略的理论及应用，结合北京公共交通控股（集团）有限公司（以下全文简称“北京公交集团”）自身发展情况进行了实践性的检验和分析。第二部分为计划统计类内容，包括第六章至第十四章，系统阐述了统计学的基本原理，加强了统计分析、统计方法等基础内容，结合了信息化在统计分析中的应用，详实地介绍了统计法律基础等。

本书由北京公交集团规划发展部组织编写，在教材编写过程中大量参考并吸收了专业理论和行业的著作、教材、论文等文献资料，在此对各种文献的作者表示感谢。本书可作为北京公交集团管理人员、职工的在职教育和岗位培训教材，也可作为全国高等院校交通类专业本专科学生的专业基础教材，同时也可用于公共交通行业内学习交流。由于编者水平有限、时间仓促，书中难免有错误和不足之处，恳请广大读者批评指正。

本书由北京公交集团规划发展部部长季朗超担任主编，副部长唐志军、闫哲任副主编，参编人员及承担的具体分工为：第一章由张丽佳编写，第二章由陈玫、张丽佳编写，第三章由刘春义编写，第四章由杨丽芝、李春清编写，第五章由韩韫喆编写，第六章、第七章、第十一章由刘春义编写，第八章由李欣欣编写，第九章由安午工编写，第十章由刘春义、李欣欣编写，第十二章由许振华编写，第十三章、第十四章由刘滢锴编写。刘春义对全书进行统筹组稿，季朗超部长总纂定稿。

在本书的立项和编写过程中，得到了北京公交集团领导的高度重视和大力支持，在此表示衷心感谢。感谢北京公交集团人力资源部、人民交通出版社股份有限公司为本书的顺利出版所做的大量工作。

编　写　组

2015 年 12 月

目　录

第一章

战略概论

第一节 定　　义

“战略”一词原为军事用语，出自古希腊语“将军”（Strategos），最初指“将军的艺术”。《辞海》对战略的定义是：“军事名词。对战争全局的筹划和指挥。它依据敌对双方的军事、政治、经济、地理等因素，照顾战争全局的各个方面，规定军事力量的准备和运用。”

随着人类社会实践的发展，战略后来被广泛地应用于军事之外的领域，被赋予许多新的含义。将军事战略上的原理应用到商业竞争，就形成了今天人们所熟知的战略管理（Strategic Management）。

究竟什么是战略？在管理学的文献中，对战略的定义可谓众说纷纭、莫衷一是。其中，亨利·明茨伯格——战略管理领域中的一位具有重要贡献的学者，选择从不同的层次和层面对战略进行复合定义，从而能够全面详实地把握战略的要义，并能够适合不同的情境之需。他采用5个在英文中以“P”为开头字母的词语来为战略做出一个综合的“5P”定义，亦即计划（Plan）、计谋（Ploy）、模式（Pattern）、定位（Position）与视角（Perspective）。这种综合的处理虽然不够精炼，却能展现这一定义的丰厚与包容，更加全面具体地捕捉到了战略概念与现象的多面性与复杂性。

一、战略乃计划（Plan）

在最高层面上，战略是一个宏大的计划和蓝图、某种有意识有企图的行动进程，体现于一系列为了实现某种目标和结果而制定的基本方针、政策和准则。总而言之，这种计划通常富于理性和综合性，试图涵盖企业运行和管理的所有重要方面，涉及和警示企业内外各种可能的突变与不测。比如，松下电器公司的创始人曾经制定了一个 250 年战略规划，以每一代人完成 10 年任务的方式推行下去，近乎愚公移山之举。

二、战略乃计谋（Ploy）

在操作层面上，战略可以被理解为一个睿智机敏的策划、聪明狡黠的计谋或者乖巧伶俐的手腕，以利于在某个具体的争斗或冲突中比对手占得上风。相比于总体计划而言，作为计谋的战略，在时间上更加迅速和短暂，内容上更加具体和特定，范围上更加有限和明确，实质上更具有操作性和策略性，受企业的总体计划支配并服务于总体计划。比如，Intel 的产品创新战略使得它的 CPU 产品不断更新，往往在对手赶上之前或某代产品的商品化之前，就已经推出新一代产品，不惜蚕食自己现有产品的销售和利润，从而有效地保证和执行其地位领先和优质高价的总体经营战略。

三、战略乃模式（Pattern）

战略可以是理性的和有意图的，也可以是在一系列决策中自然而然产生的，它作为一种事后体会和总结成的某种模式而被追认和存在。作为模式的战略，指的是企业在一个决策序列中展现出的行为一致性，不管有意与否。作为理性计划的战略可能并未得到实现，而在行动中滋生的“突现战略”（E-mergent Strategy）却可能在无意间自然形成。比如，沃尔玛当年以小城镇为选址对象的战略并非决策者预见的结果，而是由一系列行动和因素所促成，兼容理性、企图、偶然和运气，主要原因之一在于创始人的太太不愿意到大城市生活。

四、战略乃定位（Position）

在其最为容易观察的状态，战略主要反映在企业的定位上，即在竞争中相对于竞争对手的定位。战略联结企业与环境。作为定位的战略，揭示企业所选定的经营范围、产品与市场组合以及其独特的竞争优势。通过这种定位选择，一个企业确定它的细分市场，选择面对某种竞争而回避另外某种竞争，对外部资源与市场空间进行取舍。从这个意义上讲，战略的实质在于寻求恰当的市场定位，从而获取持久竞争优势和长期卓越经营绩效。比如，新东方的初始定位在于为出国留学的人士提供迅速有效的英文考试培训。

五、战略乃视角（Perspective）

战略是一种根深蒂固和系统一致的世界观，是一个企业观察现实的独特视角。作为某种视角或世界观的战略，它昭示企业的基本经营哲学、核心精神、管理逻辑和占主导地位的企业文化。它定义企业的形象认知和“人格”特点。企业通过主导的和共享的价值体系和管理逻辑来感知世界。从这个意义上讲，战略并非一个真实有形的物理存在，而是一种概念，一种概念化了的存在，作为通过某种想象力虚构而成的记忆，储存于相关人士的脑海中。比如，沃尔沃在轿车市场上的战略集中体现在它长久以来信奉并传播的“安全第一”的战略视角以及由此而催生和维护的独特品牌声誉和形象。

有关战略的一些经典定义与陈述可参阅表1-1。

战略的经典定义　　表1-1

定义
一个全面的计划：界定在所有可能出现的不同情况下（选手）如何做出选择。 约翰·冯·诺伊曼，奥斯卡·摩根斯坦，《博弈论与经济行为》，1944
战略可以被定义为确立企业的根本长期目标并为实现目标而采取必需的行动序列和资源配置。 小阿尔弗雷·钱德勒，《战略与结构》，1962
战略是联结公司所有活动的共同线索，是实现目标的途径，是一整套用来指导企业组织行为的决策准则。战略应由四个基本要素组成：（1）经营范围：产品与市场组合；（2）竞争优势：选择优势产品与市场，识别环境变化的特点，寻求机会；（3）协同作用：产品间的相似性，资源与能力的共享，市场、生产、投资和管理方面的协同；（4）增长向量：选择公司发展与成长的方向，如市场渗透、市场开发、产品开发与多元化。 伊戈尔·安索夫，《公司战略》，1965
企业战略是这样一种决策格局：决定并昭示企业的使命、要旨和目标，提供实现目标的基本政策和计划，界定企业的业务范围、它所代表的或者希望成为的那种经济与社会组织以及它要为股东、雇员、顾客和社区所做出的经济的和非经济的贡献。 肯尼斯·安德鲁斯，《公司战略的概念》，1971
战略是一系列决策中反映出的某种模式。 亨利·明茨伯格，《战略制定中的模式》，1978
战略是企业与环境的联结手段。 雷蒙德·E·迈尔斯，查尔斯·C·斯诺《组织战略、结构和过程》，1978

续上表

战略是将组织的主要目标、政策和行动序列整合于一个有机整体的计划模式。一个好的战略帮助企业获取和配置资源，从而根据其相对的内部实力与缺点、预期的环境变化以及明智的对手的伺机举动，造就企业的独特和有利的态势。 詹姆斯·B·奎因，《变革的战略：逻辑渐进主义》，1980
保证企业的基本目标能够得以实现的一个统一的、综合的和全面的计划。 W·F·格力克，《企业政策和战略管理》，1980
业务战略的实质，一言以蔽之，就是竞争优势……战略计划的唯一要旨在于使企业可以尽可能有效率地获得相对于对手的持久优势。公司战略因此意味着试图通过最有效率的途径改变企业相对于对手的实力。 大前研一，《战略家的头脑》，1982
战略是对能够创造和增强企业竞争优势的某种行动计划的有意搜寻。 布鲁斯·D·亨德森，《战略的起源》，1989
战略关乎赢……战略是运用资源建立优势地位的总体计划。战术是一个有关某种具体行动的谋划。 罗伯特·M·格兰特，《当代战略分析》，1996
战略在于与众不同。它意味着刻意选择不同的活动系列，来提供独特的价值组合。 迈克尔·E·波特，《什么是战略》，1996
战略是使得企业保持和增进其绩效的某种资源配置模式。 杰伊·B·巴尼，《获取和保持竞争优势》，1996
战略的实质在于通过打破现有的价值/成本均衡改变游戏规则，从而创建蓝海。 W·钱·金，勒纳·莫博妮，《蓝海战略》，2005

第二节 本　质

任何成功的战略都要综合考虑众多的因素，都要对众多的经营管理问题进行总体谋划与安排，作为功利性组织和营利性组织的企业，其战略的本质到底是什么？

一、企业战略的本质在于持续满足利益相关者的不同需求，使企业实现持续发展

在竞争激烈的现代市场，企业的经营绩效和成败直接决定于多个利益相关者的行为。

所谓利益相关者，是指任何能够影响企业目标的实现或者受企业目标实现影响的个人或团体。利益相关者一般为企业提供了某种资源，如资金、人力资本、环境、政策等。因此，它们关注企业的行为与经营绩效，具有要求从企业获得利益的权利。

利益相关者至少可以分为三大集团（图 1-1），它们分别是：资本市场利益相关者（股东和公司的主要资本提供者），产品市场利益相关者（主要的客户、供应商、所在社区、工会）和组织内部利益相关者（公司所有的员工，包括非管理人员和管理阶层）。

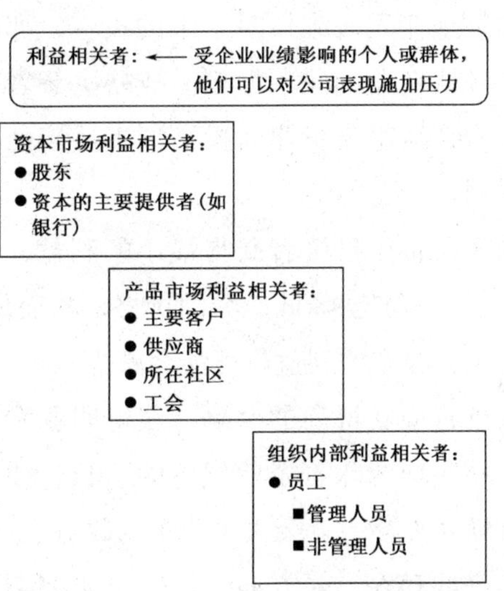

图 1-1　利益相关者分类

每一利益相关者集团，都希望从企业获取期望的价值。然而，不同利益相关者集团的目标通常各不相同，有的甚至相互冲突（表 1-2）。

各利益相关者集团的目标　　表 1-2

利益相关者集团	期望的目标
股东	股价升值及分红
客户	产品和服务
雇员	雇用、工资以及个人成长机会
供应商	销售收入、成长机会
当地社区	就业、经济发展、市政建设

续上表

利益相关者集团	期望的目标
社会大众	经济安全保障、环境保护
商业协会	政治力量、活动经费

股东是企业最显而易见的利益相关者，至少对于中国企业是如此。股东希望他们的投资回报能达到最大化，财富越来越多。然而，企业收益的最大化有时是以牺牲企业的长远利益为代价的。例如，企业可以通过减少研发投入来增加收入，使股东短期回报增加。这种财富的短期增长往往会伤害企业未来的竞争力，而如果企业无法维持对未来的投资，那些拥有多元化股票投资组合的投资者就会将该企业的股票抛售。战略决策者对企业的短期利益和长期利益都负有责任，必须避免企业因投资额不适当的减少对所有利益相关者的利益产生负面影响。

与股东相反，顾客则希望投资者获得最小的利益，希望企业不断提高产品的质量和性能，却不提高甚至降低产品的价格，从而使自己的利益最大化。但是，顾客利益增加了，股东的利益就可能会减少。

同样，企业的雇员希望获得高的薪酬，获得职业发展的机会，拥有良好的工作环境和条件，这些均意味着企业成本的增长，如果这种成本的增长不能通过雇员更多的贡献来弥补，就会减少股东的收益。

由于潜在利益冲突的存在，一方面，每个企业都必须管理好它的利益相关者，首先必须识别所有重要的利益相关者，其次一旦无法满足所有利益相关者的要求，就要依据其对企业的权力大小、满足其需求的紧急程度、其对企业发展的重要程度等，进行区别对待。另一方面，企业既要承担经济责任，又要承担社会责任，而这些都要求企业以赚取超过平均水平的利润，即超额利润为前提。有了超额利润带来的能力和灵活性，企业才可能同时满足多个利益相关者的不同需求。如果企业只能获取平均利润，就很难实现所有利益相关者利益的最大化，企业的目标就会变成最低程度地满足所有利益相关者的需求，甚至都做不到。这种情况下，企业的目标就会退到如何将利益相关者的损失最小化。

当企业经营绩效达到或超过利益相关者的期望时，它们就会继续支持企业。否则，就会减少或撤销对企业的支持，甚至实施对企业的惩罚。企业一旦持续地失去重要利益相关者的支持，就必定失败。因此，企业必须设法持续地满足利益相关者的不同需求。然而，现代企业面临的挑战是各个利益相关者群体的需求和行为是经常变化的。因此，企业必须综合考虑企业内外部各种因素特别是利益相关者群体的需求和行为的动态变化，明察秋毫、见微知著，适时调整自己的经营行为，这就要求从战略上进行总体谋划。同时，要持续地满足利益相关者的不同需求，就必须使企业实现“做强”、“做大”与“做长”的统一，即实现持续发展，避免出现“小老树”式企业（寿命较长，但竞争力长期较弱、规模长期较小）、“过山车”式企业（发展大起大落，极不稳定）和“流星”式企业（快速崛起，迅速消亡）。持续地满足利益相关者的需求与企业持续发展互为因果，互为前提。

因此，战略的本质就是设法使企业持续地满足利益相关者的不同需求，实现持续发展。

二、企业战略的焦点是竞争优势

战略之所以进入商业领域且日益重要，是因为在市场经济条件下，商业领域存在竞争且竞争日益激烈。在激烈的竞争条件下，赢家总是那些具有竞争优势的企业。当一家企业实施了一项创造价值的战略，而其他企业无法模仿或者因为成本太高不能模仿它的战略时，这家企业就获得了持续的竞争优势（Sustained or Sustainable Competitive Advantage）。那些不具备竞争优势的企业充其量只能赚取平均利润而不能赚取超额利润。平均利润（Average Return）是指一项投资的盈利水平与投资者预期从其他相同风险的投资项目可获得的利润。从长期来看，无法获取平均利润将会最终导致企业的失败，因为利益相关者会减少或撤销对企业的支持，甚至实施对企业的惩罚，至少股东会撤资转投其他企业，以期至少获取平均利润。

企业要通过一系列的战略行动来加强自身长期的竞争地位和改善自己长期的财务绩效。优秀企业的战略通常是进攻与防御双管齐下——一些战略行动旨在挑战竞争对手的市场地位，以提升自己的市场地位；另一些战略行动则是针对竞争的压力、竞争对手的策略及其他可能威胁到企业成长安全的因素进行防御。战略是否有效，在于管理者能否在外部市场和企业内部通过一系列行动建立持续竞争优势，具有竞争优势的企业能够赢得市场并实现高于市场平均水平的利润，拥有良好的发展前景；而没有竞争优势的企业，将会被竞争对手战胜，获得并受困于平庸的财务业绩。

按照米勒（Alex Miller）的观点，企业的竞争优势体现在三个方面：向顾客提供更好的产品和服务，或者更便宜的产品和服务，或者使顾客更快地获得产品和服务。如果一个企业具有两个甚至三个方面的竞争优势，那么该企业就处在一个相对较为有利的地位。相反，如果一个企业在这三个方面的表现均欠佳，那么顾客就不能从该企业获取满意的价值，如果是在竞争性的市场，该企业的业绩肯定较差，连“常规利润”都不可能获得。所以，竞争优势就成为战略的焦点，战略管理也可以被定义为对竞争优势的管理。

第三节　特　　点

尽管战略管理学者和企业经理们对战略内涵的认识各不相同，但是对于战略的特点的认识却没有太大的分歧。概括起来，战略主要具有如下特点：

一、目标导向

战略通常具有强烈的目标导向性。战略是实现目标的方法和手段。如果你不知道你要到哪里去，什么战略都无所谓。常识告诉我们，一个战略，只有在具体的目标前提下讨论和实践才真正具有意义。否则，战略只不过是脱离实际情况的简单准则与政策，或是毫无生气的技术手段。当然，没有特定目标的战略，也许不是完全没有可能。比如，无论任何情况和游戏规则，一个企业可以采取和遵循一个简单的准则和方法：无论怎样，在任何时候都不第一个采取行动，然而，也许这种战略本身也隐含了某种目的性。

其实，就战略的的定义本身而言，作为一个实现目标的手段和方法，战略并不包括目标。如此，战略和目标是两个不同的概念，尽管他们通常密不可分。在表1-1中列举的众多战略定义中，很多学者将目标的确立归结为战略的一部分。为什么呢？一个可能的解释大概应当是这样的：这些学者并不只是在定义战略概念本身，而是在描述一个更广泛的过程和现象，即贯穿战略分析、选择和实施过程的整个战略管理实践，并将它浓缩荟萃，简称为“战略”。

二、长期效应

战略，不仅注重目标，而且有长期效应。战略面向未来，把握总体发展方向，并给出实现远见与长期目标的行动序列和管理举措。由于战略决定大政方针和基本方向，它就不可能是短期的伺机行事和即兴发挥，不可能朝令夕改，随意更张易弦。战略通常具有制约和规范作用，表现出某种一致性和稳定性。然而，战略的长期效应，或者说战略决策通常具有长期影响，并不一定意味着对战略进行决策的时间拖得很长。战略可以在某一个短暂的瞬间被一蹴而就地果断敲定，也可以在选择与实施的往返交替中渐进形成。问题的关键是，可以称为战略的东西，一般都具有长期的影响和效应。

三、资源承诺

战略是一种以承诺所支持的姿态和境界。战略决策往往牵扯到大规模、不可逆转、不可撤出的资源承诺。成功则承诺成为明智投资，失败则承诺变成沉没成本。这就意味着，在战略决策序列中，每一步都是有约束力的，通常朝着某个方向深入和强化。有约束力的承诺，意味着对灵活性的某种主动丧失和放弃，使得战略不可能是免费进出和轻易改辙的游戏。当一个企业决定选择某种战略方向时，它也自动和其他一些可能的方向暂时或者永远地分手。这种承诺正是战略长期效应存在的原因。承诺帮助企业创建和确定其竞争定位，并通常是持久竞争优势存在的充分必要条件。

四、冲突互动

战略主要应用于冲突与竞争之中，因此有明显的互动性，必须考虑竞争双方或者多方的动机、利益、实力和行为及其后果。如果没有冲突和竞争，战略也就没有存在的必要。各取所需，各自按照自己的自由意志行事即可。然而，在现实生活中，尤其是商业活动中，由于利益的不同和资源的稀缺，冲突和竞争在所难免。战略的互动性也就不言自明。自戕不需战略，只需计划而已。打败别的对手，则需要诉诸战略。一个企业可以闭门造车，不管对手的行为，只顾自己的意愿。这种所谓的战略还不能称为真正意义上的战略，只是一种不切实际的计划而已。战略不可避免地要考虑对手的行为和反应，因为一个企业的行为结果注定要受其他竞争对手的行为和反应的作用和影响。

战略不是单行线，而双边和多边的交互运动，只不过对手间直接接触的程度和互动的激烈程度随着竞争的环境不同而变化罢了。比如，足球和篮球比赛通常互动性强、你来我往、竞争激烈，而体操和跳水比赛则基本没有对手间的互动和身体接触，各赛各的，互不干涉。即使如此，在赛前准备和参赛节目的选择上，参赛选手也要关注对手的实力和选择。不可否认，一个企业可以通过战略创新而独辟蹊径，开创蓝海，在某个特定时间和空间组合，甩开对手，特立独行。即使如此，以模仿或替代等为手段的竞争对手也必定实际地或潜在地尾随其后，虎视眈眈。因此，长期而言，所有的市场和企业都是“可竞争”的或者说是具有“可竞争性”的，冲突和竞争是不可避免的，即使对垄断企业来说也是如此。

思　考　题

1. 如何理解战略管理对现代企业的重要性。

2. 结合您所在的部门和职责，思考战略思维对您日常工作的影响。

练　习　题

1. 名词解释

战略

2. 简答题

战略的特征是什么？

第二章

企业战略管理

本章拟阐释以下问题。即：企业战略目标；企业愿景与使命；企业功能定位。目的是回答：企业是干什么的？能够干什么？为什么干？打算怎么干？怎么达到目标并享受过程？企业的地位怎样提升？企业战略，是一个历史过程，它包含着昨天、今天和明天；更是一种文化现象，它有着有形的成就和贡献，更蕴涵着意志和精神。

第一节 企业战略

一、定义

企业战略是一个统称，它包括企业发展战略，竞争战略，也包括营销、融资、品牌、技术开发、人才开发、资源开发战略等等。自1965年伊戈尔·安索夫（H. Igor Ansoff）的《公司战略》问世以来，系统的公司战略理论研究与实践获得了极大发展，脱离原本笼统而模糊的战略管理和实践。当然，企业战略随着经济社会的发展，科学技术的进步，本身也在不断变化，内涵不断丰富，形式层出不穷。其中许多今天出现的内容，昨天或前天还预估不到，例如信息化就是一种全新的战略。即使是基本同质的企业，其内、外因素，主、客观条件也是千差万别的。不论是从时间上还是空间上考察，可以说，世界上没有完全一样的两个企业；因此，不会也不应该有完全一样的企业战略。虽然企业战略有多种多样，但其基本属性则是相同的，即都是对某一企业整体、长远和根本问题的谋略。例如：企业竞争战略是对企业竞争整体、长远、根本的谋略；企业营销战略、企业技术开发战略、企业人才战略等，都是对企业相关方面整体、长远、根本的谋略。以此类推。这种企业战略的共性是其基本的属性，而个性则是其谋划问题的层次、范围、角度、时效、影响的不尽相同。然而，在一个企业中，只要涉及的是企业整体的、长远的和根本的问题，均属企业战略的范畴。

二、目标

企业战略虽然内容纷繁复杂，但居首位的则是战略目标的确立。目标有远期、中期、近期之分，但通常考虑的却是企业远期战略目标。唯有科学合理的远期目标，才可以称之为战略目标。因为，远期战略目标是企业的命根子，是其安身立命、存在合理性的依据。没有远期战略目标的企业，无法回答它为什么要存在和为什么能存在的基本问题。或者可以说，它根本就不能算作合格的当代企业。在确立了远期目标的基础上，再根据主、客观条件，从容地安排和设计中期、近期的目标，就会心中有数，顺理成章。这是一个“积土成山，风雨兴焉；积水成渊，蛟龙生焉”的动态过程。

三、研究内容

企业战略目标的确定，首先应当对经济社会发展、科学技术进步及行业整体状况、发展趋势有准确的把握；其次是对区域或行业功能定位，要对其现状和历史有深刻的研究和清醒的认识；再次对公共性质的大型国有企业，更应密切注意地方政府施政理念、不同时期的政策和工作计划，并对之进行分析、研究，在确定区域或行业布局及功能定位前提下，找准自己的位置，主动积极地给予支持和配合，其中尤其要花大力气研究至少最近10年变化的相关动态，作为制订企业规划方案的直接依据。

四、实施方案

目标实施方案是实现企业发展的计划和路径，它是推动企业按照战略目标向前发展的各种对策、措施的集合。简言之，它们是实现企业战略目标的两只脚。它们以时间、空间为轴，有条不紊地把战略目标，渐次落实到各个产业部门，并阶段性地实现企业整体的战略目标。这一过程，包含了发展模式的选定和确立，发展阶段的划分和调整，各方资讯的收集、整理和甄别等繁复、精彩甚至险象环生的内容。

五、执行体系

战略目标的确定是根本，但它仅仅是企业发展方向的确定，远远不是战略目标的全部。战略目标的实现，需要战略执行体系的有效运作，即把战略、策略、战术、战力密切结合起来，各司其职。战略比作大脑，而大脑需要肢体的支撑，血脉的运行，神经的调剂，肌体才具有生机和活力。战略确定方向，是相对稳定的，但也是相对死板的。而战略目标的实现，更需要十分丰富、灵活、多变的策略，以应对纷繁复杂的客观环境；需要不拘一格地采用和创新常规及非常规的战术，以克服各种艰难险阻；需要胸有成竹地、有计划地培养自身的优势，克服可能的缺点，以增强企业的适应性和战斗力。可见，战略执行体系是战略的稳定性和策略的灵活性的能动结合，是战略的原则性和战术的多样性相互补充与制约的过程，是对外部资源的整合和内部组织的调整及实力不断增强的逻辑升华。

只有在这样的执行体系中，企业才能清醒地评价既定战略的优劣，并且可能建立一种补充、修正、更新自身战略目标的机制。可见，战略目标是“死”的，更是“活”的。因为，战略目标在执行中，由于策略和战术的参与，能动地检验了目标的科学性和可行性，并且雄辩地提出了更新目标的方向和途径，也不断地摸索了加强内功的内容和力度。

六、北京公交集团“十三五”总体发展思路

北京公交集团“十三五”发展规划纲要中提出“十三五”总体发展思路：围绕两个发展大局，推进五个维度转型，实施六大发展战略，努力建设国内领先、世界一流的现代公共交通综合服务企业。

围绕两个发展大局，围绕首都“四个中心”新定位。立足首都，全面提升公交服务质量，保障首都城市交通运行安全，提升城市承载能力；围绕京

津冀协同发展战略。在推进非首都功能疏解和筹备 2022 冬奥会运输保障中发挥国有企业功能作用。

推进五个维度转型。围绕中央提出的“创新、协调、绿色、开放、共享”五大理念，着力推进五个维度转型。一是推进技术转型，重塑创新发展动力。把创新摆在企业发展全局的核心位置，完善激发员工积极性、创造性的机制，不断推进观念创新、制度创新、模式创新等各方面创新。广泛应用现代信息技术，实施公交精准服务、精准核算，提高车辆技术水平，投资研发高附加值的公交辅业，推进经验型传统公交企业向现代公交企业转型；二是推进空间转型，争创协调发展优势。强化规划引领作用，科学布局企业生产空间、生活空间、生态空间，深度挖掘各种空间需求。推进地面公交区域协同、城郊一体，深度调整场站服务功能和布局；积极探索新能源领域多元化合作模式，培育优势特色产业。促进公共交通运输、公交资产投融资与管理、汽车服务贸易三大板块协调发展，不断增强企业发展整体性；三是推进能源转型，筑牢绿色发展基础。坚持节约资源和保护环境，大力发展新能源、清洁能源和超低排放公交车，注重节约和集约利用土地，充分整合和利用既有资源，积极应用绿色交通技术，推进绿色科技公交建设；四是推进业务转型，融入开放发展格局。加大“开门办公交”力度，加强与政府相关部门、广大市民乘客沟通，推进与公交行业和企业交流；深化与北京区县政府战略合作，积极融入京津冀协同发展战略，不断拓展对外发展空间，努力形成互利合作格局；引入竞争机制主动向市场放开公交物业管理、车辆清洁、安保服务等业务；五是推进服务转型，增进乘客员工福祉。利用五年时间实现企业跨越式发展，将发展成果更好地惠及全体市民和广大乘客，为百姓提供更高质量公交出行服务，提升公交标准化、均等化服务水平，努力提高广大员工收入水平，实现乘客、员工与企业共同发展。

实施六大发展战略。一是地面公交城乡一体化发展战略。力争全面统筹经营全市地面公交，实现全市公共交通一体化，做到地面公交城郊“同城同质、同质同价”，促进城郊享受均等化公交服务；二是京津冀交通一体化发展战略。围绕国家京津冀交通一体化发展战略，以远郊区县作为支撑和支点，积极发展区域合作，努力争取增量资源，服务京津冀交通一体化，促进京津冀协同发展；三是常规公交与多样化公交协调发展战略。做好常规公交服务，巩固地面公交客运市场，同时丰富多样化公交服务品种，积极争取现代有轨电车经营权，全面提高公交吸引力；四是"互联网+公交"创新驱动发展战略。依托"互联网+"理念、思维和技术，探索实施"互联网+公交"模式，推进公交大数据深度开发和应用，全面提升公交出行服务水平，全面增强企业管理能力，推进商业模式创新，促进互联网和公交有效结合；五是产业资本与金融资本融合发展战略。结合产业投资集团定位，优化公交资产结构，构建公交投融资平台，强化资本运营能力，支持公益性业务发展，分担市财政部分压力；六是汽车服务贸易产业链发展战略。梳理汽车服务贸易产业链，重点发展高价值业务，加强资源整合与优化配置，实施汽车服务贸易产业链管理。

第二节　企业的愿景和使命

一、企业愿景

企业愿景又作企业远景，简称愿景（Vision），或译做远景、远见，它在20世纪90年代盛行一时。企业愿景是企业战略发展的重要组成部分。从哲学角度考察，愿景就是解决企业是什么，要成为什么的基本问题。

（一）企业愿景的概念

企业愿景，即对未来的展望以及使命达成时的景象，是企业未来的目标、存在的意义，也是企业之根本所在。它要回答三个问题：我们的企业是什么，我们的企业将是什么，我们的企业应该是什么。企业愿景，不但为企业确立了努力方向、发展目标，更重要的是企业通过共同愿景确立并为之付出行动，这种共同愿景便成为企业全体成员一种执着的追求和内心一种强烈的信念，它就成了企业凝聚力、动力和创造力的来源。

企业愿景是一幅充满激情的“巨大的画面”，帮助人们意识到在组织中他们应该去做的事情。如果企业的愿景简单、积极并充满激情，人们就能够意识到他们讲要做什么，但是一个好的愿景也会给人以压力和挑战。

（二）企业愿景的要素

企业愿景包括两部分：核心信仰、未来前景。

核心信仰，包括核心价值观和核心使命。它用以规定企业的基本价值观和存在的原因，是企业长期不变的信条，如同把组织聚合起来的黏合剂，核心信仰必须被组织成员共享，它的形成是企业自我认识的一个过程。核心价值观是一个企业最基本和持久的信仰，是组织内成员的共识。

未来前景是企业未来 10～30 年欲实现的宏大愿景目标及对它的鲜活描述。

（三）企业愿景的内容

一般来讲，企业的愿景通常包含四个方面的内容：

（1）使整个人类社会受惠受益。例如，有些企业的愿景就表达出企业的存在就是要为社会创造某种价值。

（2）实现企业的繁荣昌盛。例如，美国航空公司提出要做“全球的领导者”，这就是谋求企业的繁荣昌盛。

（3）使企业员工能够敬业乐业。

（4）使客户心满意足。客户满意是最基础的愿景，因为客户是企业成功最重要的因素，如果客户对企业的愿景不能认同，那么愿景也就失去了意义。

由于企业不仅是企业领导者的企业，也是员工、合作伙伴和社会的企业，随着企业走向发展和壮大，企业必须经历企业迈向社会化的过程。

（四）企业愿景的设定

企业愿景的设定包括以下两个方面：

（1）确认企业目的。企业目的就是企业存在的理由，即企业为什么要存在。一般来说，有什么样的企业目的，就有什么样的企业理念。正确的企业目的，会产生良好的理念识别，并引导企业的成功；错误的企业目的，会产生不良的理念识别，并最终导致企业的失败。

（2）明确企业使命。企业使命和企业宗旨是同义语，是企业经营理念指导下，企业为其生产经营活动的方向、性质、责任所下的定义，它是企业经营哲学的具体化，集中反映了企业的任务和目标，表达了企业的社会态度和行为准则。

作为一家企业最重要和最卓越的战略领导者，企业负责人与其他员工一道工作以形成企业的愿景。经验表明，只有当企业负责人让大多数人（比如高层经理、组织中不同部门的员工、供应商和客户）都参与进来时，愿景才会发生作用。此外，为了使企业能够达到其期望的外来状态，愿景的表述必须清晰地与企业的内外部环境条件紧密联系。企业内部每位成员都应参与构思制订愿景与沟通共识，透过制订愿景的过程，可使得愿景更有价值，企业更有竞争力。

企业愿景反映了企业的价值观和渴望，企业希望借助愿景吸引每一位雇员，最好还能够吸引许多其他的利益相关者。一家企业的愿景比较持久，而企业的使命会根据不断变化的外部条件发生变化。愿景的表述最好是相对简短和精确，而且容易记忆。

二、企业使命

（一）企业使命的含义

企业使命是指企业在经济社会发展中担当的责任和扮演的角色，它严肃地回答企业存在的理由，为确立企业战略目标提供客观依据。企业战略目标制订的前提是确定企业使命，否则战略目标的制订就是盲目的和没有根据的。

企业的使命实际上就是企业存在的根据或理由，是企业生存的目的定位。这种存在的根据或理由，可以是提供产品或服务，可以是满足社会的、经济的、科研的某种需要，还可以是承担其他某种责任。总之，要有事可做，所做的事是社会需要的。如果不是这样，这个企业有什么理由存在呢？

企业的使命，又是企业生产、服务、经营的个性定位。它的确定，回答了企业是干什么的问题，因而才能相应地确立自身生产、服务、经营的方向、指导思想和相关原则。它与战略目标不同，它不是一种抽象的文字表述，而是企业的形象定位：它需要明白无误地明确企业生产、服务、经营的指导思想，表明企业对服务对象、自身员工、行业和市场所承担的责任。

企业使命的确定，具有相对的稳定性，以取得社会的认可和信用，而不应该随意变更。

企业的使命不仅要问答企业是做什么的，尤其要回答为什么做。明确了为什么做，就使企业有了目标和灵魂，有了责任和义务，理所当然地，企业也就有了使命感、荣誉感和内聚力，这些都是构成优质企业文化和企业传统的基础。所以，企业使命确立和推进的好坏，足以影响一个企业的成败。

（二）企业使命的制订

使命回答企业做什么的问题，解决企业存在的理由，决定着企业社会定位和价值取向，规定了企业对经济社会应作的贡献。所以，使命是企业目标、方向、社会责任的集合体，它对企业的生存发展，始终具有指路标的作用。

使命的制订，当然是为了执行。因此，企业管理应当及时跟进。管理的任务，就是调动员工的积极性，将人力、物力、财力、社会资源，合理有序的投入，并从中考验企业的领导力。

企业使命感和社会责任感是企业成功的精神动力。企业领导力的强弱，都得看这种使命感和责任感，在企业各级员工身上体现的强度和效果，看它对每个人影响的广度和深度。影响大的、深的、广的就证明企业的内聚力强，企业使命定位恰当，企业便有辉煌的成就和光明的前景。为达到此目的，在制订企业使命的时候，就要解决如下问题。

1. 企业使命的合理性

使命并不是简单的口号，不是主观随意的几个字，几句话。使命的形成和确立，需要依据企业主体能力和愿望及客观环境需求和允许程度相互吸引、接近、磨合并最终形成契约关系，即要解决主体意愿和环境可能之间的矛盾，使双方的结合成为可能。其关键不是主观愿望，而是客观需求。这中间，仅有抽象可能性是远远不够的，必须具备复杂的、多层面的现实可能性，而且有时甚至在多种可能性中，缺某一方面，就不能成功，严酷到类似“一票否决制”那样。任何勉强的、侥幸确定的“使命”，最后必然酿成难以吞咽的涩果！这里面，客观环境虽然复杂、多变，主观条件也并不会总是高度一致的。细述起来很累赘，总而言之，就是天时、地利、人和，机缘巧合，缺一不可。这就说明企业的公共关系和决策研究往往比硬条件更重要得多。

2. 企业使命的真实性

企业使命应当充分研究和感受到客观需要，权衡自身综合能力，判断两者有可能结合的一种自觉的、有高度责任感的理性行为。它不是头脑发热、感情冲动的结果，更不是心术不正，投机取巧，浑水摸鱼的卑劣勾当，不是蛊惑人心的夸夸其谈，而是要切实兑现的社会承诺。所以，企业使命的严肃性是不言而喻的。

企业使命由其崇高的社会责任所诠释，是其核心价值观的载体，是企业生存与发展的社会公众认可的依据。企业使命体现了企业全体员工的行为共识，是引导和激发全体员工奋发向上，持之以恒，为社会做贡献，为企业谋发展的动力之源。企业使命是动态的，不断调整和常有更新的；它是现实的，也是历史的，还是有预期的：它包含着企业全部的光荣。

三、企业愿景和企业使命的关系

在企业使命决定企业生产、服务、经营及管理的过程中，企业文化随之产生的是企业愿景，亦说宗旨。企业愿景是什么，它同企业使命有什么联系呢？

企业愿景和企业使命相关性极强。使命是硬性任务，没有回旋余地，具有刚性特征；愿景则是柔性的，更多的是思想动员，是企业成员主观上的一种愿望和追求。愿景同使命的关系，很符合中国人的传统思维，即山与水、方与圆、刚与柔的关系，两者是相反的，更是相连的。山是巍峨的壮美，水则是宽容的柔顺；方是刀劈斧削的定型，圆则是随机滑润的适应；刚是不容置疑的任务，柔则是从容推敲的方案。好比战役的动员：司令员气宇轩昂地下达作战命令，政委则和蔼可亲地阐述战役的意义和影响。司令员的命令使人热血沸腾，磨刀霍霍；政委的勉励让人胸有成竹，信心倍增。显然，两者绝对是一体的，但效果是互补的，虽给人以不尽相同的感受，却能达到共同的目标。这就是使命和愿景的异同。

说得具体一些，企业使命只具体表述企业在经济社会中的角色和身份，在经济社会领域里，该企业的具体分工，在哪些经济领域里为社会作贡献。企业使命主要考虑的是对目标领域、特定客户或在某确定方面的供需关系的经济行为及行为效果。企业愿景（或宗旨）则是指企业长期的发展方向、目标、目的、自我设定的社会责任和义务，明确界定企业在未来的社会形象，即企业对社会或具体的经济领域的影响、贡献及市场份额。一句话：尽可能吸引投资及客户，激励内在的热情和积极性，就是企业愿景的全部内容。

四、北京公交集团愿景和使命的确立

根据北京市提出的“三个北京”发展方向，2009 年，北京公交集团制订了企业新的战略目标。即：建设人文公交、绿色公交、科技公交，成为适应首都城市特点和功能的一流公交企业。在此基础上确立了本企业的宗旨：服务公众利益，服务乘客出行；提升企业精神：一心为乘客，服务最光荣；弘扬企业价值观：乘客利益最大化、员工进步最大化、公交发展最大化；引导建立企业服务准则：规范标准、安全便捷、细致周到、文明礼貌；完善企业的质量方针：科学发展、持续改进、追求卓越、建设人民群众满意公交。

在改革发展新常态背景下，在建设国际一流和谐宜居之都的目标指引下，北京公交集团亟需确立与之相适应的、新的企业愿景和使命。社会在发展，技术在进步，在服务对象数量相对稳定的现状下，北京公交集团必须在提高质量，革新技术，规范服务，便利民生上，群策群力，下大功夫，以积极适应自身所面临的、生存和发展的内外部环境压力，从而及时有效地更新企业理念，并充实提高在企业文化之上的优质愿景，满怀信心而又充分务实地完成新时期的企业使命。

自 2013 年以来，北京公交集团在企业愿景和使命的确立方面已进行了许多前期准备工作。2014 年，集团开展了两个方面的软课题研究。一是宣传部开展了《关于公交企业文化 CIS 系统在全体员工中的进一步导入和深化》的研究。自 2005 年北京公交集团发布导入企业文化 CIS 系统（包括企业理念、行为、视觉三个识别规范），为适应内外部环境的变化，针对北京公交的企业发展特点，对企业文化 CIS 系统进行进一步的导入和深化，增强企业文化 CIS 系统的认知和执行功能，为北京公交集团公司在新常态下的改革发展，注入了价值认同感，提升了企业文化软实力。二是规划发展部开展了《北京公交集团社会责任研究》，为推进北京公交集团更好地服务首都经济社会发展，提升北京公交集团美誉度和竞争力，树立北京公交集团高度负责任的品牌形象，促进北京公交集团的可持续发展建立了一个新的外向平台。

在此基础上，集团领导充分征求内部各级干部群众和外部“智库”的意见，提出了新时期北京公交集团的愿景和使命。

企业愿景：引领公众出行方式，提升城市生活品质，成为卓越的国际性公共交通服务企业。

释义：北京公交集团积极发挥公共交通在引领城市发展中的重要作用，致力于公交出行服务品质的不断改善与提升，不断引导和推动公共出行方式升级，着力打造世界一流的公交出行设施、精细化管理和标准化服务，全面提升公交吸引力，让公众选择公共交通出行，进而提升城市生活品质，为城市绿色、经济、可持续发展做出卓越贡献。

企业使命：让更多的人享受更好的公共出行服务。

释义：为满足广大乘客“更安全、更快捷、更方便、更准时、更舒适”的公交出行需求，让公众把公共交通出行作为首选。北京公交集团把提高公交出行服务品质放在首位，加快推进现代企业建设，以现代化设施、精细化管理、标准化服务，让公交出行有更好的体验，担负起企业使命。

实现“更安全、更快捷、更方便、更准时、更舒适”的公众希望和期待，赋予乘客更多更高的尊严感，就能使公共交通出行有更好的顾客体验，从而改变公共交通在公众心目中的印象与形象，让更多的人选择公共交通出行。

而更好的出行体验需要“北京公交”依托现代化的设施、精细化的管理，向公众提供标准化的服务。

现代化的设施，是促使公众享受更好的公共出行的基础。

精细化的管理，是促使公众享受更好的公共出行的保障。

标准化的服务，是促使公众享受更好的公共出行的核心。

“北京公交”坚持深化改革，科学规划，把不断提高服务质量放在首要地位，加快现代化企业建设进程。告别平均化、简单化、粗放化，肩负起“让更多的人享受更好的公共出行服务”的使命。

五、国内外知名企业愿景与使命案例

1. 腾讯集团

腾讯使命——通过互联网服务提升人类生活品质。

腾讯愿景——最受尊敬的互联网企业。

2. 金地集团

金地集团使命——创造生活新空间。

金地集团愿景——以品质提升价值，做中国最受信赖的地产企业。

3. 波司登股份有限公司

波司登使命——让人们的生活更精彩。

波司登企业愿景——树百年企业，创百年品牌。

4. 天一金行

天一使命———以社会责任为己任，通过完善金融衍生品投资行业发展，推进国际金融。

天一愿景——做值得尊敬的金融衍生品投资企业。

5. 中国移动通信

中国移动使命——创无限通信世界，做信息社会栋梁。

中国移动愿景——成为卓越品质的创造者。

6. 迪斯尼公司

迪斯尼公司使命——使人们过得快活。

迪斯尼公司愿景——成为全球的超级娱乐公司。

7. 通用电器

通用电器使命——以科技及创新改善生活品质。

通用电器愿景——使世界更光明。

8. 3M 公司

3M 使命——永远寻求用创新方法解决未解决的问题。

3M 愿景——通过积极致力于环境保护、履行社会责任和实现经济发展，来实现可持续发展。

9. SMRT 有限公司（新加坡）

SMRT 愿景——为人们提供移动服务，提高生活品质。

SMRT 使命——以客户为中心，为人们提供安全、可靠的世界级运输服务和体验。

10. SBS 公共交通运输有限公司（新加坡）

SBS 愿景——以安全，可靠和经济实惠的方式为人们提供移动服务。

SBS 使命——为了实现卓越，创建具有社会责任的企业，我们致力于以合理的价格，为乘客提供安全可靠的服务，创造显著的股东价值。

第三节　企业功能定位

一、企业功能

企业功能是企业生产、服务和经营内容及强度与效果的统一。它由企业在经济社会的表现、影响、声誉和市场份额体现。

经营强度是企业功能最直接的表现，而企业经营内容则应作具体分析。因为企业的情况千差万别，不可能有完全同样的两个企业同时存在。所有的企业，即使是同行业的企业，它们生产、服务、经营的方式、形式、状态、技术分工和水准、创造、更新能力、速度、接触、接受和挑战新科技成果的理念、态度都不尽相同。所以，企业经营内容不可能完全一样。但是，经营内容的细微差别，不足以影响企业的功能。

企业功能是企业能力的表现，但企业功能不等同于企业能力。科学分析企业功能是一个重要课题。因为企业的产品或服务对市场需求的适应度，企业能力发挥程度是否理想和充分，企业对履行社会义务的状况和记录等，都需要通过对现有企业功能的定量和定性分析，才能得到正确结论。企业现有能力虽然是企业功能定位的重要依据，但只有使这种能力同社会需求的契合，才能真正成为企业的功能。因此可以说：企业能力只是静态的，只有使这种静态的能力充分运转起来，发挥着应有的社会效应，较好地服务于社会，能力才转变成功能。只有到此时，功能定位才成为可能，才有实际意义。而活跃着的功能，因为外部环境和内部条件不断的变化，企业功能也会随之不停歇地变化，企业功能的定位也就只能永远是相对的和暂时的。

二、企业功能定位

企业功能定位是在对主、客观条件作了充分考察、检验和试运行后，为企业确定的经营目标、方向、范围、时限和程度。其内容是繁复和多维的。可见，企业功能定位并非简单的企业产品定位。因为，企业功能定位是对企业经营活动整体性定位，涵盖了时间和空间的内容，而企业产品定位只是对企业局部经营、服务行为的认可。企业功能定位是为了对局部经营活动的有效指导，进而引导和决定企业的市场服务、营销等具体行为。

每个严肃的、对经济社会负责的企业，都应当有自己的功能定位，而且这种定位应当是准确的、前瞻的和个性化的。企业功能定位，并不是或不全是企业广告宣传的那些内容，虽然对于企业来说，两者都是不可或缺的。简单概括：企业广告是为了对外的宣传，为了吸引顾客或社会其他群体；企业功能定位，主要是对本身的约束、限制和可能的发展展望。广告是负责任的夸张，要求言简意明、图表清晰、有鼓动效应，使受众垂涎三尺，跃跃欲试；企业功能定位则是实打实的生产、服务、经营过程，要求具体细致，处处落实，接受检验。两者可以分别归纳为：广告是告知客户或服务对象：我是做什么的，我可以为你做什么，我是多么受欢迎，在同行中我具有何种优势等；功能定位则是对内部说：我们可以做什么，应该做什么，社会需要我们做什么，环境和条件允许我们做什么，我们应该在行业内占多大份额等。因此，广告是为了营销自己，而功能定位是为了巩固和壮大自己。广告要对受体投其所好，简要且具有吸引力；功能定位则要企业内部上下齐心、目标明确，劲往一处使，同时还要眼观六路，耳听八方，处理好各种公共关系。可见，广告是想“俘虏”受众，功能定位，是为了占领市场。各司其职，相得益彰。

三、企业功能定位的必要性

企业为什么需要功能定位？答案很简单。因为企业的存在，必须辩证地、清楚地回答几个问题：我是干什么的，我能干什么，我不能干什么，我永远不能或不应干什么。企业弄清楚这几个简单的问题，并在实践中严格遵行，令行禁止，企业就运行得明白，因为它解决了企业的发展方向，明确（包括限定）了追求目标。

但是，企业功能定位的必要性，远远不是这样简单的答案。因为：做什么，能做什么，不能和不应做什么，所面临的选择和决定，是异常复杂的。它受到时间、地点、条件、环境的严重影响和制约。主客观情况的规律性因素，虽然可以研究、探索和部分把握，但那只是相对的，而把握不准，变幻莫测则是绝对的或常有的。因此，企业有时可能被假象蒙蔽，把假象误当作事实；有时确乎是真实的存在，但稍纵即逝，牢牢抓住的却是昨日黄花；有时一个本来极有希望和潜力市场，却因复杂的原因，时移世易，一个晚上由利好变为利空，一觉醒来，满场飘绿；或者“割头换颈”的“铁哥儿们”，突然间把企业核心技术出卖给了“仇家”。如此等等，不一而足！这样的境况，在企业间，在商界是屡见不鲜的。这当然不是“干什么”、“能干什么”能够回答的。因此，在讨论企业功能定位必要性的时候，必须考虑影响功能定位的诸多不确定性。本想定位，却又可能会变，会错，会过，会误。经常遇到的情况是：生产、服务、经营的内容或策略选择错误，规模大小选择不当，经营相关伙伴的诚信判断不准，外部环境变化的速度、裂度估计不足；或者，经营范围的宽窄把握不够准确，因为资讯掌握不足，而在发展程度和速度上缺乏预见性和前瞻性；或者因为公共关系或市场调研的缺失，在企业市场的保有量和开发量上，在信贷资金的出入上，可能遇到障碍，因而影响经营的效益；或者对企业生产、服务、经营领域性质了解不多，可能产生盲目冒进，或者一味畏葸不前，错失时机，浪费资源；当然，最让人挠头的是对自身在行业中的地位缺乏客观、准确的评判：盲目自大，会力不从心；谨小慎微，会作茧自缚，都会影响自身正常发展，常常会因而追悔莫及！

尽管如此，企业功能定位并非不可知的，准确定位也不是无规律可循的。企业不能主观上不切实际地追求不犯错误，只能要求自己不犯大错误，犯了错误有一种机制迅速发现和纠正。要做到这一点，重要的是经常准确、及时地了解、把握、驾驭主、客观情况；实事求是、有的放矢地总结经验、善于学习国内外历史和现实经验，并在经营实践中恰当应用；始终注重企业形象的塑造，不断提升企业在经济社会中的信用等级，广结善缘，取信于民，植根于市场中；建立学习、创新型企业团队，既有雄心壮志，又能知所进退，既要当仁不让，又要谦虚谨慎，既要强调效益，又要救人急难。以此铸就高尚的企业文化，而在企业功能定位上，在规模大小、气势强弱、入市缓急、策略用废、市场进退的选择上，往往能够从容应对，得心应手。这些功课，都要用在平时，临时“抱佛脚”，菩萨是不会“显灵”的。进退取舍，存乎一心。所以，出色的企业，是靠长期目标明确，但并不十分显眼地逐步积累起来的。

四、北京公交集团的企业功能定位

“十三五”时期，北京公交集团将处于深化改革发展的关键时期，这期间客运市场还将持续发生巨大变化，能否确定清晰的企业功能定位，决定了北京公交集团是否能够实现改革发展的目标、是否能够跟上时代发展的步伐、是否能够完成市委市政府和广大市民的要求和期待。因此，北京公交集团经过深入研究，结合市国资委对企业的分类，确定了企业在“十三五”时期的定位。

（一）企业分类

根据《市委市政府关于全面深化市属国资国企改革的意见》（京发

〔2014〕13号）和《市国资委关于印发〈市属国有企业分类实施意见（试行)〉的通知》（京国资〔2014〕9号）要求，市属国企分为三类：城市公共服务类、特殊功能类、竞争类（战略支撑类或一般竞争类），本企业分类为城市公共服务类。

按照企业分类的职能，北京公交集团一直以来以建设人民群众满意公交为目标，承担国有企业应尽的社会责任，努力满足广大乘客的公共出行需求，发挥着首都公共交通的主体作用。“十三五”期间，北京公交集团将继续坚持公益定位，努力提高服务水平，方便乘客出行，促进首都经济社会发展。

（二）北京公交集团“十三五”时期定位

北京公交集团对企业性质、战略机遇、发展形势等进行了深入细致的分析。

(1) 从公交企业的定位分析，城市公交是城市功能的重要组成部分，承担着为市民出行服务的主要功能，是城市经济社会活动的“动脉”，是联结城市工业、居住、公用、文教、商业、服务和公园以及市郊农村的“纽带”，公交企业在发挥城市功能，组织经济和社会发展方面承担着十分突出的作用。

(2) 从战略机遇分析，“十二五”末期，北京明确了首都战略功能定位和京津冀一体化发展策略，为公交企业发展提供了难得的发展机遇。同时，公交优先政策的进一步落实为公交企业的发展提供了保障。北京公交集团公司一直以来，拥有公共电汽车运营、出租车运营和长途业务等与公共交通和道路运输息息相关的业务，这也是北京公交集团公司多年来服务首都城市运行的重要功能体现。

(3) 从北京公交的发展历程分析，北京公交集团公司拥有多年的历史，具有丰富的地面公交运行经验，在公共交通行业中处于主体地位，并在历次重大政治保障任务中发挥了重要作用。北京公交集团公司从线路运营里程、车辆数和客运量等多个方面的指标均居世界领先地位。但是，北京公交集团公司需要从信息化、科技化、智能化、精细化、规范化、标准化等多个软实力方面提升综合实力。为此，提出在“十三五”时期达到国内领先、世界一流，并且从企业治理、运营指挥、后勤保障等多个方面实现现代化。

（4）从国资国企改革的要求分析，根据市属国资国企改革对公交企业的新要求，北京公交集团公司主动转型升级发展，制定了深化改革发展发展，为“十三五”期间的发展奠定了坚实的基础。

（5）从政府和市民的需求分析，面对缓解首都交通拥堵、改善空气质量的迫切需求，北京公交集团公司积极提高运营效率和服务质量，为满足多样化出行需求所提供的公共交通服务等方面做出了多方面努力。“十三五”时期，北京公交集团公司将充分利用企业现有广告传媒、汽车服务等与公共电汽车紧密相关的资源，以“互联网 +”思维，着力从提升和改善广大市民和乘客的出行服务品质的角度出发，实现这些资源的有效利用，更好地满足广大市民的需求，为首都新的功能定位作出更大的贡献。为此，北京公交集团提出在“十三五”时期紧紧围绕城市公共交通，发展与此密切相关的综合服务。

（6）从北京公交集团目前的规模分析，与国内外主要城市地面公交企业的对比中，北京公交集团在车辆数、日均客运量、线路条数、员工数等主要指标上，都在全国、乃至世界处于领先地位。但在信息化服务程度、运营效率等方面与国内外优秀企业相比存在一定差距。“十三五”时期北京公交将加快转型升级，努力稳固国内领先的地位，向国际一流的公交企业靠拢。

基于以上原因，北京公交集团将“十三五”时期的定位确定为“立足首都，服务京津冀，努力打造国内领先、世界一流的现代公共交通综合服务企业”。

第四节　战 略 管 理

一、战略管理概论

现代管理学把战略管理定义为：企业确定其使命，根据组织外部环境和内部条件设定企业的战略目标，为保证目标的正确落实和实现进行谋划，并依靠企业内部能力将这种谋划和决策付诸实施，以及在实施过程中进行控制的一个动态管理过程。

（一）战略管理学派

在40多年来战略管理的实践基础上，战略管理的理论逐步由静态转为动态；由战略制定与实施相分离转为相结合；由单一转向综合。表现在战略管理学派发展上尤其明显。

（1）设计学派

设计学派以安德鲁斯教授及其同仁们为代表。设计学派认为，企业战略的形成必须由企业高层经理负责，而且战略的形成应当是一个精心设计的过程，它既不是一个直觉思维的过程，也不是一个规范分析的过程；战略应当清晰、简明，易于理解和贯彻。

（2）计划学派

计划学派以安索夫为杰出代表。计划学派认为，战略的形成是一个受到控制的、有意识的、规范化的过程。战略行为是对其环境的适应过程以及由此而导致的企业内部结构化的过程。

（3）定位学派

定位学派的杰出代表人物是迈克尔·波特。定位学派认为企业在制定战略的过程中必须要做好两方面的工作：一是企业所处行业的结构分析；二是企业在行业内的相对竞争地位分析。

（4）创意学派

创意学派认为，战略形成过程是一个直觉思维、寻找灵感的过程。

（5）认知学派

认知学派认为，战略的形成是基于处理信息、获得知识和建立概念的认知过程，其中后者是战略产生的最直接、最重要的因素，而在哪一阶段取得进展并不重要。

（6）学习学派

学习学派与以往学派的不同之处在于，它认为战略是通过渐进学习、自然选择形成的，可以在组织中出现，并且战略的形成与贯彻是相互交织在一起的。

（7）权力学派

权力学派认为，战略制定不仅要注意行业环境、竞争力量等经济因素，而且要注意利益团体、权力分享等政治因素。

（8）文化学派

文化学派认为，企业战略根植于企业文化及其背后的社会价值观念，其形成过程是一个将企业组织中各种有益的因素进行整合以发挥作用的过程。

（9）环境学派

环境学派强调的是企业组织在其所处的环境里如何获得生存和发展，其不过起到了一种让人们关注环境因素的作用。

（10）结构学派

结构学派把企业组织看成是一种结构——由一系列行为和特征组成的有机体；把战略制定看成是一种整合——由其他各种学派的观点综合而成的体系。

面对技术创新加剧、竞争日益激烈、顾客需求多样化、网络对社会生活方式以及商业活动的巨大冲击，可以预言，战略管理理论必将面临新的挑战。

（二）战略管理的发展

清华大学经济管理学院曾承担国家自然科学基金项目“中国工商管理学科发展战略研究”，其中，研究了战略管理学科的发展方向和发展趋势问题，从它们的研究成果中可以看出战略管理的发展方向和发展趋势。

（1）战略环境的发展

信息技术和日益增强的市场力量正在重塑全球经济，把人类社会推向所谓的“后工业社会”。1994 年美国战略管理协会（Strategic Management Society，SMS）召开会议，研讨战略管理作为一个研究领域的发展前景问题。由普拉哈拉德、哈默尔、申德尔（Dan Schendel）等人编撰的会议总结识别出十种对于企业战略管理具有重大影响的因素。

企业在这种战略环境中经营，其面对的复杂性与日俱增，主要表现为两个方面：其一，企业战略决策需要考虑越来越多的因素；其二，这些因素的变化越来越快。战略管理作为应对环境不确定性、动态性、复杂性的学问变得愈加重要。

（2）研究对象的发展

首先，竞争的概念得以扩展。过去的一般认识是企业之间的竞争发生在业务层面，公司之间不直接竞争（Michael E. Porter，1987）。最近，有学者认为公司之间同样存在竞争，表现为能力之争和标准之争等（C. K. Prahalad，Gary Hamel，1994）。其次，信息化促使了“3C”的变化，即企业的顾客（customer）发生了变化，竞争（competition）成了动态竞争，变化（change）本身也在变化。因而，战略管理面临许多新的研究问题，比如网站和电子商务企业的战略管理等。再次，跨国公司的影响日益巨大，并出现了许多新的情况，战略管理与国际管理的联系日益紧密。最后，企业群落正在进入战略管理的研究范围，比如虚拟企业、企业集团、战略联盟以及波特提出的企业聚集等。

（3）战略内容的发展

基于资源的观点从企业内部寻找竞争优势的来源，这是战略管理领域当前最显著的发展趋势，并产生了一系列重要的概念和研究领域，比如核心能力（core competence）、动态能力（dynamic capability）、动态竞争（dynamic competition，也叫超竞争，hyper competition）、知识产权保护与知识管理（protection of intellectual property and knowledge management）等。

（4）战略过程的发展

首先，战略管理的十大学派的融合。基于理性主义的战略过程将衰落，适应环境的不确定性、动态性、复杂性，理性主义与非理性主义相结合的战略过程将受到更多的重视。其次，新的战略过程将围绕设计、演进、变革三个主题，而战略演进与战略变革变得愈益重要（Aime Heene，1997）。再次，如果把战略过程分为战略的制定和实施两个部分，战略实施的研究将受到越来越多的重视。此外，战略过程的研究将深入到战略智慧、管理哲学层面。

（5）战略管理理论的发展

战略管理研究涉及众多学科。斯达巴克（William Starbuck，1965）认为所有与组织有关的文献都对战略管理研究有所贡献，明茨博格甚至把这一范围拓展到所有学科领域（Henry Mintzberg，etc，1998）。其中，与战略管理联系比较密切，构成该学科理论基础的学科呈现出以下发展趋势。首先，产业经济学，尤其是建立在博弈论之上的产业经济学，可能是今后战略管理研究主要的理论基础；进化经济学估计也将产生较大影响；其次，心理学、社会学、政治学仍将对战略管理研究产生巨大影响；此外，有些学科正在逐步渗透到战略管理领域，包括人类学、伦理学、复杂理论等。

（三）战略管理的层级

在现代企业中，我们经常会发现战略阶层的现象：战略在不同的企业管理层面上同时存在和作用。霍弗和申德尔（Hofer and Schendel，1978）对企业的战略阶层给出了最早也最为详尽的论述。他们把企业的战略分为制度战略、公司战略、业务战略和职能战略。制度层面的战略通常在“企业、政府与社会”等课程中探讨，而职能层面的战略通常在具体的职能课程中考察，比如营销战略、生产制造战略和融资战略等。战略管理领域所关注的两个层面则是公司战略和业务战略。这两个层面的战略都需要一般或总体管理人员执掌，而非具体职能部门负责。一般而言，公司战略指导和影响业务战略，业务战略则统领和整合各个职能战略。

1. 制度战略

制度层面的战略是一个企业在社会领域而非竞争领域的战略。它所面对的问题是如何解决企业的社会合法性问题。在其所进行经营活动的社区中，作为一个企业公民，承担社会责任和义务，关注人文和自然环境，在非经济领域为社会作贡献等，可以帮助企业增进其公众形象和认知。也就是说，行善可以转换成赢利。那些社会形象良好的企业通常可以享用各类免费的宣传和报道，提升顾客的忠诚度和美誉度，从而间接地对其在竞争领域中的作为进行正反馈。比如，美国 Ben & Jerry’s 冰激凌和英国的 Body Shop 就是制度战略方面的高手，在环境保护等方面的贡献为它们赢得了许多顾客的尊重和好感。联想公司“高举民族工业大旗”的口号与精神，也在一定程度上为其赢得了国内顾客的赞誉和称许。

2. 公司战略

公司，在现代企业制度下和通行的管理文献中，通常指的是多元化经营的企业。公司战略，或叫做公司总体经营战略，应对如下基本问题：我们经营哪些业务？我们将要经营哪些业务？就实质而言，公司总体经营战略的要务在于企业经营范围的选择，即企业经营业务的数量、种类与相关性。在此基础上，公司战略还要关注和管理企业资源在不同业务间的配置、核心竞争力的培养、公司总部与业务单元之间的关系以及公司与其他企业之间的关系与交往，比如，战略联盟以及其他方式的合作安排。具体而言，公司战略的主要任务是管理企业的多元化经营，从多元化的动机和诱因、种类和形式、方向和途径、手段与模式（比如内部发展或者兼并与并购），到多元化经营的绩效与风险。

简单来说，公司战略要点是回答我们做什么和如何做，具体说来包括下列几个方面：

（1）经营业务和主营业务的定位。

（2）如何优化资源配置。

（3）如何进行外部交易。

（4）如何建立整体协同优势。

公司层战略可以分为：紧缩战略、稳定战略和成长战略。紧缩战略是指企业处于不利竞争地位时采取的收缩或撤退战略。稳定战略，又称为防御战略（积极与消极之分），是巩固既得优势、维持现状的战略。成长战略，又叫发展战略，是在现有的基础水平上，向更高一级的方向发展的战略。成长型战略主要包括三种基本类型：一体化战略、多元化战略和密集型战略。

3. 业务战略

业务单元，通常指的是公司中一个相对独立的并拥有自己的总体管理阶层的经营实体和利润中心。业务战略，或称为战略业务单元的竞争战略，主要应对如下问题：给定企业的经营范围，在某一个具体的行业或市场中，一个业务单元如何去竞争并获取竞争优势？就实质而言，业务战略的要务在于如何在某项业务中耕作和挖掘：确定相应的竞争定位与竞争态势，发现竞争优势的源泉和持久动力，并实现长期的优秀经营绩效。业务战略涉及对具体竞争环境和业务单元内部运作的分析，专注于同一产业中不同企业间的竞争动态和交锋。显然，当一个企业只有一种业务的时候，它的公司战略和业务战略互相重叠，其业务战略就是其公司战略，反之亦然。

根据迈克尔·波特教授在其《竞争战略》一书中的观点，业务战略有三种基本模式，即成本领先战略（Cost Leadership）、差异化战略（Differentiation）和集中一点战略（Focus）。成本领先战略是指企业通过努力挖掘现有资源的优势，在行业内保持整体成本领先，从而以最低的成本为其产品定价。如果成本领先战略不可行，但公司却能按照某些顾客所重视的性能将其产品加以分化，并且这样做的成本低于预期的额外收益，则产品差异化也许是最为合适的战略。如果企业不能以低成本或产品差异化战略进入整个市场，那么还会有一个可以坚守的市场位置来提供上佳的表现机会。在这个市场位置上，企业营销又不可避免地要在低成本和产品差异化之间进行选择，但是在这里，如果市场位置选择适当，那么这个市场的规模可以使公司在更为有限的成本和产品差异化能力基础之上继续发展。由于三种基本竞争战略的侧重点不同，所以三种战略的实施条件也不一样。企业在实施这三种战略时，要综合考虑企业的能力和资源条件、企业的组织与控制手段等。

4. 职能战略

职能战略，意指一个业务单元中不同职能部门的战略，其主旨在于为业务单元的竞争战略服务。职能战略应对如下问题：我们职能部门如何为业务单元的战略选择和实施作出相应的贡献？具体而言，职能战略通常支持业务战略，甚至在某些情况下决定业务战略的成功。比如，在业务战略层面，差异化战略的成功实施通常取决于出色的营销战略和制造或操作战略。聪明的营销战略可以从强调身份、地位和荣耀人手，帮助增进和提高企业产品和服务的无形价值。合适的制造和操作战略能够使得企业的产品和服务质量优异、工艺精良、准确一致、可靠性强。这种有形优势和无形优势的组合才会使差异化的优势真正强大持久。

（四）战略组合及协调统一

公司不同层次上的各个战略构成了一个公司特有的战略组合。公司越大，公司需要采取的战略行动就越多、战略组合就越复杂。战略组合中的各个战略只有形成一个彼此一致、相互支撑的战略模式，才能收到理想的整体战略管理的绩效。

图2-1勾画出了存在于公司战略组合中的网络结构关系。双向箭头表示在各个层次的战略展望、使命和战略之间同时存在自上而下和自下而上的影响。而且，业务多元化公司内的相关业务之间以及某一业务领域中的相关流程、职能和运营活动之间也有双向影响。这种协调关系越紧密，就越能确保组织各部门不偏离公司既定的战略路径。

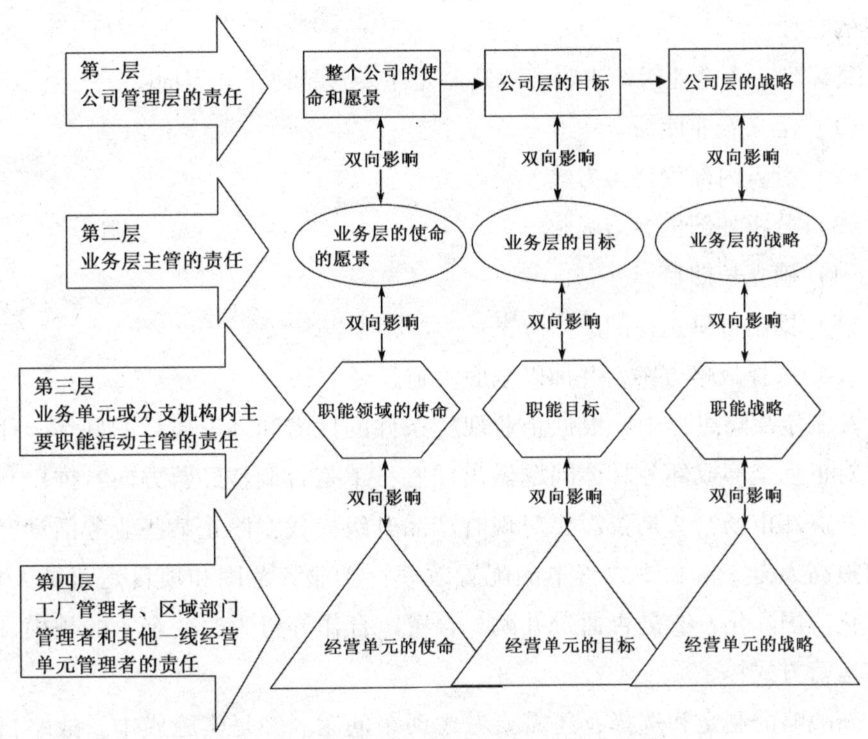

图2-1　公司各种战略的网络结构关系

（五）战略管理的内容

战略管理由战略制定、战略实施和战略评价三部分组成，又称之为“战略管理三部曲”。

1. 战略制定（Strategy Formulation）

什么是战略管理的任务呢？管理学大师彼得·德鲁克说，战略管理的主要任务就是要通盘考虑企业的使命。战略管理任务的重担，首先要落在“战略决策者”肩上。在战略决策者的主持、指挥和协调下，战略管理任务被分解、分配给有关个人和部门分阶段、分步骤加以落实。

落实战略管理任务，首先要明确“我们的战略是什么?”这是战略管理第一阶段要完成的工作——战略制定。

所谓战略制定，是指确定组织的使命，分析组织完成既定任务依赖的系统条件和面临的环境因素，树立组织的长远目标，提出可供组织选择的战略方案的过程。

具体到一个企业组织来说，战略制定主要包括以下几方面：

（1）定义企业使命。

（2）盘点内部优势与劣势。

（3）分析外部机会与威胁。

（4）确立长期目标。

（5）提出可供选择的战略方案。

（6）选择战略方案，并加以全面实施。

在制定战略过程中，根据企业现实条件的优劣和环境质量的好坏，往往需要对下列全部或部分具体问题做出回答：①是否调整经营方向？推出新业务？开辟新市场？②是否需要对现有产品升级换代？停止某些业务活动？③如何提高人力资本和物力资本的配置效率？④业务范围和项目是否扩大化、多元化、国际化？⑤是否通过并购、合资、合作等行为改变企业的规模、结构和运营方式?

新战略的制定和选择，还需要考虑两个问题。一是实施成本。战略目标的实现需要消耗资源，而组织的资源具有稀缺性。战略方案无论多么精致，只要成本不合理就无法采用。新战略的制定，必须有利于企业对受益最大化目标的追求。二是持久影响。一旦做出战略决策，企业的资源、技术、产品和市场，都将在长时期内保持稳定。新战略的选择，可能成功，也可能失败。不管是成功还是失败，其影响都将长期存在。

2. 战略实施（Strategy Implementation）

战略实施，即贯彻执行组织既定的战略。主要的战略实施活动如下：

（1）建立有效的组织结构。

（2）培养有利于战略实施的组织文化。

（3）调整经营方向。

（4）制定合理的预算方案。

（5）建立有效的激励机制。

战略实施是战略管理活动的重点和难点。无论把战略制定得多么完美、精致，如果得不到有效的贯彻、执行，只能算纸上谈兵。战略实施的失败，不仅对组织利益的增进毫无意义，而且会使制定战略的成本无法收回。为了成功实施战略，需要调动全体员工的积极性。组织的战略，先必须得到管理者的理解和支持。然后，通过管理者的工作和激励机制，使组织中的生产者领会战略精神，并努力实现在自己的行动中。

要做到这一点并不容易，至少会遭遇两方面的困难：其一，组织中的员工，在地位、利益、能力、观念等诸多方面存在差异，难以对组织战略形成一致看法，因而步伐往往不能协调一致；其二，战略的实施，会重新调整利益结构，使既得利益者的获利水平和能力下降，因而可能会受到既得利益者隐蔽性甚至公开性的抵制。

3. 战略评价（Strategy Evaluation）

战略评价，是指重新审视系统条件和环境因素，判断、评估既定战略的实施情况，必要时做出调整。

战略具有长期性，内部条件和外部因素处于不断变化之中。因此，需要根据已经发生的变化，对既定的战略进行局部调整、修正。

决策者、管理者都非常需要了解组织战略的实施情况——有没有问题？问题出在何处？战略评价正是获得相关信息的有效途径。

一项计划、决定、行动、政策或制度，在完成之后，或者实施一定时间之后，对结果或效果进行“事后评价”，十分必要。通过评价、评估，可以总结经验、发现问题、找出原因、改进方法，为战略目标或长期规划的调整、修正提供依据，为再次行动计划的制定避免误区。如果行之有效、行之有成，那就发扬光大；如果行之低效或无效，那就需要分析原因，提出改进意见；如果完全失败，那就找出原因、吸取教训，有机会再来。

二、战略分析——SWOT 分析法

上节中介绍了战略管理的内容，其中，战略制订是进行战略管理的基础，而战略分析是战略制订的前提。本节介绍一项战略分析的基本方法——SWOT 分析法。

主要目的是评价影响企业目前和今后发展的关键因素，并确定在战略选择步骤中的具体影响因素。战略分析包括三个主要方面：

第一，确定企业的使命和目标。它们是企业战略制定和评估的依据。

第二，外部环境分析。战略分析要了解企业所处的环境（包括宏观、微观环境）正在发生哪些变化，这些变化给企业将带来更多的机会还是更多的威胁。外部环境因素分析中最重要的是社会的宏观环境分析。

第三，内部条件分析。战略分析还要了解企业自身所处的相对地位，具有哪些资源以及战略能力；还需要了解与企业有关的利益和相关者的利益期望，在战略制定、评价和实施过程中，这些利益相关者会有哪些反应，这些反应又会对组织行为产生怎样的影响和制约。内部环境的分析是对自己组织的长处与缺陷的分析，而内部环境与外部环境不一样的根本点在于，企业或机构内部能够控制自己内部环境。内部环境因素的分析主要包括企业或机构的管理、市场营销、财务、生产、研究和开发以及计算机信息系统的支持。

战略规划，虽然是一个借助客观信息进行主观判断分析的过程，但是仍可以借助定量化的战略分析工具帮助决策，在战略规划的不同阶段，可以运用不同的分析工具。其中，在外部和内部环境分析阶段，可以运用产业价值链分析方法、竞争态势矩阵、波特五种力量模型、外部因素评价矩阵、内部因素评价矩阵等方法；在战略形成阶段，可以运用 SWOT 分析方法、BCG 矩阵、大战略矩阵、定量战略计划矩阵方法；在战略实施和战略评估阶段，可以运用综合战略管理模型、平衡积分卡等工具和方法。下面重点介绍一下 SWOT 分析法。

SWOT 分析的主要目的在于对企业的综合情况进行客观公正的评价，以识别各种优势、劣势、机会和威胁因素，有利于开拓思路，正确地制订企业战略。SWOT 分析法常常被用于制订公司发展战略和分析竞争对手情况，在战略分析中，它是最常用的方法之一。SWOT 由“S”、“W”、“O”、“T”4 个英文字母组成，它们分别代表着一个单词，也就是说，SWOT 实际上是由 4 个单词组成的。

S：Strength，优势，是在竞争中拥有明显优势的方面，如产品质量优势、品牌优势、市场优势等。

W：Weakness，弱势，是指在竞争中相对牌弱势的方面。一个公司具备相当的优势并不代表它就没有弱点，厂商只有客观评价自己的弱势，所采取的对策才会对企业发展真正有利。

O：Opportunity，机会，即外部环境（通常指宏观市场）提供的比竞争对手更容易获得的机会，而这种机会往往可以比较轻松地还来收益。例如一个城市如果在不远的周围开采出一块储量丰富的油气田，意味着这个城市的燃气企业面临着一个绝好的发展机会。

T：Threat，风险，主要指一些不利的趋势和发展带来的挑战，一般指一种会影响销售、市场利润的力量。厂商一般会对可能出现的风险制定预防和管理的方案。风险本身并不可怕，可怕的是没有一套预警机制和相应的避免管理风险的机制。

SWOT 分析是把企业内外环境所形成的机遇（Opportunities）、风险（Threats）、优势（Strength）、劣势（Weaknesses）四个方面的情况，结合起来进行分析，以寻找制订适应合本企业实际情况的经营战略和策略的方法。SWOT 方法的基本点，就是企业战略的制订必须使其内部能力（强处和弱点）与外部环境（机遇和威胁）相适应，以获取经营的成功。

SWOT 分析方法框架见图 2-2。在图 2-2 中，I 的 SO 组合表示企业的优势要素同时与企业外部环境的机会有关，企业应充分利用这些资源，这些要素所在部门业务一般可以考虑增长性战略；II 的 ST 组合表示企业的这些优势要素与企业外部环境的威胁相关，在利用这些优势要素的同时，要加强对环境的监视，为减少环境的威胁，这些要素所在企业或部门可以考虑采用多元化发展战略；III 的 WO 组合表示企业的劣势要素与企业外部环境的机会相关，这表明企业应该对这类要素积极进行改进，以抓住市场机会，这时企业应采用扭转战略；Ⅳ的 WT 组合表明企业的劣势要素与企业外部环境的威胁相关，对此企业一般应消除这些劣势要素，采用防御性战略。

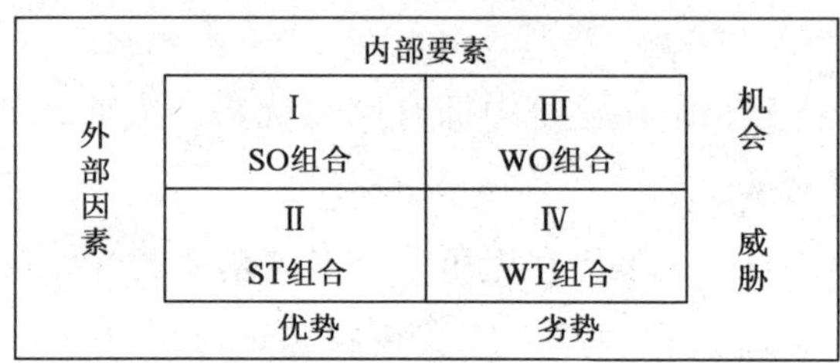

图 2-2　SWOT 分析方法框架图

三、国内公交企业战略管理成功经验

成都是一座对游客很有吸引力的中国西部城市。成都公交集团作为成都主要的公共交通企业成立于 1952 年 7 月 1 日。到 2006 年成都公交集团已经发展成为中国的五大公共交通企业之一，拥有 3866 辆公交车和 14800 名员工。

（一）进行战略管理前的成都公交

如图 2-3 所示，成都公交集团在 2006 年有五个子公司。在这些子公司中，一公司和四公司是全资子公司，其他三个是合资子公司。当时，成都公交集团面临着很多棘手的问题。

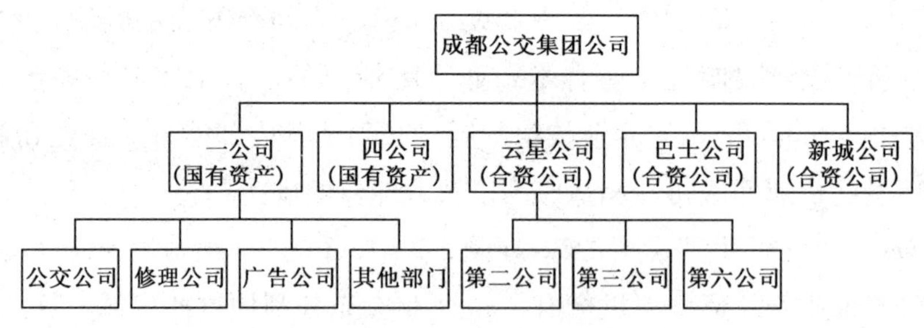

图 2-3　改革前的成都公交集团组织机构图

关键资源的浪费。正如图 2-3 所示，为了缓解财政压力，成都公交集团邀请外部投资人购买国有股权，并在 2001 年成立了三家合资公司：云星公司、巴士公司和新城公司。然而该决定带来了更加严峻的财政问题，因为关键资源被浪费了。

除了运营巴士线路，云星、巴士和新城拥有公交车、车站、修理厂、广告部和其他附属机构和设备，但却因为没有分开运营而效率低下。例如，如果四公司的一辆公交车坏在了城南边，必须将其托运回北边四公司的修理厂修理。2006 年，成都公交集团一共有 27 家修理公司，是全中国修理厂最多的。

城市中，不同的线路有完全不同的利润率。每辆车每千米的花费大概是 3500 元，但是收入水平相差很大。一些线路每辆车每千米可以收入超过 1 万元，但是有些线路少于 100 元。事实上每个公交公司都在和彼此直接竞争。因此，就如同博弈论预测的一样，每个公司都在高利润的线路上增加车次。比如，如果一条线路最佳的公交车数量是 50 辆，但每个公司都想增加其在这条线路上的车次，于是就有 100 辆车在线路上运行。合资公司不愿意在低收入的线路上运营，所以成都公交集团不得不在全市各地承担公共交通的职能。这加剧了成都公交集团的财政危机。

不当的激励制度。激励制度不公平也没有效率。例如成都公交集团采用基于运量的工资系统，给予乘客量大的驾驶员高工资。这导致拥有高效率线路的第一公司的经理和员工的工资是第四公司的员工工资的两倍，尽管他们有同样的工作量。前两任董事长试图调整工资制度，但是第一公司的经理和员工通过广场静坐的罢工威胁和进行破坏活动进行反抗。当地政府考虑到其保证社会和谐的责任停止了这项改革。

一线员工比如驾驶员和售票员工作强度非常大。“有时我们需要连续工作 15 个小时。当遇到交通堵塞，驾驶员都没有时间去卫生间。所以，我们不得不每天带尿不湿，即使是在炎热的夏天”。同时，一线员工每月只有 1500 元平均工资，比工作在二线的管理人员和辅助工作人员低。因此与领导关系好的员工都避免到一线工作，而成为二线员工。

负面的公众形象。一线员工有强烈的不满并且士气低落，这导致负面事件频发。例如，一个压力过大的 54 路车驾驶员命令乘客下车，否则他就将车开进附近的河里。98 路车驾驶员 3 天的罢工给改革带来了巨大的压力。结果，超过 90% 的关于成都公交集团的报道是负面的，这极度影响了其公众形象。

员工们指出负面事件，主要是因为每个公交车驾驶员都被要求满足每天的最低客流量，否则他们将被停发工资。2004 年 2 月，《西部城市新闻》，四川省最知名的报纸报道了在繁忙的公交线路上，公交车为了赢得乘客意愿尽快驶向停靠站，引发了车祸导致了人员伤亡。当时，某驾驶员固定工资只有 270 元，所有的浮动部分都基于乘客数量。

（二）战略实施阶段

2006 年 8 月 25 日，成都公交集团开始采取一系列变革。

阶段一：回购外部股票

经过深入调查，成都公交决定将公交车票价消减一半，意图是“为了打开所有的变革之门。”

三个月后，三个合资公司开始承受不起与成都公交集团进行价格战的经济损失了。私人投资者，再也承担不起他们的投资，希望成都公交集团收回他们的股票份额。尽管成都公交集团也遭受着巨大的损失，但它有足够的钱在 2007 年 1 月到 4 月之间回购所有的外部股份，8000 万元用于云星，3800 万元用于巴士，1200 万元用于新城，这是一个非常低的价格。

阶段二：优化公交线路

回购外部股份之后，成都公交集团重新将公交车和公交线路分为了四个部分，将站点归为一家管理，以减少具体线路之间的竞争。例如，在外部股权重购之前，线路 4 属于云星公司，线路 98 属于新城公司，尽管这两条线路的路线和站点基本相同，每个公司有 60 辆车在这条线路上。在成都公交集团回购了这两个公司以后，该线路只保留了 80 辆车，将其余的 40 辆车放到了其他新的线路上。

线路优化是困难的，因为需要超过 400 名的调查员收集所有线路的起点终点数据。为了提高他们的工作效率，公司用 IC 卡代替传统的纸质车票自动收集乘客信息。这大大降低了线路优化的时间和成本。第二、第三、第六分公司的超过400条线路被取消了。同时，成都公交集团为了为民众提供更便利的公共交通，在利润率低的线路上投放了更多的车辆。结果，实际需要的公交车从2007年的75%增加到2009年的95%，旅客的平均候车时间从2007年的9.8min下降到2009年的4.5min。总计近10000人和3000辆车被调整。此外，所有线路引入自助售票服务，大大减少了每辆车的人力成本。过度竞争和相关运营成本大大降低为进一步改革提供了资金和制度的支持。

阶段三：重新设计组织机构

一旦关键资源得到控制，组织结构将为适应需求和资源而调整。如图2-4所示，成都公交集团将维修车间集中到一个公司管理，以便故障车可以就近修理。广告部门被整合到一起，以便提高成都公交集团谈判中的议价能力。公交车身广告从每月1100元到每辆车每月22000元，提高了7倍。总之，广告业务每月为成都公交集团创造超过2000万人民币的收益。

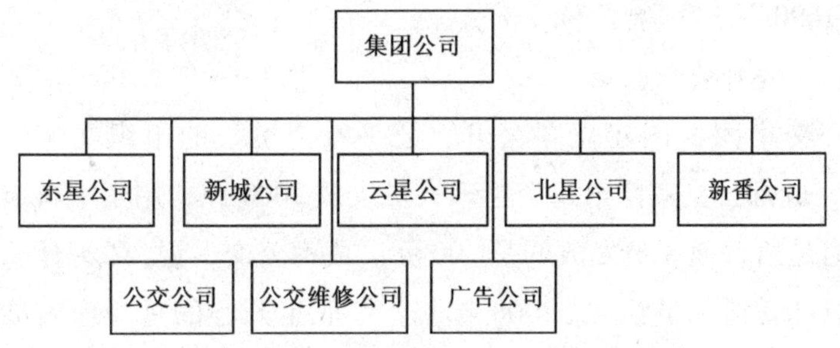

图2-4　改革后的成都公交集团组织机构

改革前，成都公交集团的战略中心权利微弱，因为分公司有财政权利，尽管他们不是独立法人。在2008年6月，成都公交集团召集了一个下属单位和分公司管理层的会议，讨论财政整合的问题。会议持续了18个小时，到了凌晨3点，会议最后提出了关于财务整合的提议，与会者都同意了。

阶段四：工资制度改革

关于分公司云星和分公司北星不公平工资制度的改革，成都公交调整了管理人员轮换制度，而不是调整工资制度。2008年8月，实施了工作轮换计划，晋升云星公司总经理为北星公司的高级管理人员，副总经理晋升为北星的总经理，北星公司原位置的管理人员晋升为云星公司的总经理。这种变革产生了正面的效果，但是两周后，北星的新任总经理反对不公平的工资制度。成都公交要求他跟云星公司总经理制订出一份计划，云星公司总经理过去同样抱怨过这个问题。成都公交集团要求他们拟建一份新的工资制度和实施计划。两位总经理现在深刻理解了对方面临的问题，因此他们建立并实施了一个彻底的政策，正如成都公交开始对他们的期望。更重要的是，成都公交集团不需要直接参与到变革过程中。

为了消除频繁的公共汽车事故，成都公交集团将工资与“安全里程累积”挂钩，该制度规定每当发生交通事故时，将下调当事驾驶员的工资。相反的，低事故率的驾驶员将会相应的上调工资。

该政策逐渐改善了安全意识和实践。此外，成都公交集团将管理层的晋升同安全记录相关联，重大事故将会面临降职。结果，管理者对安全更加负责，事故率显著降低。每辆公交车的保险费用从 2006 年的 6675 元降到 2008 年的 1690 元，下降了 74. 7% 。

阶段五：提升公众形象

成都公交集团试图建立“公开、公平、公正”的组织文化。比如，在 2008 年前，成都公交集团给每个管理人员发放 2000 元，用于中秋节购买月饼和水果，但是给普通职员发放的是 300 元。成都公交，说：“为什么要区别对待管理人员和普通职员?”从 2008 年起，令职工开心的是管理人员和普通职员都可以在中秋节得到 800 元。为了维持公开的文化，成都公交集团领导层深入一线，包括保修车间、公交场站，与职工同吃，并且听取他们的意见和建议，拉近领导与员工之间距离，鼓舞员工士气。

员工幸福感增加了，成都公交集团开始提升公共形象。2006 年 8 月 1 日，成都公交集团宣布采用中英文双语报站。2008 年 5 月 1 日，成都公交集团成为全国首次实施购票“两小时免费换乘”政策的公共交通公司。“两小时免费换乘”行为需要成都公交集团每年额外支出 2 个亿。“但是，公共福利事业的职责要求我们这么做，尽管在其他很多城市票价上涨了”。2008 年 9 月 16 日，成都公交集团在公交车上安装了电子读卡设备以节省乘客上下班高峰时间的上车时间。

由于成都公交集团的成功改革，市政府增加了对其的财政支出。2008 年 3 月，市政预算给予成都公交集团 4 亿元财政补贴用于购买 4000 辆优质公交车替换长期运营的车辆。这使得成都公交集团的优质车辆从 17% 上升到 78%。变革使得乘客换乘更加便利，成都公交集团形象逐渐由负面转向正面。2008 年 10 月 17 日，一位重庆市民在结束成都的旅行后写信给市长："他们的公交车采用双语报站，体现了成都作为一个国际都市的形象。他们的乘客上车井然有序，完全没有插队或者抢座的粗鲁行为。成都市政策优先考虑公共交通，并在城市道路上划设了清晰的公交专线。"公交票价非常便宜，仅 0.5 元/人，还有两小时免费换乘……

（三）战略管理的结果

变革是复杂的，所以成都公交集团在变革过程中采取了不断递进的方法。3 年后，成都公交集团取得了显著的成效。表 2-1 展示了变革前后的对比。运营管理明显提高，效率和盈利大幅提高，员工幸福感增加了，工作变现更好。通过安全里程累积，服务和安全的意识得到显著改善，事故数量减少，大大增加了成都公交集团的公众认同度和社会评价。

成都公交集团组织变革前后的对比　　表 2-1

项　目	改革前（2006-02）	改革后（2009-02）	期间淘汰量	期间增加量	变动比率
线路条数（条）	202	175	46	19	-13.37%
运营车数（辆）	3866	5171	261	1566	33.76%
总行程（千公里）	20100	19960			-0.70%
收入（百万元）	74.98	7967			6.26%
客运量（千人次）	67520	85920			27.25%
收益率（元/公里）	3730	3991			7%

注：①原始数据来自于成都公交集团月度运营报表和财务报表，比率和指标数据由此估算。
②总行程是所有车辆每月的行程（单位：千公里）。
③收入是成都公交集团每月所有的销售收入（单位：百万元）。
④客运量是每月的客运总量（单位：千人次）。
⑤收益率是衡量公交运营效率的关键指标，由每公里的销售收入计算而来（单位：元/公里）。

思　考　题

1. 分析北京公交集团"十三五"时期企业功能定位。

2. 分析北京公交集团愿景和使命确立的背景和意义。

3. 应用 SWOT 方法，对您所在单位或部门进行战略分析。

4. 总结成都公交战略管理的成功经验。

练 习 题

1. 填空题

（1）企业战略，是一个过程，它包含着______；更是一种现象，它有着有形的成就和贡献，更蕴涵着______。

（2）企业战略居首位的是的确立。目标有远期、______、近期之分，但通常考虑的却是______。

（3）从哲学角度考察，企业愿景就是解决______，要成为______的基本问题。

（4）企业使命是企业生产、服务、经营的定位。它的确定，回答了______的问题，能够相应地确立企业自身生产、服务、经营的方向和______。

（5）北京公交集团企业愿景：______。

（6）北京公交集团企业使命：______。

2. 名词解释

企业战略　企业使用　企业功能定位　SWOT　职能战略

3. 简答题

（1）简述企业愿景的概念。

（2）简答企业战略目标的确定步骤。

（3）请简述企业功能定位的必要性。

（4）简述战略管理的内容。

4. 论述题

（1）请结合现实论述企业功能定位的作用。

（2）请结合实际工作论述你对本企业愿景和使命的认识。

（3）请论述战略组合及不同层级战略的协调统一。

第三章

规划概论

第一节　定　　义

按照词语的字面意思来理解，规划一共包含四种含义：一是筹划、计划，尤其是指比较全面、长远的发展计划，如“十三五”发展规划、京津冀协同发展规划等；二是设计大型的工程或做出比较宏大的计划，如“我们以全部已解放的九百多万平方公里土地作为一个整体来规划和工作着”（出自《土地》）；三是在一定程度、按一定规矩来划分；四是一种文体，是指为了完成某一任务或实现某一目的而做出比较全面的长远打算的文字材料，是计划的一个种类，属于应用写作研究的范围。

本书所讲的规划是个人或组织制订的比较全面、长远的发展计划，是对未来根本问题、整体问题、长远问题的全局性思考，设计未来的方案，是融合内外部环境、专家观点、行业特殊性等的发展愿景。比较接近规划的第一种含义，即比较全面的长远的发展计划。

第二节　分　　类

规划可以按照用途、内容性质、时间跨度等来进行分类。

一、按用途分类

规划可分为：发展规划、土地利用总体规划和城市总体规划。三者的关系：编制土地利用总体规划、城市总体规划应当依据国民经济和社会发展总体规划。同时，国民经济和社会发展总体规划分别在实施和具体领域的细化上加强与土地利用总体规划、城市总体规划的衔接，特别是编制国民经济和社会发展年度计划以及专项发展规划，应当与近期建设规划、土地利用年度计划相衔接。

（一）发展规划

发展规划是指对一定时期、范围内的国民经济和社会发展的战略谋划与总体部署，包括国民经济和社会发展总体规划、国民经济和社会发展年度计划、专项发展规划、主体功能区规划、区域发展规划等。

（二）土地利用总体规划

《中华人民共和国土地管理法》：各级人民政府应当依据国民经济和社会发展规划、国土整治和资源环境保护的要求、土地供给能力以及各项建设对土地的需求，组织编制土地利用总体规划。

《中华人民共和国土地管理法实施条例（国务院令第 256 号）》：土地利用总体规划的规划期限一般为 15 年。

依照《中华人民共和国土地管理法》规定，土地利用总体规划应当将土地划分为农用地、建设用地和未利用地。

县级和乡（镇）土地利用总体规划应当根据需要，划定基本农田保护区、土地开垦区、建设用地区和禁止开垦区等；其中，乡（镇）土地利用总体规划还应当根据土地使用条件，确定每一块土地的用途。

土地分类和划定土地利用区的具体办法，由国务院土地行政主管部门会同国务院有关部门制定。

（三）城市总体规划

《中华人民共和国城乡规划法》自 2008 年 1 月 1 日起施行，1989 年颁布的《中华人民共和国城市规划法》废止。

根据《中华人民共和国城乡规划法》，城乡规划包括城镇体系规划、城市规划、镇规划、乡规划和村庄规划。城市规划、镇规划分为总体规划和详细规划。详细规划分为控制性详细规划和修建性详细规划。

二、按内容性质分类

规划可分为：总体规划、专项规划。总体规划要从全局角度制定发展规划，专项规划是总体规划中一个方向的具体的规划，专项规划应在总体规划的指导下进行，不得违反总体规划确定的基本原则。

（一）总体规划

总体规划是在一定区域内，根据国家社会经济可持续发展的要求和当地自然、经济、社会条件，对土地的开发、利用、治理、保护在空间上、时间上所做的总体安排和布局。

（二）专项规划

专项规划是指有关综合交通、环境保护、商业网点、医疗卫生、绿地系统、河湖水系、地下空间、基础设施、综合防灾等与城乡空间布局关联度较大的规划。其内容包括各专业设施的发展规模、规划原则、空间布局安排等。

三、按时间跨度分类

规划可分为：长期规划、中期规划、短期规划。一般一个长期规划是由若干个中期规划有机构成，一个中期规划是由若干个短期规划有机构成。

四、按对象分类

规划可分为：政府规划、企业规划、职业规划等。政府规划一般指由政府职能部门制定的国民经济和社会发展规划，是全国或者某一地区经济、社会发展的总体纲要，是具有战略意义的指导性文件。国民经济和社会发展规划，统筹安排和指导全国或某一地区的社会、经济、文化建设工作。企业规划是指企业依据外部环境和自身条件的状况及其变化来制定和实施战略，并根据对实施过程与结果的评价和反馈来调整，制订新战略的过程。职业规划就是对职业生涯乃至人生进行持续的系统的计划的过程，是指个人与组织相结合，在对一个人职业生涯的主客观条件进行测定、分析、总结的基础上，对自己的兴趣、爱好、能力、特点进行综合分析与权衡，结合时代特点，根

据自己的职业倾向，确定其最佳的职业奋斗目标，并为实现这一目标做出行之有效的安排

第三节　案例——城市公共交通规划

城市公共交通规划，是根据城市社会经济发展、用地布局和道路网布局等，并参考其他相关规划，确定不同类型公共交通方式的使用条件、功能定位、服务对象和服务水平，统筹安排各层次、各类型城市公共交通方式在城市空间的布局和合理衔接。

20 世纪 80 年代，随着我国城市综合交通规划理论和方法雏形逐步形成，城市公共交通规划的理论与方法也逐步受到各界的关注和研究。广义的城市公共交通规划，包括确定公共交通系统目标与设计及达到该目标的策略，并考虑城市公共客运交通系统与城市综合交通、土地利用及整个城市发展的关系。狭义的城市公共交通规划是指城市交通规划中的公共交通专项规划，按照公共交通系统组成来看。狭义的公共交通专项规划又可以细分为常规公共交通线网规划、轨道交通线网规划、快速公共交通系统线网规划、地面公共交通场站规划。

城市公共交通规划是保障城市公共交通科学发展的重要前提，城市公共交通规划对于优化城市公共交通系统结构与功能，提高城市公共交通系统效率，促进城市土地利用与交通的协调发展、整合城市功能、提升城市品位和整体形象具有重要意义。城市公共交通规划的重要性将随着城市扩建扩张和城市化率提高而更加明显。

下面来介绍北京公交集团的“十三五”发展规划的编制过程和主要内容。

一、编制过程

根据北京市“十三五”规划编制工作的总体部署和《北京市国资委国有经济“十三五”发展规划编制工作方案》（京国资发〔2014〕15 号）等文件

的要求，集团公司制订了《集团公司“十三五”规划编制工作安排》，成立了以集团公司党委书记、董事长和总经理为组长，集团公司领导班子成员为副组长，集团机关各部室负责人、各二级单位党政正职为组员的“十三五”规划编制工作领导小组。为了科学编制好集团公司的“十三五”发展规划，集团公司聘请了仁达方略管理咨询公司与规划发展部共同编制集团公司“十三五”发展规划。

2014年12月11日，集团公司党委书记、董事长晏明，总经理王春杰主持召开“十三五”规划启动部署会，对“十三五”规划编制工作进行具体安排，标志着集团公司“十三五”规划编制工作正式启动。

集团公司领导非常重视“十三五”规划编制工作，各主管领导分别召开专题会，专题研究分管部门和单位的“十三五”规划，分阶段听取了集团总体规划、专项规划和子规划的汇报进展情况。

历时近一年，规划发展部联合仁达方略课题组深入开展领导访谈、专题调研，广泛征求各方意见，认真听取并充分考虑了各方面意见和建议，召开三次专家会、咨询会，开展两次外地标杆公司调研、多次专业部室交流研讨、多次二级公司沟通研讨，反复进行意见征集和讨论。在市国资委拟定的“参考提纲”基础上，规划发展部抓紧修改，积极完善，最终形成了一份具有高度性、前瞻性、创新性的《纲要》。

从征求意见反馈情况看，各专业部室、各二级单位对《纲要》给予充分肯定，大家一致认为，《纲要》深入分析了北京公交集团面临的新环境，准确把握了北京公交集团阶段性发展特征，在京津冀协同发展的大背景下，符合北京市未来五年经济社会对地面公共交通的发展要求，具有较强的宏观性、战略性和指导性，在理论结合实践上有创新的思维、创新的勇气、创新的办法，坚持问题导向，以改革的精神，提出了企业使命与愿景、战略选择与布局、中长期发展构想等一系列重大战略，对实现集团公司可持续健康发展具有极大的指引和推动作用。

在反馈意见中，集团领导、集团内各单位和外部专家提出了许多好的意见和建议，主要有以下几个方面。一是建议对“十三五”时期北京公交集团发展面临的新环境，特别是围绕中央“十三五”规划的建议和北京市“十三五”规划的建议提出的新精神、新理念、新要求进行更加全面深入的分析概括。二是建议进一步突出地面公交客运服务这一核心业务，突出公交的公益性和在地面公共交通中的主体地位。三是建议加强对“问题”的分析和提炼，与重点任务形成呼应，并积极妥善解决问题。四是建议进一步研究客运服务评价指标和服务效率指标，深入贯彻创新、协调、绿色、开放、共享的发展理念，把保障居民公共出行、改善城市生活环境和缓解城市交通拥堵的效果作为重要衡量标准。

课题组全面整理并认真研究了各方面的意见和建议，做到积极吸收和采纳，进一步提高了《纲要》的编制质量。

二、主要内容

《纲要》的编制，充分考虑了外部经济、政策等新环境，结合了公交集团自身发展情况。

第一，北京市正处于全面落实总书记五点要求、明确北京“四个中心”定位、功能优化和产业调整的关键时期。立足大的宏观环境和北京市情，北京公交集团创造性地提出用战略引领企业发展。今年是“十三五”的开局之年，也是北京公交集团“三年打基础、五年大发展”战略构想中的五年黄金发展时期，编制好“十三五”发展规划对北京公交集团实现改革发展目标，成为国内领先、世界一流的现代公共交通综合服务企业意义重大。

第二，按照市国资委的要求，北京公交集团正确认识自身行业性质，准确把握企业发展趋势，认真学习贯彻深化国企改革精神，在规划编制过程中，研究形成了“让更多的人享受更好的公共出行服务”这一伟大使命和“引领公众出行方式，提升城市生活品质，成为卓越的国际性公共交通服务企业”这一长远愿景，勾勒出了未来“高精尖”的发展蓝图；构建了未来15年的中长期发展构想，成为世界公共交通服务领域内具有较强影响力的公交企业；科学设定了“十三五”时期的企业定位和企业主业，即立足首都，服务京津冀，努力打造国内领先、世界一流的现代公共交通综合服务企业，和城市公共交通运输、公交资产投融资与管理、汽车服务贸易三大主业板块，指明了寄托“公交梦”的前进方向。这充分反映了北京公交集团对城市地面公交行业发展规律的新认识。

第三，北京公交集团秉持创新、协调、绿色、共享、开放的发展理念，面对新的机遇和挑战，科学制订了“十三五”时期的总体发展思路和目标。

明确了“十三五”期间“二五六”总体发展思路，即围绕两个发展大局，推进五个维度转型，实施六大发展战略，努力建设国内领先、世界一流的现代公共交通综合服务企业。“两个发展大局”是指首都“四个中心”新定位和京津冀协同发展战略；“五个维度转型”是指技术转型、空间转型、能源转型、业务转型、服务转型；“六大发展战略”包括地面公交城乡一体化发展战略、京津冀交通一体化发展战略、常规公交与多样化公交协调发展战略、“互联网+公交”创新驱动发展战略、产业资本与金融资本融合发展战略、汽车服务贸易产业链发展战略。通过落实总体发展思路，努力将北京公交集团建设成为国内领先、世界一流的现代公共交通综合服务企业。

从总量、优化布局、资本运营、技术创新及品牌建设、社会责任五个方面设定了总体发展目标。完成深化改革发展既定目标任务，重点领域改革取得突破性进展；公交优先发展政策得到有效落实，企业发展环境明显改善，公交服务能力和水平显著提升，在缓解城市交通拥堵和推动节能减排等方面的作用更加突出；企业发展活力和可持续发展能力显著增强，员工收入水平显著提高。到2020年，实现企业资产总额380亿元、核定主业资产占资产总额的100%、职工平均工资年均增长率12．64%等发展目标。

《纲要》按照“坚持深化改革，战略谋划发展；坚持服务乘客，提质增效发展；坚持资本运营，良性互动发展；坚持创新驱动，与时俱进发展；坚持安全稳定，和谐共赢发展”五项基本原则，从大的方面对北京公交集团的战略举措和重点任务进行了谋划，具体的任务安排和工作部署则体现在八个专项规划中，这样更好地体现了集团发展规划的总体性和指导性。

第四，《纲要》的主要框架，从结构上共分为五个部分。第一部分回顾北京公交集团“十二五”期间发展情况，介绍了企业概况，总结了“十二五”

时期北京公交集团发展取得的主要工作成绩，汇报了指标完成情况，指出了一些发展中存在的问题。第二部分分析内外部环境，分析了北京公交集团面临的外部发展环境和内部的优劣势，明确了北京公交集团的使命和愿景，分析了北京公交集团战略选择与战略布局，制订了北京公交集团未来五年乃至更长期的发展战略。第三部分提出发展思路和目标，提出了指导北京公交集团“十三五”时期发展的指导思想和基本原则，在市国资委确定的企业定位和主业划分基础上，提出并阐述了“二五六”总体思路和总体发展目标，分别提出了各业务板块的发展思路和目标。第四部分部署战略举措和重点任务，按照总体思路和发展战略的顶层设计，实现发展目标，从深化企业改革、提升服务水平、提高资产管理水平、创新经营发展模式、服务京津冀、夯实管理基础、强化企业管控、加强企业文化建设八个方面指导性部署重点工作。从响应京津冀协同发展战略、配合疏解非首都功能、完善公交基础设施建设、改善员工生产生活环境、提升企业信息化管理水平、满足城市环保及企业运营需求、配合实施新能源汽车推广计划七个方面开展项目建设。第五部分提出保障措施，为实现北京公交集团“十三五”的发展规划提供坚实保障，从党的领导、规划落实、政策支持、资金保障、沟通协调、宣传引导六个方面展开论述。

思考题

请结合自身工作思考对本单位工作规划的想法。

练习题

1. 名词解释

规划　发展规划　城市公共交通规划

2. 简答题

（1）规划有哪些分类标准？

（2）按照用途，规划可分为哪几类？

3. 论述题

谈谈你对城市公共交通规划的认识。

第四章 企业战略规划

第一节 战略规划管理

一、战略规划的概念

（一）战略规划定义

所谓战略规划（Strategic Planning），就是根据企业的特点和市场状况，制定组织的长期目标并将其付诸实施，它是一个正式的过程和仪式。一些大企业都有意识地对大约50年内的事情做出规划。其本质在于用战略思维的方法和战略性竞争的方法，改变和渗透原有的企业经营管理各个环节、层次，从而使企业获得更加有利和更加安全的生存、发展优势。

（二）战略规划的特点

战略规划的有效性包括两个方面，一方面是战略正确与否，正确的战略应当做到组织资源和环境的良好匹配；另一方面是战略是否适合于该组织的管理过程，也就是和组织活动匹配与否，一个有效的战略一般有以下特点：

1. 目标明确

战略规划的目标应当是明确的，不应是二义的。其内容应当使人得到振奋和鼓舞。目标要先进，但经过努力可以达到，其描述的语言应当是坚定和简练的。

2. 可执行性良好

好的战略的说明应当是通俗的，明确的和可执行的，它应当是各级领导的向导，使各级领导能确切地了解它，执行它，并使自己的战略和它保持一致。

3. 组织人事落实

制定战略的人往往也是执行战略的人，一个好的战略计划只有有了好的人员执行，它才能实现。因而，战略计划要求一级级落实，直到个人。高层领导制定的战略一般应以方向和约束的形式告诉下级，下级接受任务，并以同样的方式告诉再下级，这样一级级的细化，做到深入人心，人人皆知，战略计划也就个人化了。

个人化的战略计划明确了每一个人的责任，可以充分调动每一个人的积极性。这样一方面激励了大家动脑筋想办法，另一方面增加了组织的生命力和创造性。在一个复杂的组织中，只靠高层领导一个人是难以识别所有机会的。

4. 灵活性好

一个组织的目标可能不随时间而变，但它的活动范围和组织计划的形式无时无刻不在改变。现在所制定的战略计划只是一个暂时的文件，只适用于现在，应当进行周期性的校核和评审，灵活性强使之容易适应变革的需要。

（三）战略规划的内容

战略规划的内容由三个要素组成：

1. 方向和目标

经理在设立方向和目标时有自己的价值观和自己的抱负。但是他不得不考虑到外部的环境和自己的长处，因而最后确定的目标总是这些东西的折衷，这往往是主观的，一般来说，最后确定的方向目标绝不是一个人的愿望。

2. 约束和政策

这就是要找到环境和机会与自己组织资源之间的平衡。要找到一些最好的活动集合，使它们能最好的发挥组织的长处，并最快地达到组织的目标。这些政策和约束所考虑的机会是还未出现的机会，所考虑的资源是正在寻找的资源。

3. 计划与指标

计划的责任在于进行机会和资源的匹配，但是这里考虑的是现在的情况，或者说是不久的将来的情况。由于是短期，有时可以做出最优的计划，以达到最好的指标。经理或厂长以为他做到了最好的时间平衡，但这还是主观的，实际情况难以完全相符。

战略规划内容的制定处处体现了平衡与折衷，都要在平衡折衷的基础上考虑回答以下四个问题：

我们要求做什么？What do we want to do?

我们可以做什么？What might we do?

我们能做什么？What can we do?

我们应当做什么？What should we do?

这些问题的回答均是领导个人基于对机会的认识，基于对组织长处和短处的个人评价以及基于自己的价值观和抱负而做出的回答。所有这些不仅限于现实，而且要考虑到未来。

战略规划是分层次的，正如以上所说战略规划不仅在最高层有，在中层和基层也应有。一个企业一般应有三层战略，即公司级、业务级和执行级。每一级均有三个要素：方向和目标、政策和约束以及计划和指标。这九个因素构成了战略规划矩阵，也就是战略规划的框架结构，见图 4-1。

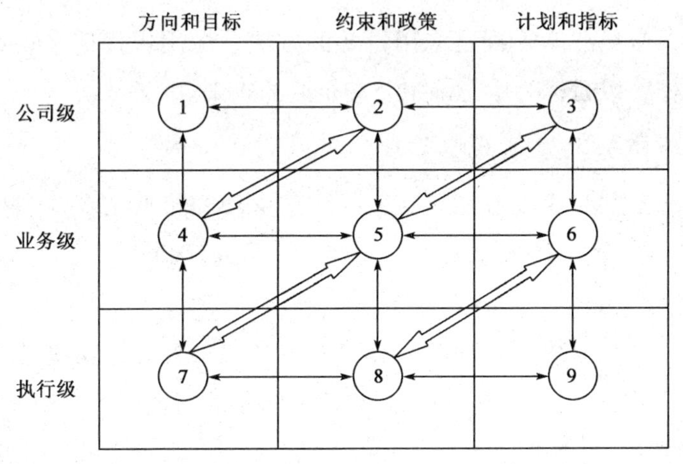

图 4-1 战略规划的框架结构

这个结构中唯一比较独立的元素是①，它的确定基本上不受图内其他元素的影响，但是他仍然受到图外环境的影响，而且和图中④也有些关系。因为当考虑总目标时不能不考虑各种业务目标完成的情况，例如在确定总的财务目标时不能不了解公司财务的现实状况。

其他的元素都是互相关联的，当业务经理确定自己的目标④的时候，他要考虑上级的目标①，也要考虑公司的约束和政策②。尤其当公司的活动的多样性增加的时候，公司总目标所覆盖的范围相对的降低，必然需要下级有自己的目标。一个运行得很好的公司应当要求自己的下属做到“上有政策，下有对策”，而不应当满意那种“上有政策，下无对策”的下属。同样，这样的公司领导也应当善于合理地确定自己的目标，善于发布诱导性的政策和约束。执行经理的目标⑦不仅受到上级目标④的影响，而且要受到上级的约束和政策⑤的影响。

总的结构是：上下左右关联，而左下和右上相关，上下级之间是集成关系。这点在计划和指标列最为明显，这列是由最实在的东西组成，上级的计划实际上也是下级计划的汇总。左右之间是引导关系，约束和政策是由目标引出，计划和指标则是由约束和政策引出。

二、城市公共交通战略管理

城市公共交通战略管理是采用科学的方法、运用现代信息技术、逻辑设计、系统运作，以目标为中心确定公交企业的未来。

（一）城市公共交通战略管理的特点

根据城市公共交通公益性属性，其战略管理的特征主要体现在以下四个方面：

1. 系统性

从城市公共交通战略管理的内容来看，其战略管理的系统性主要包括五大阶段，即：资源评估、战略设计、确定战略、战略实施和战略评价。

2. 科学性

国务院总理李克强在 2015 年政府工作报告中指出，制定“互联网 +”行动计划。现在，大数据、云计算、物联网、电子商务、互联网等科技词汇已经不再是概念，而是已经深入到了百姓生活中的方方面面。互联网时代的到来，从根本上改变了公交企业生产经营的环境、目标、方式和手段，改变着企业生产资源、组织原则和企业文化的传统概念。城市公共交通战略的形成和制定一般需要在充分调查研究的基础上，认真分析所面临的内外部环境，经过科学的方法，提出战略管理内容。信息时代的来临使城市公共交通战略管理的决策更加依赖于信息来源的准确性，各个环节的运作越来越强调使用先进的科学技术。

3. 相对的稳定性

城市公共交通战略管理不同于企业的日常管理，也不是危机管理，而是涉及未来较长的一段时期内的发展目标，同时战略规划不是一成不变的，要根据企业内外部环境的变化不断调整，因此战略管理具有相对的稳定性。这种相对稳定包括战略规划的稳定，组织人员的稳定，以及战略实施过程中根据内部监控和外部环境变化所进行的战略调整。比如：在实施“十三五”规划等五年发展规划时，一般会有规划的中期评估和调整。

4. 艺术性

城市公共交通战略管理的艺术性主要体现在战略实施的过程中。在处理外部关系方面，城市公共交通企业与多个利益相关方都要沟通，比如：需要与政府机构合作，像规划部门、交通部门、财政部门、交管部门等，也需要与广大乘客等服务对象以及新闻媒体、合作伙伴等单位交流，如何正确巧妙地处理与社会各方面的关系，其艺术性显而易见；在处理内部关系方面，管理者需要通过一些激励机制，使员工为实现战略目标而工作，这些激励措施既包括人事、工资、福利等有形的因素，也包括领导人魅力、组织性质等无形因素。城市公共交通的性质决定了管理者既不能得到政府的权力，也不能得到工业企业的经济利益，而吸引员工日夜辛勤工作的动力在于组织和事业的性质与员工的个人秉性之间产生的一种呼应和默契；成功的战略实施与管理者调动人员积极性的能力密切相关，这种能力的关键在于管理者的艺术性和技巧性。

（二）城市公共交通战略管理体系的职能介绍

首先应说明和区分城市公共交通战略管理和经营管理。城市公共交通战略管理是紧密结合行业或企业未来的发展态势，提升行业活力或企业生命力和可持续发展能力，以适应社会环境、市场环境及其他环境变化。而公交企业的经营管理则是提升社会效益和经济效益双提升，以增强其在城市发展进程中的地位和作用。由于有两种不同的需要和两种管理职能，也就出现了两种不同的管理体系。

由于战略的本质特点不同于经营，所以战略管理体系并不如经营管理体系那样清晰和庞细，而是座落在最高层次上。企业的战略发展部门隶属于董事会，战略发展部作为董事会的参谋机构，承担着战略管理的主要职能。战略管理体系的具体职能，包括战略研究、战略情报、战略组织、战略控制等。战略管理体系的四个主要功能是交织在一起的，不能机械性分开。

1. 战略研究职能

战略研究职能包括战略研究和战略性研究两个方面。战略研究是针对未来环境的变化，研究城市公共交通行业或公交企业发展的战略目的、战略和战略规划。战略性研究是在战略研究的指导下，针对变化的某个方面、某个层次、某个局部，研究指导应对的政策和策略。目前，国内大多数公交企业没有专门研究政策和策略的机构，往往企业战略规划部门日常扮演着综合牵头部门的角色，或者某方面工作出现失误或不适应变化了，在总经理办公会上提出某项政策。这种情况一方面反映了企业缺少内在的主动权，常常会制约其主动性；另一方面，提出的政策和策略之间易产生抵触。企业的政策和策略研究作为战略性研究必须纳入战略发展部组织，各相关部门共同参与。

2. 战略情报职能

战略情报职能不同于经营信息管理。战略情报的范围不限于市场环境，还包括社会环境和其他环境。战略情报不仅是调查正在发生的变化，还要预见可能发生的新变化，因此，战略情报的职能不仅是收集信息、调查情况，还包括更多的研究方面。政策变化、社会形势变化和市场环境变化常常只是战略情报的一个参考。

3. 战略组织职能

战略组织是通过组织方方面面的关系和资源，包括可控和不可控的内外的各种力量和要素，协同进行战略项目，以创造或取得新的机会。目前中国企业战略组织功能较弱，特别是城市公共交通企业，大多企业处于“闷头干”或者“执行政府命令”的状态，较少开展战略组织活动。目前，只有少数几个城市的公交企业每年发布企业社会责任报告，通过社会责任报告与公交企业利益相关方沟通交流，以争取政府政策支持，同时赢得更多百姓和市民的理解和支持，但是这些仍然远远不够，应该采取更多的措施来提升城市公共交通行业和公交企业的品牌和形象，共同促进战略目标的实现。

4. 战略控制职能

战略控制职能包括规划控制、组织控制和战略成本控制、宣传控制等。规划控制是由战略部署和战略规划制约的，组织控制即公司治理结构。企业的未来十年或十年以上发展战略不同，公司治理结构的依据不同，治理结构也应不同，从而才能起到组织控制的作用。脱离发展战略，只从经营规模的量的增加出发讨论公司治理结构，就不可能适应变化，永远也治理不完。战略成本控制不是直接针对公交企业经营的，而是针对企业发展态势、发展主动权的。

（三）我国城市公共交通战略管理的不足

我国城市公共交通企业战略管理中存在的主要问题有：

1. 缺乏战略思维

城市公共交通战略管理的重点是以城市公共交通长远发展为核心，围绕公交发展进行管理，因此，对于管理者来说，必须具有战略思维的能力。具体来讲，将长远发展作为管理的目的，以长远发展为核心统帅整个管理活动，企业的一切管理工作都要有利于其长远发展。用系统观来指导管理，用普遍联系的观点关注与企业长远发展的各种要素。量力而行，注意自身的优势与外部机遇的匹配。在城市公共交通战略管理实施过程中存在以下情况，比如：国务院提出了优先发展城市公共交通的战略，一些城市和企业在落实国家战略时，并没有形成战略思维，仅仅是把工作当成是落实具体任务，没有与企业的使命、愿景和战略紧密结合起来。

2. 把战略管理看成一个机械过程

不少城市公共交通企业重规划、轻实施，特别是轻评估的情况较为普遍。企业战略规划制定后，往往没有分解落实的办法，没有相应的操作性行动计划，造成规划的落实十分困难。不少企业的专项规划与战略规划缺乏有机的结合和统一，专项规划之间也缺乏协调；部分公交企业简单、静态的看待战略管理，缺乏评估反馈和及时的战略调整，致使企业战略管理成为摆设，丧失了应有的战略引领作用。

3. 缺乏对环境的适应能力

目前，国内一些城市的公交企业所制定出的发展规划对外部环境的适应性较差，具有一定的短期效应、长远思考不足等问题。在城市和科技飞速发展的背景下，城市公共交通的战略制定必须考虑城市社会、经济、人口、文化、科技发展的变化，考虑当前城市公共交通的发展趋势和国家政策对公共交通发展的影响，考虑与城市总体规划的衔接。比如："互联网 +"思维是一个特定时期内城市公共交通战略制定的重要影响因素之一。

4. 缺乏战略管理机制

战略管理意识比较薄弱，主要表现在：战略制定的机制不健全，比如没有独立的战略规划部门，没有战略发展决策机构，没有明确的战略制定程序、要求和流程；战略目标不够清晰；战略目标缺乏系统性，也没有明确的支撑保障战略；实施的制度不健全，战略执行的政策性不强，随意性大，甚至一个领导一个调。战略规划的权威性、法定性未能体现出来，规划难以指导企业的日常工作，规划与实施两张皮，规划工作与日常工作脱节，各种资源缺乏整体配置，各个部门各自为战，管理的有效性不高。战略编制过程与执行过程分离，战略目标与措施细分不够，出现在执行决策时与战略发生冲突，不能有效地支持战略管理过程，无效或无计划地处理现实问题。由于缺乏广泛的沟通渠道，战略管理往往仅体现为某职能部门的责任，而不体现为整个企业的责任，关键部门和员工没被纳入战略管理体系，战略管理工作缺乏充分沟通，上下不能形成有效的互动。战略制定之后，缺乏对战略的宣传和讲解，员工缺乏对战略的全面了解，使战略管理成为一种非动态过程，战略实施的效果大打折扣；再次是评估的机制不健全，评估工作被忽略。

(四) 公交企业战略管理

企业战略规划管理包括战略规划编制、实施、调整等多个环节，下面重点介绍一下公交企业战略规划实施环节。

1. 战略规划分解

公交企业公司及子公司根据战略规划，制定年度实施计划，编制资产经营预算，将战略规划目标分解、落实。企业战略发展部门会同有关部门负责对公司及子公司战略规划的实施过程和实施效果进行评估和监控，提出改进或调整建议，评估与监控主要包括以下三个方面：按照战略规划目标要求，制定战略规划实施评价的定性、定量标准；建立信息报送和管理系统，及时反映和评估战略规划实施进度情况和重点战略发展目标的完成情况；定期分析和评价战略规划实施成果，对战略规划执行情况进行总结，分析存在的偏差及成因，对重大偏差提出并实施纠偏措施。

2. 战略规划落实

战略规划一经决定，一般不得调整。公司应加强对发展战略实施情况的监控；企业战略发展部门应定期收集和分析相关信息，对于明显偏离发展战略的情况，应及时报告工作小组，工作小组组织研究后向董事会战略决策委员会报告。因经济形势、产业政策、技术进步、行业状况以及不可抗力因素发生重大变化时，确需对战略规划（包括年度实施计划）进行调整的，应当充分说明原因及调整内容，并及时以书面形式上报公司董事会审核。战略规划调整流程参照战略规划编制程序执行。

三、北京公交集团战略规划管理

下面以北京公交集团为例，介绍公交企业战略规划管理的重要环节。

(一) 北京公交集团战略规划编制流程

在综合分析宏观经济政策、行业发展趋势、市场需求变化和竞争状况、自身优势与劣势和能力现状等因素，充分调查研究和系统思考的基础上制定战略目标，根据发展目标制定战略规划。战略规划明确发展的阶段性和发展程度，确定每个发展阶段的具体目标、工作任务和实施路径；由工作小组组织规划发展部及有关部门对发展目标和战略规划进行可行性研究和科学论证，形成发展战略建议方案报董事会战略决策委员会，由董事会战略决策委员会审议修改后上报董事会。必要时可借助中介机构和外部专家的力量提供专业咨询意见；公司发展战略方案报董事会审议批准后实施。董事会应严格审议发展战略方案，重点关注其全局性、长期性和可行性。北京公交集团战略规划制定流程见图 4-2。

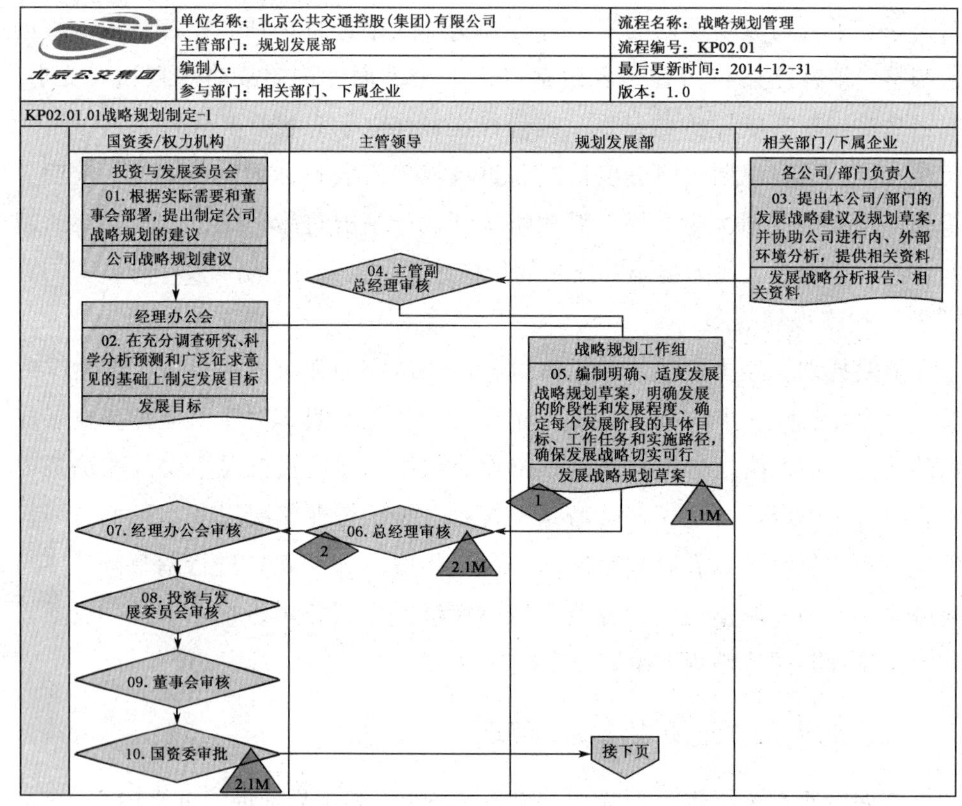

图 4-2　北京公交集团战略规划制定流程图

（二）北京公交集团战略规划分析

北京公交集团是以经营地面公共交通客运主业为依托，多元化投资，多种经济类型并存；集客运、汽车修理、旅游、汽车租赁、广告等为一体的大型公交企业集团，截至2014年年底，有23个二级企事业单位，其中客运企业13个，即：9个公共电汽车客运分公司、八方达公司（市郊线路）、长途公司、北汽集团公司、北旅时代公司。截至2014年年底，企业共有员工10.42万人；企业总资产302.58亿元，净资产63.70亿元。拥有运营车辆30638辆，其中：公共电汽车22630辆。运营线路1085条，其中：公共电汽车线路849条。年行驶里程18.11亿km，其中：公共电汽车年行驶里程13.27亿km，日均行驶363.64万km，年客运量为45.66亿人次，日均1250.90万人次，年客运量最高值达到50亿人次，承担着北京地面公共交通客运的主体任务。

根据北京公交集团基本情况，采用SWOT分析方法，对北京公交集团进行战略分析，具体如下：

1. 企业内部优势（S）

（1）行业优势明显，基本处于垄断地位。北京公交集团地面公交客运量占全市公共交通客运市场比重在60%左右，是全市最大的地面公交企业，具有近100年的历史，多年来总结积累了丰富的经营管理经验。

（2）主营业务发展水平高，具有核心竞争力。北京公交集团近年来在市委市政府领导下，积极落实公交优先发展战略，始终坚持公益性定位，以建设现代公交企业为目标，以服从公众利益、服务乘客出行为宗旨，努力满足广大乘客公共出行需求，极大方便了乘客出行，促进了首都经济社会发展。

（3）产业资源丰富，拓展平台广阔。北京公交集团拥有很多资源，包括营运线路、经营权、优先路权、场站、站亭站牌、车身媒体以及企业品牌等一系列经营性资源和专业驾驶员、GPS调度系统、经验管理团队等一系列管理资源。

（4）顾客对公交服务高度满意。北京公交集团已有接近百年的运营管理历史，积累了丰富的地面公交线路管理经验，特别是近些年来，争创首都文明单位，不断打造优质服务品牌，先后涌现出1路、103路等多条全国先进线路和一批全国劳动模范、北京市劳动规范，在北京公交集团全体员工的共同努力下，地面公交服务水平持续提升，广大乘客对北京公交集团服务质量满意度和认可度总体较高。

2. 企业内部劣势（W）

（1）经营管理标准化、规范化、精细化程度不够。北京公交集团多年来不断提升企业经营管理水平，车厢服务水平和乘客满意度大大提升，但在企业内部经营管理的标准化，如：公交场站建设标准化，企业员工言行举止表现等方面还有不足，有待进一步提升综合素质和形象，企业管理人员精细化管理水平有待加强。

（2）人才培养力度不足。北京公交集团是全市最大的国有企业，作为劳动密集型企业，员工总体学历水平相对较低，随着信息化、科技化等外部形势发展，企业人才层次和结构与之适应程度还不够，企业急需大批专业技术人才和高技能人才。

（3）信息化建设应用不足。北京公交集团在奥运会时期信息化建设应用水平有大幅提升，但近年来随着大数据、云计算、物联网技术快速发展及“互联网+”时代的到来，企业在打破数据孤岛，实现数据互联互通及加强公交线路集中调度，利用互联网技术提升公交信息化服务水平等方面还有很大提升空间。

3. 企业外部机会（O）

（1）政府扶持力度大。近年来，围绕破解城市交通拥堵和治理环境污染，中央和市政府就大力发展公共交通提出了许多好的政策，确立了优先发展公共交通的总体战略规划和发展目标，2007 年，市委市政府就提出了“两定、四优先”的公交优先战略（即：确定发展公共交通在城市可持续发展中的重要战略地位，确定公共交通的社会公益性定位；公共交通设施用地优先，投资安排优先，路权分配优先，财税扶持优先），市委市政府对公交企业财税扶持力度较大，地面公交在“缓堵中优化，在优化中发展”取得了较大成效，在缓解城区拥堵、方便乘客出行上发挥了重要作用。

（2）全面深化市属国资国企改革。根据《北京市委市政府关于全面深化市属国资国企改革的意见》和《北京市国资委市属国有企业分类实施意见（试行）》要求，市属国企分为三类：城市公共服务类、特殊功能类、竞争类（战略支撑类或一般竞争类），北京公交集团定位为城市公共服务类企业，主要承担提供公共产品或服务，保障城市运行安全，提升城市承载能力等功能，以实现社会效益为主要目标，兼顾企业经济效益。这为北京公交集团深化改革发展指明了方向，明确了定位，有利于企业着力持续为首都提供优质出行服务，有助于持续提升企业品质度、认知度、满意度、美誉度。

（3）新的财政补贴机制、票制票价机制、投融资机制。回顾北京公交集团发展历程，2014 年确定的新补贴机制明确了政企事权、国有公益企业定位、公益性资产的范围。进一步分清了地面公交发展中的政企关系，有利于政府与市场两个作用的充分发挥，保障地面公交发展。理顺了政府各部门职责，各部门更加协调、更加有合力。明确了企业职责，在给企业压力的同时也给企业激励。明确了补贴分解和方式，使补贴讲的清、可预期、可调控，提高财政资金的使用效益，有利于保障企业正常生产经营需要，有利于促进企业提质、增效、升级，有利于深化企业改革发展，为企业注入了动力、焕发了企业活力。

4. 企业外部威胁（T）

（1）轨道交通快速发展带来客运市场结构变化。随着轨道交通快速发展，网络化运营效应逐步凸显，地面公交客运量呈现逐年下降趋势，随着我市机动车保有量的不断增长，交通拥堵日趋严重，公交车运行速度和正点率逐年下降，地面公交的运行速度慢和出行时间没保证，成为制约乘客选择地面公交出行的首要问题，而随着交通拥堵加剧，很多乘客从选择地面公交转向选择轨道交通出行。

（2）安全维稳压力特别是反恐防暴压力较大。据不完全统计，2013 年以来，近两三年全国发生了人员伤亡的重大公共安全事件 9 起，全国公交近年来发生有影响的事件 10 余起，对于首都公共交通的安全防范工作是重中之重。公交企业和员工面临安全维稳、反恐防暴的严峻形势，困难和压力巨大。

（3）信息化产业等高新科技产业发展对传统产业冲击。作为新生事物的快车、专车等打车软件风靡市场，整合社会上闲散的大客车，以免费或优惠形式，挤占了传统出租车的生存空间。现在又瞄准了公交车市场，如政府没有相应政策出台，公交企业将受到很大冲击。

（三）北京公交集团战略发展思路确定

作为北京地面公交的主体，北京公交集团多年来始终坚持公益性定位，不断提升整体服务水平，特别是党的十八届三中全会以来，围绕市委市政府、市国资委、市交通委对国有企业改革创新的精神，坚定不移的走改革创新发展之路，以更好地履行公共出行服务职能和建设现代公交企业的目标，站在实现首都城市功能定位的高度，确立了“三年打基础、五年大发展”、“做好五大结构调整”、“实施八大行动计划”、“深化企业改革发展”等一系列发展战略，全面推进公交企业转型升级，全面提高服务质量和经营管理水平。即：利用 2013 ~ 2015 年三年时间着力打好企业发展基础，在 2016 ~ 2020 年实现企业跨越式发展，从而更好地服务广大乘客。在打基础阶段，着力做好五大结构调整、实施八大行动计划，以此促进打好企业发展的基础；在大发展阶段，着力深化企业改革发展，以此实现企业跨越式发展，全面提升公交服务水平，北京公交集团提出到 2020 年建设国内领先、世界一流的现代公交企业。

1. 做好五大结构调整

（1）优化调整运力结构。客运量是衡量公交公益性服务水平的重要指标之一。现阶段，北京公交集团面临着轨道交通发展带来客运市场格局变化的挑战和市政府逐步提升出行分担率的要求，为此，提出优化调整运力结构，实施“城优郊进”战略，城区优化、郊区拓展，进一步提升乘客满意度，进一步扩大服务覆盖赢取新客源，实现客运量稳中有升，完成好市交通委下达的地面公交出行分担率指标。

（2）优化调整服务结构。为满足不同层次出行需求，为广大市民提供多样化、个性化、多元化的服务，让广大市民真正体验到安全、便捷、舒适，实现“量体裁衣、按需而动”。提出继续巩固文明行业建设成果，修定和完善服务规范和服务承诺，制定适应首都功能定位的服务标准，充分发挥网络优势，利用信息化技术，提供更加灵活、随需、可定制的出行服务。

（3）优化调整车辆车型结构。为满足不同的出行需要和满足不同线网的现实条件要求，结合新车投入和市区较长线路的优化调整，提出优化调整车辆车型结构，继续坚持安全、可靠、节能、环保、可持续发展的车辆技术路线，加大车辆更新、新能源推广和新技术开发，大力推进新能源电驱动和清洁能源天然气车的发展，降低污染物排放。

（4）优化调整场站结构。为落实市政府 2013～2015 年公交场站建设规划，为优化公交线网、调整运营布局、拓展城郊线路提供支撑。提出优化调整场站结构，加快场站建设进度，从长远的角度做好公交场站的优化整合，在城郊结合部布局建设大规模枢纽型场站市区注重场站综合功能提升，盘活公交场站存量资产，对公交自有场站实现综合利用。

（5）优化调整市场化企业产业结构。为进一步提升市场化企业综合管理水平，提高市场化企业生存、发展能力，强化资产回报，实现国有资产保值增值。提出优化调整市场化企业产业结构，淘汰低端产业，逐步实现产业的升级，利用社会资源和自身资源优势，全力做好“广告传媒、汽车服务、旅游服务、置业物业、信息及电子商务”五大板块，做到资源整合、资本聚集、资产优化、资金高效。

2. 实施八大行动计划

为打好企业发展的各项基础，北京公交集团制定了“人才培养、信息化建设、线网优化、提升服务水平、车辆发展、提升安全防范水平、公交场站提升改造建设及市场化企业发展战略”八个三年行动计划（2013～2015 年），力争用三年左右的时间，实现企业稳步发展，具体如下：

（1）人才培养计划。为做好企业人才队伍建设，制定了《2013～2015 年人才培养行动计划》，提出以培养使用为主，以提高综合素质、提升岗位能力为目标，加强人才队伍建设。

（2）信息化建设计划。为进一步提高企业科技信息管理能力和建设水平，结合公交“十二五”发展规划的整体要求，制定了《2013～2015 年信息化行动计划》，全面提升公交乘客信息化服务水平。

（3）线网优化计划。围绕市政府新一轮“排堵保畅”工程的实施，以“调结构、多样化，增覆盖、提速度，方便市民公共出行为主线”，制定了《2013～2015 年线路线网优化调整三年发展规划》，做好“调快、调优、调密”优化工作，推动地面公交快线网、普线网和支线网的总体规划设计和建设，为缓解城市交通拥堵做贡献，更好地方便乘客出行。

（4）提升服务水平计划。按照市委市政府提出的“四个服务”要求，为充分发挥公共服务职能，全面提升公交整体服务水平，制定了《2013～2015年提升服务水平行动计划》。

（5）车辆发展计划。为进一步提升公交车的配置、质量和技术水平，完善车型配套的调整和优化，强化保修质量和车辆使用维护监管，实现“提高质量、降低故障、贴近服务、确保车辆安全可靠”的工作目标，制定了《2013～2015 年车辆技术三年行动计划》，继续坚持安全、可靠、节能、环保、可持续发展的车辆技术原则，加强调整车辆和能源结构，持续减少公交车辆尾气和污染物排放。

（6）提升安全防范水平计划。为进一步加强企业安全基础管理工作，不断提升公交安全防范水平，维护首都公共交通的安全稳定，实现“平安公交”目标，制定了《提升安全防范水平 2013～2015 年行动计划》。

（7）公交场站提升改造建设计划。公交场站建设是履行公共交通服务职能的重要基础和保障，为实现公交场站建设新突破，制定了《2013～2015 年公交场站提升改造建设三年行动计划》，加快对场站社会融资、建设开发的研究，积极探索场站综合功能利用的创新模式、创新思路。

（8）市场化企业发展战略计划。为进一步夯实市场化企业发展基础，适应新形势和新挑战，制定了《市场化企业 2013～2015 年发展行动计划》，加快结构调整和发展方式的转变，实现市场化企业又好又快发展，确保国有资产保值增值。

3. 深化企业改革发展

北京公交集团在实施五大结构调整、推进八个三年行动计划的基础上，主动提出了“打好人才建设、信息化建设、安全维稳”三大基础，构建“运营指挥、资产经营、企业治理、组织管理、保障服务和考核评价”六大体系，组建完善“线网中心、调度指挥中心、票务管理中心、资金管理中心、应急管理中心、稽查中心、物资招标采购中心、审计中心、信息中心”九大中心为核心内容的公交深化改革发展“369”体系。

（四）北京公交集团战略管理分解落实

1. 以实施八大行动计划为例

以实施八大行动计划为例，为积极推进各项工作，北京公交集团成立以总经理为组长、相关副总经理为副组长，各相关部室负责人为组员的领导小组，办公室设在规划发展部。各相关部门按照行动计划，制定年度计划目标任务，报规划发展部备案。同时，各相关部门明确工作负责人和日常联系人，并将联系人名单提前报规划发展部备案。相关部门负责实施和指导各二级单位开展本专业的行动计划，每季度向经理办公会汇报行动计划进展情况、遇到的问题及建议，每年度写出落实三年计划情况的书面总结报告；规划发展部负责跟踪、掌握和分析三年行动计划进展情况，全面分析行动计划的完成进度、遇到的问题及下阶段的保障措施，期间做好行动计划的中期评估工作。面对不断变化的发展环境，如需调整行动计划，需向经理办公会、董事会做出说明，待讨论通过后按新计划执行。

2. 以“十三五”规划实施保障为例

（1）明确规划实施责任。实行规划目标任务责任制，及时将规划提出的发展战略、目标和任务分解到每一个年度计划中，明确工作责任和进度，落实部门责任。

（2）强化规划统筹协调。发挥年度计划、专项规划落实总体规划的作用。注重年度计划、专项规划与总体规划衔接，形成专项规划和年度计划落实总体规划的合力。

（3）加强规划落实监督。加强主要约束性指标和重点任务的监督，强化分析规划实施效果，找出规划实施中的问题，提出解决问题的对策建议。集团规划发展部负责跟踪分析集团总体规划的执行情况，定期向集团经理办公会和董事会报告。各部室负责专项规划的跟踪分析。

（4）建立规划评估机制。定期组织规划评估，根据评估结果对规划进行调整修订。当经济运行环境发生重大变化或由于其他重要原因使经济运行偏离规划目标太大时，及时提出调整方案，报请集团公司经理办公会和董事会审议批准实施。

第二节　公交企业战略规划框架下的改革发展

一、各种运营模式的典型案例

（一）巴黎公共交通行业的发展状况

巴黎公共交通行业的发展模式主要是国营垄断的一体化，主要由两家国营企业负责：RATP 垄断市区内的轨道及公交服务；SNCF 负责郊区地铁；郊区约 80 家私营公交公司，为地铁轨道提供接驳服务。图 4-3 所示为巴黎公共交通行业的发展历程。

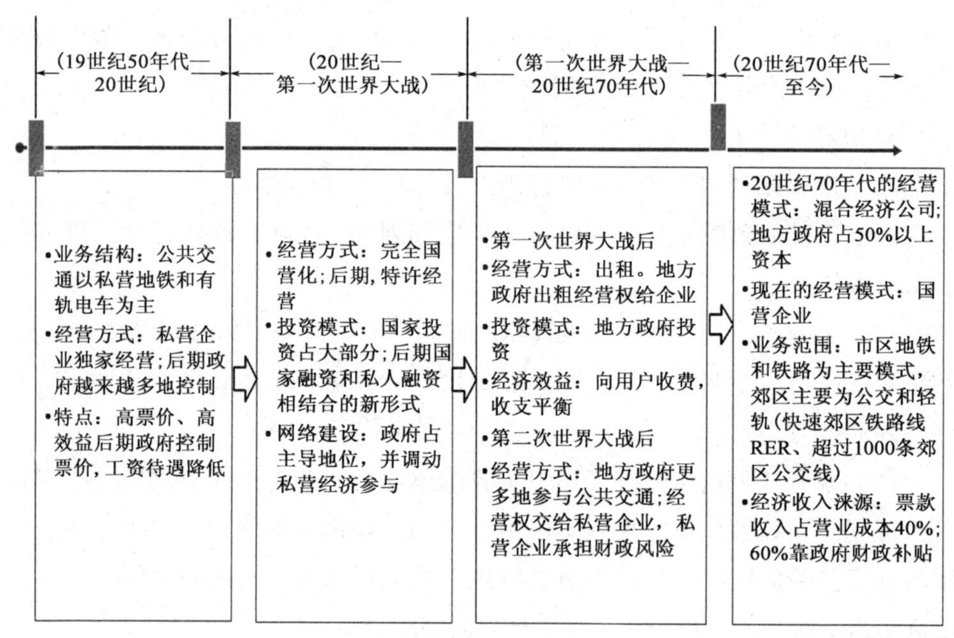

图 4-3　巴黎公共交通行业的发展历程

资料来源：公交行业发展模式比较研究；仁达方略研究。

发展历程。19 世纪 50 年代到 20 世纪初，公共交通以私营地铁和有轨电车为主，经营方式是私营企业独家经营，并执行高票价，由此为经营者带来的是高效益。但后期从社会稳定出发，政府越来越多地控制票价、工资待遇，降低优厚的合同条件。20 世纪初，公共交通完全国营化，国家投资模式。之后，又出现了国家融资和私人融资结合的新形式。

在法国公交网络建设过程中，政府一直占据主导地位，并调动私营经济参与。公共交通行业在第一次世界大战前，特许经营开始出现并得以采用。第一次大战后，出现新的合作形式，即出租。地方当局投资，将经营权租给企业，企业向用户收费达到收支平衡。第二次世界大战后，地方当局更多地参与公共交通，将经营权交给私营企业，但私营企业承担所有财政风险。到 20 实际 70 年代出现了混合经济公司，地方行政当局在公司内占据了一半以上的资本。在经营交通网络 90% 的私营企业中，混合经济占 20%。

目前巴黎公交行业的发展模式：在巴黎市区，地铁和铁路为主通勤模式（14 条地铁线、1 条轻轨线、2 条电车线和 60 条公交线），贯穿整个市区；郊区主要为公交和轻轨（快速郊区铁路线 RER、超过 1000 条郊区公交线）。

巴黎有两家主要的国营公交企业，一家是公交和地铁公司 RATP，垄断市区内的轨道及公交服务；另一家是郊区铁路公司 SNCF。此外，郊区约 80 家私营公交公司为地铁/轨道提供接驳服务。在法国，公交行业偏重于社会效益，提高公交使用率，执行低票价政策。票款收入仅占营运成本 40%，其余 60% 需要依靠政府财政补贴。

（二）新加坡公共交通行业的发展状况

新加坡公共交通行业的发展模式是区域专营，通过营运公司的合作及政府方向性政策支持（政策调控和有效监管），实现轨道与常规公交的一体化融合，保持适度竞争。图 4-4 所示为新加坡公共交通行业的发展历程。

发展历程。在 1973 年前，新加坡的公共交通由许多私营公司经营。由于经营效果不佳，政府对所有公司进行合并，并于 1973 年创办了新加坡巴士公司（SBS）。新加坡地铁交通公司（SMRT）于 1983 年正式成立，负责建立和营运轨道交通服务。轨道系统于 1996 年扩展至 Woodlands，并于 2001 年开通了向 Changi 机场扩展的营运服务。在 1982 年政府引进了第二家新巴士公司“Trans Island”巴士公司（TIBS），服务于新加坡北部的新建成区。1995 年由于迫切需要改善交通服务的一体化，地铁交通公司、车辆注册部门、公用事业局的道路和交通分局以及交通部的土地交通分局合并创建了陆路交通管理局（LTA）。地铁交通公司的规划职责转交给陆路交通管理局，新加坡地铁交通公司仅负责审核及监管现时轨道系统的营运状况。

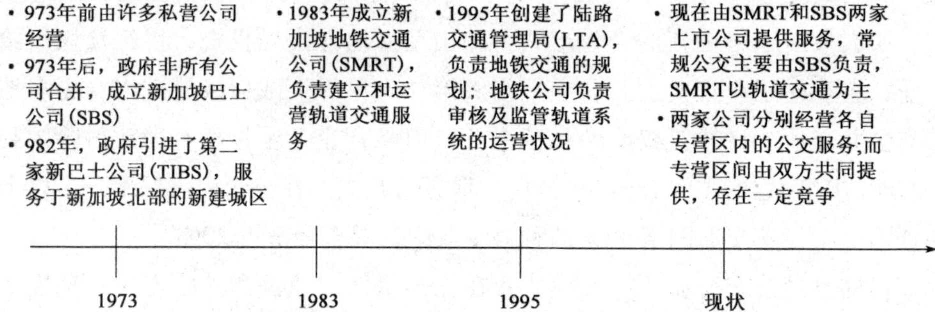

现在政府与企业的职责划分

- 陆路交通管理局负责政策和策略规划，并审批营运公司的服务发展建议;筹集资金建设道路和轨道
- 政府不直接参与营运
- 两家联合创办的协会TRANSITLNK，制定公交服务规划;向土地交通署和公交委员会审批，促进公交与轨道一体化
- 公共交通委员会PTC负责正式批准及监管公交服务线网及票价，再经政府批准
- 两家营运公司自负盈亏提供公交营运(车辆和保养场)

图 4-4　新加坡公共交通行业的发展历程

资料来源：公交行业发展模式比较研究；仁达方略研究。

目前新加坡公交行业的发展模式。公共交通服务由两家上市公司（SMRT 和 SBS）提供。两家公司混合经营轨道交通和常规公交（SBS 以常规公交为主，而 SMRT 以轨道交通为主）。新加坡实行公交区域专营，两家企业分别经营各自专营区内公交服务；而专营区间服务则由双方共同提供，存在一定竞争。两家营运公司 SMRT 和 SBS 通过自负盈亏的形式提供公交营运（车辆和保养场），政府不直接补贴。在线网发展和票价设置方面，营运公司通过 TRANSITLINK 直接与政府密切配合。票价上涨的申请由公交委员会 LTA 审核，再经政府批准。

（三）香港公共交通行业的发展状况

香港公共交通行业的发展模式是区域专营与分类专营相结合，轨道由MTRC和KCRC经营，公交服务由四家私营上市公司经营，公交公司间与地铁存在竞争，出现网络一体化水平差的现象。图4-5所示为香港公共交通行业的发展历程。

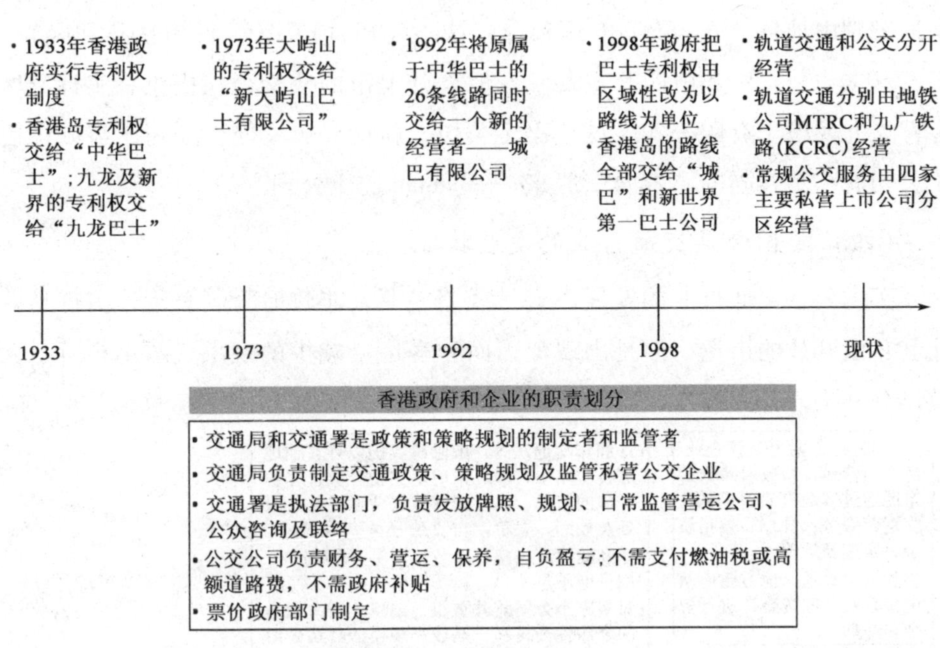

图4-5　香港公共交通行业的发展历程

资料来源：公交行业发展模式比较研究；仁达方略研究。

发展历程。香港最早的巴士是20世纪20年代出现的。香港政府把香港岛的专利权交给“中华巴士”，而九龙及新界的专利权交给“九龙巴士”。1973年，政府又把大屿山的公共巴士专利权交给了新成立的“新大屿山巴士有限公司”。“新大屿山巴士”成为香港第三间专利巴士公司，经营大屿山岛上的巴士服务。

随着香港公共交通的不断发展，原来的公交企业经营状况发生了改变。1992年，因为“中巴”的服务不合乎公众的要求，政府决定将原属中华巴士公司的26条巴士线路交给一个新的经营者——“城巴有限公司”经营。这是自 1933 年香港实行专利权制度以来，首次有两间专利巴士公司在同一地区服务。1998 年，香港改变专利权制度，把巴士专利权由区域性改为以路线为单位，“中巴”原有的路线全部被“城巴”及新成立的新世界第一巴士公司瓜分。

目前香港公交行业的发展模式。香港的轨道交通和公交分开经营。轨道交通分别由地铁公司（MTRC）和九广铁路公司（KCRC，城市铁路和轻轨）经营；常规公交服务由四家主要私营但公开上市的公交公司提供，实行分区专营，九龙巴士有限公司、城市巴士公司、新世界第一巴士公司，与城市巴士公司有一个共同的“控股”股东——Lantau 巴士公司。

（四）英国公共交通行业的发展状况

英国公共交通行业的发展模式是线路专营，非政府管制政策，实行私营化和自由开放的市场，但是出现覆盖面和客运量减少的现象。图 4-6 所示为英国公共交通行业的发展历程。

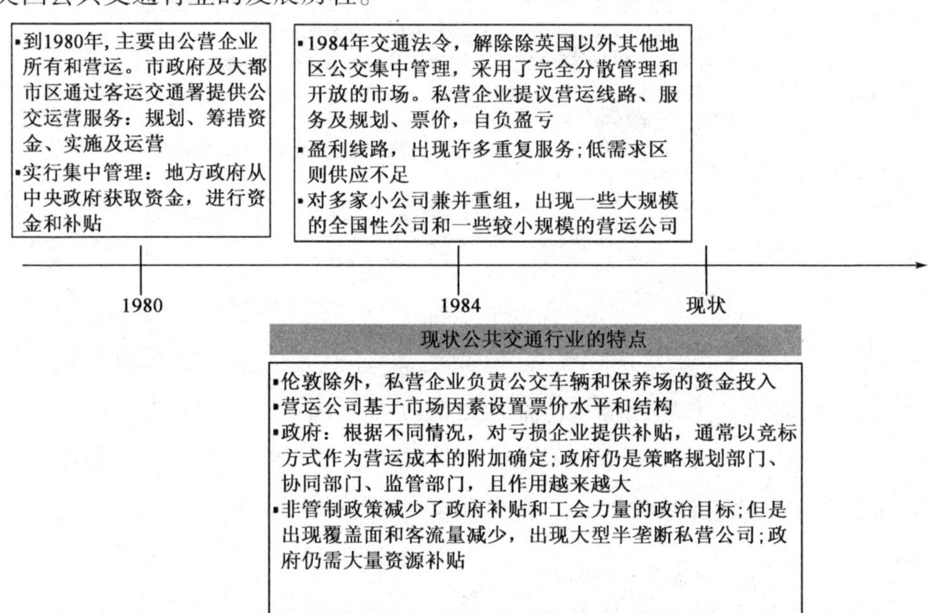

图 4-6　英国公共交通行业的发展历程

资料来源：公交行业发展模式比较研究；仁达方略研究。

发展历程。1980年，英国公交营运还主要由公营企业所有和营运。市政府及大都市区通过客运交通署拥有并提供公交营运服务。由客运交通署进行规划、筹措资金、实施及营运。英国地方政府财务系统中，从中央政府获取资金，对大部分亏损系统进行投资和补贴。

根据1984年交通法令，伦敦除外的英国其他地区公交完全解除集中管理，公交营运卖给了私营企业。采用了完全分散管理和开放的市场，允许私营企业提议营运线路、服务甚至票价，并且不能被随意取消，私营者需自行承担收入风险。这一政策实行后，产生了许多小规模公司在路面上的激烈竞争，尤其集中于可赢利的线路。这些营运公司负责服务规划、票价及营运。在市区需求热点区内产生许多重复服务，相反低需求区服务却供应不足。此后，通过对多家小公司合并、购置和接管，产生了一些大规模的全国性公司（例如，Stagecoach，第一巴士）和一些较小规模的当地营运公司。

目前英国公交行业发展模式。伦敦以外的地区，私营企业负责从收入中为公交车辆和保养场地筹措资金。营运公司基于商业基础设置票价水平和结构，因此票价相对较高。政府根据不同情况对亏损服务提供补贴，通常以竞标方式作为营运成本的附加确定。

非管制政策（实行私营化和自由开放的市场）造成了大型半垄断私营公司的出现，政府仍需大量资源对需要补贴的“基本社会服务”组织招标。政府退出了公交营运，最大限度减少对市场的干预，但为保障社会公共利益，政府仍将是策略规划部门、协调部门、监管部门，并为全社会的基本服务提供补贴。

二、国内城市公交现有的经营模式

（一）集团化经营

目前，一部分城市公交依然是一家经营，为适应企业发展，引进外资，内集资金，实行股份制改革。这种发展模式的好处是避免了企业间的恶性竞争，有利于充分利用资源，统一规划设置，避免了重复建设和资源浪费，也有利于行业管理。但是，集团化经营也有一些问题和不足，主要体现在：缺乏必要的竞争，不利于公交企业自身的发展和改进，不利于最大程度发挥公交企业主观能动性，将会阻碍公交市场的良性发展。

（二）个体承包经营型

在我国新兴的小城市，这是一种普遍行为，在大中城市，一些偏远线路上，也存在个体承包经营的方式。承包经营曾为培育公交市场、解决国营公交企业资金短缺、扩大就业和方便居民出行做出了巨大贡献，但个体经营是以经济利益最大化为原则的，主管部门不一致和缺乏充分的监督造成公交市场混乱，服务质量低下，票价高低不一，投诉不断，所以在我国大中城市中，个体承包经营正逐步消失。

（三）实行市场准入，政府授权经营

此种方式即任何一个企业只要有足够的资金并给予政府相应的承诺，就可以取得部分线路的经营权，由政府授予其一定的经营期限。这种方式曾吸引了大量民间资金进入公交市场，也繁荣了公交市场。但是，不足之处是：车辆过快增长，超过了客源增长率，使得市场竞争秩序变乱；企业数量过多，市场过度分割，也与建设有序竞争的公交市场不相适应。加之有些企业本身不是从事公交行业的，缺乏行业经验，在社会上引起了消极的影响。

（四）政府授权经营与集团化经营相结合的方式

这种方式可以充分吸收政府授权经营与集团化经营的优点，比如：政府将线路运营管理权授权给某一个公交企业，由政府指导该公交企业采取措施杜绝集团化经营的不足，政府可以通过制定线路运营服务标准等方式，着力解决市场竞争程度不高的问题，在分公司之间开展有序竞争，这样既有利于提高城市线网统一规划，又能促进公交企业提升经营管理效率效益，还能确保高品质服务，避免无序竞争造成的感觉运营秩序混乱的问题。

三、当前我国城市公交企业改革的背景和深层原因

公共交通是城市的基础行业，是城市的生命线，它具有生产性、服务性、公益性等几大特点，极大地影响着城市经济的发展。公交企业属国有企业，

随着经济社会发展，公交企业燃料成本、人员成本、车辆维修保养成本呈现出逐年递增的态势，政府对公交企业的财政补贴逐年递增，政府财政压力也就越来越大。除首都北京等一些一线城市，政府补贴相对比较到位以外，大多数二线和三线城市公交企业财政补贴不能满足公交企业发展需要。企业经营发展资金不足造成了公交企业进入两难境地，政府越是不投入，公交车辆越是无法更新、增加，线路无法开辟，客源下降，而城市公交企业的潜在属性却使企业不得不经营下去。伴随着其他行业改革力度的加大，公交行业却仍然延续着计划经济模式运行，大多数公交企业经营管理呈现出相对落后、粗放管理、不够规范等现象，也在一定程度上致使公交企业服务品质不够高，影响了居民的生活和乘车环境，企业自身的生存和发展也举步维艰。其发展陷入困境的主要原因有：

（一）政企不分，即体制问题

公交属于企业，其任何经济活动都应在一定的范围内遵循市场规律，而事实上，现在国有公交企业的经营活动却被政府部门控制着，如线网优化、票制票价制定、员工薪酬绩效激励机制等，缺乏自主权，公交优先即“人民大众优先”发展的政策没有充分落实，公交企业依然受到计划经济体制的束缚。

（二）投资渠道单一，建设与发展资金紧缺

虽然各地公交企业进行着改革，但力度不大，部分城市引进了外资或成立了新的公交企业并参与到了市场中来，但由于我国公交行业的无法可依，政策不明朗，再加上经营利润的原因，企业融资、扩资范围依然不宽，多元化投资没有真正实现，公交场站建设开发和综合利用程度非常低，大量公交场站没有高效利用，特别是国营公交企业仍是市场的主体，公交发展还得靠政府的投资和政策。

（三）市场秩序问题

由于城市区划问题，公交企业往往与属交通部门管理的城乡客运企业存在线路交叉问题，而城乡客运企业一般是实行个体承包经营，其利益保护主义与经营的无序性造成了城市公交的客源下降、矛盾不断，造成了严重的资源浪费。以北京市为例，多数远郊区县公交线路并不隶属于全市地面公共交通客运最大的市场主体（北京公交集团），造成全市公共交通资源利用效率并未达到最优，存在资源整合的很大空间，有待于进一步落实地面公交城乡一体化建设战略。

（四）公交票价严重背离市场原则

随着燃料、人工、车辆维修保养刚性成本的逐年增长，公交票价没有明显的提升，企业处于亏损状态下经营，企业经营困难。北京市在2014年底实行了一次票制票价改革调整，但票价仍然偏低，特别是轨道交通票价与地面公交票价比例关系还有待于进一步研究，地面公交与轨道交通协调发展的整体效应还未充分释放出来。

（五）车辆、设施、设备老化，企业更新改造任务艰巨

受资金压力的制约，国内大多数公交企业车辆更新替换速度不够及时，特别是二线和三线城市公交车辆老旧，车辆环保水平和设施配置标准相对较低，随着车龄增长，很多车辆的车容设施损坏，车辆外观和内饰的完好和整洁程度较低，公交企业面临着较重的车辆购置更新压力。

（六）企业社会负担重

公交企业属于劳动密集型企业，大多数公交企业拥有大量员工，多年来形成一些历史遗留问题和包袱，特别是近年来，公交企业面临的反恐防暴压力很大，公交企业的社会负担较重。

四、未来城市公交改革经营模式综合分析

我国经济社会发展水平不一，每个城市应认真结合自身实际，深入分析研究适合城市发展的公交改革模式。目前，我国城市公交一方面政府财政补贴压力较大，另一方面，有关公交的法律法规不健全，过度放开资本进入公交市场，会导致市场过度分割，不利于规模发展，不利于统一规划。在国民总体收入不高的情况下，实行公交市场化会导致票价上升，市民会舍弃公交

改为其他方式出行，最终也不利于城市的发展。因此，未来城市公交改革，可从以下几个方面考虑。

（一）进一步明确公共交通公益性属性

城市公共交通为整个城市经济社会发展都带来了巨大的效益。公交的出行方便了个体出行，带来了社会发展。政府对公共交通投资提升了区域可达性和物业与地产价值，直接拉动经济增长，促进了区域经济发展和繁荣，同提供了大量的城市就业岗位，节约了市民出行成本，对社会进步起到了积极的作用。根据有关数据统计，政府为公交企业每投资100亿元，将对应获得4000亿元收益，将产生6万个就业岗位，将拉动300亿元零售额的增加。从国外城市公交发展情况看，国外公交无一例外地实行政府补贴政策，特别是美国和法国，以明确的法律法规为城市公共交通发展提供强有力的保障。因此，政府应进一步增强优先发展公共交通的意识，在规划、路权、资金、投资等多方面为公交事业发展制定适度超前的有力政策，为公共交通支撑城市可持续发展打下良好的基础。现阶段，政府应巩固国有公交骨干企业对公交客运市场的控制力、影响力、带动力，真正发挥他们在城市客运中的主导地位。在当前国家发展资金不足的情况下，为满足市场需要，可根据不同特点，给予公交企业一定的优惠政策支持，促进国营公交的思想解放，观念更新，提高效率，促使其主动利用自身资产和资源，提高国有资产保值增值能力。既然城市公交的最终得益者是全体市民，则可通过税收的方式，征收公共交通税，未来还可建立公交发展基金，鼓励企业挖掘潜力，通过科技手段降本增效。在公共交通财政补贴使用上，进一步清晰其补贴结构，加强补贴使用监管。

（二）建立完善的法律法规体系和管理体制

从国外城市公交发展历程来看，其最大的特点就是制定了明确的法律法规政策，从经营体制、优先政策、补贴政策等方面对公交企业做出明确的规定，促使公交企业在法制轨道上前进，以此保障城市公共交通科学发展。当前我国政府对城市公共交通的管理还不够完善，政企职责需要进一步研究和明确，政府对公交企业的控制要依法行政，减少盲目性。

（三）向规模化、集约化经营的方向努力

实践证明，市场分割会造成一定的混乱，不利于充分利用资源。保证国有公交企业的部分垄断不一定是坏事，只要国有公交企业在税收补贴的情况下可以平衡，则企业就可以不断发展，有政府对公交企业一套科学高效的监管考核体系，广大市民对公交的合理要求可以得到满足。当然，在我国经济不是很发达的地区和城市，由于缺少资金，公交发展可以坚持政府规划、统一管理、特许经营、适度竞争的方针，通过市场融资以及债权转股权等方式，积极吸收和利用非国有资本，实现企业的产权多元化，提高公交企业的服务能力和水平。

（四）探索尝试公交企业员工持股

通过员工持股，使员工同企业形成财产关系，与企业结成利益共同体，增强了员工对企业的认同感和对企业资产的关切度，调动员工关心企业长远发展的积极性，提高员工对企业经营管理的参与度，加强员工对企业运营的监督，从而形成一种新的资本运作机制，激励员工高效率地从事生产经营活动。

（五）建立集团化紧密型管理体系

在一定时期，集团公司相对集权，基层权力相对较小，从而使集团的经营方针与决策能落实到位，切实执行。缩短管理链条，减小管理幅度，优化、合理设置职能部室，使总部成为集团的决策、投资、监控和资产经营中心，下属各基层单位要对降低成本和社会效益负责，明确各单位的职责范围，制定严格、规范的工作制度，使内部管理行为有章可循，权责明确，确保决策和管理的高效。积极探索适应现代企业制度要求的选人用人机制。未来，随着公交企业信息化、精细化、规范化、标准化程度不断提升以及企业产业结构调整，未来公交企业将逐步调整集团总部职能，适当下放管理权力，促进集团高效运转。

（六）持续提升公交服务质量

从各级管理人员到普通员工，要逐步树立公交服务质量是生命线的理念，

不断加强员工职业道德建设，提升员工整体服务水平，以优质服务不断满足广大乘客日益增长的需求，满足乘客多样化出行服务需要，从而吸引更多乘客乘坐公共交通工具，真正发挥公交企业功能作用，推动整个城市经济社会发展。

因此，政府要明确公交企业定位，指导公交企业大胆改革，向前发展，只有这样，企业才更有活力、压力和动力，才能更好服务城市定位和经济社会发展。

五、北京公交集团“369”深化改革发展体系

北京公交集团总结和汲取以往改革发展工作的基本经验，借鉴国内外同行的先进做法，紧密结合企业发展战略，充分调研、顶层设计、渐进实施、重点突破，形成了打好“三大基础”，构建“六大体系”，组建和完善“九大中心”的深化改革发展方案。

（一）深化改革发展的指导思想

为认真贯彻落实党的十八届三中全会精神、北京市委十一届四次五次全会精神及北京市委市政府全面深化国资国企改革会议精神，北京公交集团紧紧围绕首都“四个中心”战略定位和特大型城市发展的阶段性特征，严格按照市委市政府对公交企业属于城市公共服务类企业的功能定位，以市委市政府加快深化国资国企改革要求为指导，以完善财政补贴机制和票制票价改革为契机和切入点，以深化企业内部体制机制改革为重点，以提升公交整体服务水平为目的，深化公交企业改革发展，为建设国际一流的和谐宜居之都，在城市运行保障、缓解城市拥堵、清洁空气治理、落实安稳责任等方面做出更加突出的贡献。

（二）深化改革发展需要处理的三个关系

北京公交集团不断深化改革、解放思想、转变观念，更新观念、开拓创新，在改革过程中需要从认识上处理好三个关系：

1. 处理好政府与企业的关系

政府履行地面公交发展规划、行业服务标准和监管、公益性资产投资和

更新改造、价格形成机制等职责。明确企业功能定位，公交企业按照城市公共服务类企业的功能定位，突出为社会提供安全高效的社会服务，负责经营性资产投资管理，为政府提供现代精细化企业管理经验，政府信任、乘客满意、员工幸福。

2. 处理好政府事权与财权的关系

公交企业在为广大乘客提供优质服务的同时，尽全力承担政府政治任务和社会维稳责任。同时对因改善民生和公共管理等应急事项提出的需要企业提供的服务，按照政府购买服务的方式予以解决。

3. 处理好企业内部公益性与经营性的关系

内部公益性企业依靠政府合理公共财政支出，做到内外合力、上下联动，实现公交优先、企业优秀。内部市场化企业完全按照市场化方向改革发展，通过提高资产使用效率，实现国有资产保值增值，不断回补公益性主业，减轻政府财政压力。

（三）深化改革发展的主要内容

1. 打好三大基础

（1）打好人才建设基础。实施人才发展战略，完善人才培养和吸引机制，优化人才数量结构，吸引和留住关键岗位人才，形成数量充足、结构合理、规模适宜、素质优良的公交人才队伍。

（2）打好信息化建设基础。加大信息系统建设力度，加强信息应用管理和队伍建设，实现系统间配套衔接和整合，加强全方位数据管理。运用现代信息手段，建立新型生产方式、组织形式和管理模式，实现企业管理规范化、精细化和信息化。

（3）打好安全维稳基础。健全安全维稳管理体系，探索安全维稳应急管理和快速反应的新途径，加快推进科技创安、信访维稳和安全文化建设，形成日常管理规范高效，系统防范严密可控，突发事件应急响应果敢迅速，信访维稳整体效能全面提升的安全维稳新格局。

2. 构建六大体系

（1）构建运营组织体系。按照网运分开的思路，建立智能调度和现代运营指挥体系，实现运营组织高效运转。

（2）构建资产经营体系。以政府对公交企业公共财政补贴机制改革为契机，努力盘活存量资产，加大资产经营力度，按照产运分开的思路，构建资产经营体系。

（3）构建企业治理体系。按照科学决策、规范运作的思路，建立和完善现代企业治理体系，逐步实现治理体系现代化。

（4）构建组织管理体系。按照强化一级（集团）、提升二级（下属二级单位）、优化三级（下属三级单位）的思路，建立和完善精简高效、职责清晰的组织管理体系，实现企业科学管理。

（5）构建保障服务体系。按照高效、专业的思路，优化车辆车型和能源结构，提高保修保障能力和能源供应保障水平，实现物业专业化和社会化管理，构建现代保障服务体系。

（6）构建考核评价体系。进一步完善企业考核评价机制，在现有考评体系的基础上，构建三重考核评价体系（上级主管部门考评、企业内部绩效考核、引入外部社会评价机制）。

3. 组建完善九大中心

按照业务整合、专业分工和集中管理的思路，整合集团总部部门职能，提升专业管理能力。

（四）深化改革发展所需的主要配套政策

1. 推进公交立法，加大公交优先政策落地效果

（1）研究制定相关政策法规。特别是在促进公交发展的路权、用地、规划、投资及公交员工权益保障、乘客行为约束等方面，研究出台相应法规。

（2）完善公交配套政策支持机制。规范城市公共交通重大决策程序，形成较为完备配套政策支持，如公交路权优先问题，加快推进地面公交快速路网建设；综合考虑轨道交通与地面公交适应性发展，促进地下、地上公交协调运转。

（3）加快推进公交城乡一体化建设。整合城市中心区线路，推进郊区县线路统一服务，实现地面公交城郊一张网，促进城郊享受均等化公交服务。

结合京津冀一体化发展战略，推进京津冀公交一体化服务。

（4）改革公交线网优化审批制度。地面公交线网优化由审批制调整为备案制，授予北京公交集团线网规划调整特许权，行业主管部门按运营服务标准加强监管与考核。

2. 研究制定公交运营服务标准，完善企业绩效考评

（1）研究制定有利于提升线路运营服务水平和促进公交优先的运营服务标准，企业按照运营服务标准，确保线路运营服务质量。

（2）优化公交企业绩效考评体系。建立财政补贴与公交企业服务评鉴挂钩与奖惩激励机制，加强对公交企业“服务满意度”指标考核。

3. 加快推进公交场站建设开发和综合利用的新机制

（1）场站建设尽快落实规划。优化公交场站规划、供地、移交和投融资机制，保障公交场站规划落实。

（2）探索研究公交场站建设管理机制和升级改造模式。从政府层面在用地、功能、规划、建设、融资等方面寻求突破，推动公交场站一体化综合开发利用。

（3）加大公交基础设施投入。加大对公交充电线网、充电站、加气站、保修车间等基础设施建设的投入力度。

4. 完善企业财政补贴机制，支持公交改革发展

（1）研究建立公交企业成本评估机制。引入第三方机构，客观公正准确对公交成本进行评估和论证。

（2）建立公共交通基础设施需求与建设会商机制。由政府指定专业机构，每年对企业基本建设需求评价，并提交政府机构审定，保证公交基本设施建设投入到位。

（3）加大对企业资金支持力度。完善财政补贴正常增长机制，加大对公交公益性资本金投入，设立支持公交转型升级、改革发展专项资金。

（4）加速指导公交投融资平台建设和相关优惠政策的制定。指导公交企业盘活固定资产，搭建投融资平台。由项目投资转型为平台投入，赋予公交企业灵活使用平台资金的权利，以此推动公交企业转型发展、焕发活力。

（5）为企业创新资产经营模式提供有力的政策支持。促进公交企业依托

位置优势的线网资源和垄断优势的流量资源，通过注入“互联网+”建设理念，充分利用企业的无形资产，提升公交运营服务水平和管理效率效益，同时创新商业模式，为公交企业可持续发展奠定基础。

第三节 城市公共交通优先发展战略

城市公共交通是为社会公众提供基本出行服务的社会公益性事业和重大民生工程。改革开放以来，城市公共交通有了较快发展，但随着城市经济社会发展和城镇化进程的加快，一些城市交通拥堵、群众出行不便、空气污染等问题日益突出。我国城市公共交通发展总体上滞后，难以满足人民日益增长的交通出行需求，严重影响了城市发展和人民群众生产生活水平的提高。解决城市交通问题，关键是要树立城市公共交通在城市交通体系中的主导地位，大力优先发展公共交通。优先公交发展是提高交通资源利用效率、缓解道路交通拥堵、改善空气质量的重要手段，是城市健康发展和城市交通可持续发展的必然要求。

一、公交优先发展战略的概念

“公交优先”是20世纪60年代初由法国巴黎最先提出的，其后很快在欧美发达国家得以推行。50多年的探索和实践已经雄辩地证明，这种高效利用通道资源的交通方式是社会经济发展的必然选择。“公交优先”即公共交通优先，狭义的“公交优先”是指在交通工程范围内，采用适当的交通管理和道路工程措施，使城市内部的客运交通以大容量、快速度的公交系统（包括公共汽车和轨道交通）为主，其他个体交通工具为辅。而广义的“公交优先”不但是指公交在“路权”使用上的优先，更是指有利于公交优先发展的所有政策和措施，包括公交在规划和财税、经济政策上的优先。公交优先既是一个经济问题，又是一个社会问题，既是一个技术问题，又是一个管理问题，它是一项复杂的社会系统工程。

二、公交优先发展的必要性

（一）公交优先是推动城市发展的客观要求

城市公交的正常营运，直接支撑着城市经济和社会活动的有序运转，直接影响着城市的生产和生活，城市的健康发展，离不开公共交通的优先发展。公共交通与城市发展方向、用地布局紧密相关，没有大运量的、快捷的公共交通出行方式，城市想要达到理想的空间布局几乎不可能。伴随着城镇人口的增加和交通需求的增长，建立区域公共交通体系，能更好地联系城市与周边地区的协调发展，公共交通将在京津冀一体化发展战略中发挥交通先行作用。可见，优先发展公共交通不仅是解决城市交通的需要，而且也是优化城市布局，推动中国特色城镇化发展的本质要求。

（二）公交优先是解决能源问题的必然选择

公共交通发展是决定城市形态和城市人口密度，节约使用土地、能源，实现城市可持续发展的关键措施。随着经济社会快速发展，对能源需求不断增加，能源已成为涉及我国经济安全的战略资源。根据有关数据统计，每百公里人均能耗，公共汽车是小汽车的8.4%，电车为3.4%～4%，地铁为5%。如果采用个体小汽车出行的人有1%转乘公共交通，仅此一项全国每年节省燃油将达0.8亿升。由此可见，大力推广公交优先，是降低燃料消耗、解决能源问题的必然选择。

（三）公交优先是实现道路资源优化配置的有效途径

公共交通是运量大、集约化经营的交通模式，人均占用道路面积小，是对道路公共资源高效利用的交通方式。据统计，每20辆自行车或4辆小汽车所占用的道路面积与1辆公共汽车所占面积一样，而后者的载客量是自行车的100倍、小汽车的30～40倍。运送同样数量的乘客，公共交通与小汽车相比，可节省土地资源3/4、建筑材料4/5、投资5/6，而空气污染只是小汽车的1/10，交通事故是小汽车的1/100。因此，城市公共交通是效率最高的交通方式，公交优先无疑是克服人多地少、车多路少、拥挤堵塞等基本矛盾和污染严重等问题的首选。

（四）公交优先是老百姓安全便捷出行的保障

公交优先不是公交企业优先，不是部门优先、行业优先，其实质是百姓优先、大众优先、多数人优先。在目前城市人口拥挤、交通拥堵、空间狭小、环境污染严重、大多数人收入不高的情况下，优先发展公共交通最符合广大人民群众的利益。公共交通设施的完善程度，市场管理的规范程度，经营服务的文明程度等，都直接关系着人民群众的生活质量。为保证普通群众方便、快捷、舒适地出行，优先发展公共交通无疑是最为明智的选择。

三、公交优先的主要政策梳理

近年来，从国务院、公共交通事业主管部委和地方政府都高度重视公交事业发展，先后制定多项优先发展城市公共交通的政策措施。

（一）国务院和中央部委相关政策

早在2004年，原建设部《建设部关于优先发展城市公共交通的意见》，明确了城市公共交通性质和作用，提出了城市公共交通的发展原则、方式、目标和优先发展城市公共交通的相应政策建议，对城市公共交通行业的市场化改革提出了要求；2005年9月，国务院办公厅转发建设部等六部门《关于优先发展城市公共交通的意见》（国办发〔2005〕46号），从进一步提高认识，充分发挥规划调控作用，完善公共交通基础设施，优化公共交通运营结构，保障公共交通的道路优先使用权，积极稳妥地推进行业改革，进一步加大政策扶持力度和加强组织领导和监督检查等八个方面提出共二十二条政策意见，这是有关发展公共交通的一个全面系统的文件；2006年12月，建设部会同国家发展改革委、财政部、劳动保障部等四部门印发了《关于优先发展城市公共交通若干经济政策的意见》，进一步明确城市公共交通的公益性定位和公共交通优先发展的有关经济政策，并召开了首次全国优先发展城市公共交通工作会议，也即第二次全国公共交通工作会议。会议推出了北京、天津、上海、沈阳、济南、杭州、合肥、郑州、贵阳、深圳、常州 11 个优先发展公共交通示范城市；2012 年底，国务院出台了《关于城市优先发展公共交通的指导意见》，针对我国城市公交发展面临的新形势、新任务，从树立优先发展理念、把握科学发展原则、明确总体发展目标、实施加快发展政策和建立持续发展机制等方面提出了系统的指导意见，实现了多方面的政策和机制创新，成为推动实施城市公交优先发展战略的重要纲领；2013 年，交通运输部制定了公交优先发展实施意见，明确提出到 2020 年基本确立城市公交在城市交通中的主体地位，基本形成安全可靠、经济适用、便捷高效的公交服务系统，较好地满足公众基本出行需求。

（二）地方政府相关政策

从地方政府层面看，以北京市为例，自 2004 年，北京市委市政府把优先发展公共交通作为解决北京交通问题的重要战略举措。2006 年 12 月，北京市确定了优先发展公共交通的“两定四优先”政策，即：确定了发展公共交通在城市可持续发展中的重要战略地位和公共交通的社会公益性定位，进一步明确了在加快轨道建设的同时，对地面公交系统进行全面提升改造，对公共交通施行设施用地、投资安排、路权分配、财税扶持的“四优先”政策。

（1）在设施用地优先方面，提出了 2010 年前规划建设公共交通三级换乘场站的方案，包括适应不同客流集散量的综合换乘枢纽、换乘中心站、换乘站以及小汽车与公交接驳换乘场站、公交综合驻车设施等共 110 多处。

（2）在投资安排优先方面，加大公共交通投资力度，针对北京特大城市的特点，在公共交通投资中，加大对轨道交通建设的投资力度，加快轨道交通建设。

（3）在路权分配优先方面，加快公交专用道建设覆盖，规划至 2010 年，新增公交专用道 285km，公交专用道网络将达到 450km，支持快速公交系统运行建设。

（4）在财税扶持优先方面，按照公共交通的社会公益性定位，转变观念，将对公交的亏损补贴，调整为用于购买公共客运服务的公共财政支出，加大公共财政的支持力度。2014 年 9 月，为进一步清晰和理顺政府对公交企业财政补贴结构的功能和定位，解决困扰企业发展的高负债、包袱重等问题，北京市政府召开专题会议研究地面公交财政补贴机制改革，按照“政企分开、政资分开、特许经营、政府监管”的改革方向，遵循“三分开、一创新”的改革思路，逐步建立责任清晰、保障有力、运营高效的地面公交发展机制，促进地面公交可持续发展。所谓“三分开、一创新”，即：企业竞争性业务和公益性业务分开，公益性业务中政企事权分开，公益性业务中公益性资产和经营性资产分开。明确集团地面公交运营服务为公益性业务，针对公益性业务进一步明晰政府和企业的事权、细化资产的公益性和经营性，实行分类管理，实现资产归属清晰、管用权责明确，进一步提升公交资产经营管理效益；创新财政补贴资金管理方式。

四、公交优先实施过程中存在的不足

优先发展城市公共交通战略实施以来，各地区认真贯彻落实中央决策和有关部署，制定了有关配套政策和具体措施，从提高认识、做好规划、加大投入、完善设施、提高服务水平等方面积极推动城市公共交通优先发展，取得了显著成效。城市公共交通设施建设加快，硬件环境得到改善，多个城市设置了“公交优先”车道或专用车道。城市公共交通的车辆更新也进一步加快，节能环保和更加舒适的车辆逐步充实到运营服务中，老旧和污染环境的车辆正逐步退出公交运营，公交企业服务意识和管理水平进一步提升。但随着城市经济社会发展和城镇化进城的加快，一些城市交通拥堵、群众出行不便等问题日益突出，我国城市公共交通发展总体上滞后，难以满足人民日益增长的交通出行需求，严重影响了城市发展和人民群众生产生活水平的提高，主要表现在：

（一）公交优先政策需进一步落实，公交立法相对滞后

地方政府对公交企业的交通设施用地、投资安排、路权分配、财税扶持力度，特别是在路权分配优先方面的优先力度还有不足。目前地方政府几乎都没有统一的公共交通立法出台，存在公交规划落实不到位、公交专用道不足、公交基础设施用地缺乏、公交员工权益保障不够、乘客乘车行为约束性差、上级要求公交承担反恐防暴任务的事权和财权不匹配等问题。

（二）公交路权分配优先不够，公交专用道严重不足

以北京市为例，截至2014年年底，全市公交专用道仅为394.8km，公交专用道不足极大影响了地面公交运行效率，制约了公交企业发展，与广大乘客日益提高的出行需求存在差距。

（三）缺少地面公交运营服务标准

目前很多地方政府有《公共汽电车客运服务规范》等地方标准，更多从车厢服务角度规范公交服务质量，但缺少对运营服务质量的规范，造成各公交企业之间运营服务标准不统一。

（四）地面公交基础设施建设滞后

以北京市为例，新规划公交场站落实不到位，规划落实比例很低；公交永久场站和临时场站比例及区位结构不够合理，永久场站缺口普遍较大，临时场站比例较高，且各区县公交场站面积均有不同程度缺口；公交场站建设体制机制有待创新；清洁能源和新能源车辆更新发展配套设施落地难。公交充电线网、充电站、加气站、保修车间等建设投入相对滞后，保修基地不具备天然气车辆承修安全标准，更新改造缺乏资金来源。

（五）公交企业经营管理和安全维稳压力巨大

受刚性成本增长影响，公交企业经营成本逐年递增；公交职工收入低、工作环境艰苦、劳动强度大，面临招工难的问题；公交企业转型升级发展缺乏资金，彩钢板房、老旧房屋和场站的安全隐患较大，各类改造需大量资金；企业累计亏损和贷款压力大，企业包袱沉重。此外，公交员工和企业安全维稳压力较大。

五、公交优先的实施关键

城市公共交通优先发展，公共是基础，发展是前提，优先是保障。徐亚华在《公共交通优先发展现状及战略规划》中认为，城市公共交通优先发展战略措施主要是六个方面：健全城市公共交通法规标准体系，加大城市公共交通财政保障力度，建立规范的公共交通补贴制度，建立科学的票价制度，

规范城市公共交通企业运营管理，推进城乡客运一体化发展；赵俊波在《资源要素制约下的浙江省公共交通发展战略研究》中认为，城市公共交通优先发展战略措施从以下方面入手：确保城市公共交通的发展与城市土地开发进程相协调；理顺交通运输完全公益性项目，准公益性项目及完全经营性项目的关系；积极扶持和鼓励发展现代化先进的公共交通工具；以现代化技术扶持公交优先的实现。发展公交优先最重要的是各个城市出台相关的政策，国家出台一些法律法规，使公交优先行使起来有法可依，有法必依，杜绝一些职能部门的不落实。其次就是完善公交体系，只有在规范有序的公交体系的基础上，才能满足公交优先的长远发展。推动城市公交优先发展，要把握好“一个属性”，发挥好“三个作用”。

（一）突出城市公交的公益属性

城市公共交通是解决人民群众基本出行需求的交通保障系统，具有覆盖范围广、受益群体多、前期投入大等特点，虽然采取企业化经营，但具有特许经营的属性，经营内容、经营范围以至于票制票价等都由政府确定，是典型的社会公益事业，也是国家基本公共服务体系的重要组成部分，应该把城市公共交通服务作为公共产品向全民均等提供，不断提升人民群众的生活品质。城市公交的公益属性定位，是确立公共交通在城市交通中的首要位置，树立城市公交优先发展理念的基本前提。

（二）发挥城市公交在城市规划布局中的引领作用

根据发达国家经验，解决城镇化过程中人口快速集聚带来的土地资源紧张和城市管理难题，实现城市可持续发展，关键在于科学处理城市公共交通规划与城市整体规划布局的关系。新加坡、香港等一些国际大都市都把构建以公共交通为导向的发展模式作为城市交通发展的核心理念，通过一体化规划和综合开发建设，积极构建立体交通网络，引导城市功能布局和产业结构调整，促进了城市土地资源的高效利用。国内的深圳、厦门等不少城市也在进行积极有益的探索。借鉴国际先进经验，总结国内先行试点实践，在当前我国城镇化进程加速推进过程中，中心城市特别是后发展城市必须通过科学规划和系统建设，推动建立以公共交通引领城市发展的新模式，改变城市公共交通被动适应城市扩张的局面，破解城市发展难题，转变城市发展方式，实现公共交通与城市发展的良性互动、协调发展。

（三）发挥城市人民政府在公交优先发展中的主导作用

城市公交优先发展是一个复杂的系统工程，涉及发展理念的转变、体制机制的创新和一系列配套支持保障政策的制定出台。国务院明确了城市人民政府是城市公交优先发展的责任主体，强化规划调控、加快基础设施建设、加大财政性资金投入、拓宽融资渠道、保障路权优先、强化安全监管等，都需要在城市人民政府的统一领导下，按照职责分工形成工作合力，才能加快推进。在公交优先发展战略推进实施中，各级交通运输主管部门在城市人民政府领导下并会同有关部门，加强组织协调，合理配置资源，优化线网结构，增强供给能力，着力提升服务品质，更好地服务人民群众出行需求。

（四）发挥城市公交企业在公交优先发展中的主体作用

城市公交企业是城市交通基本公共服务的直接供给者，是人民群众检验城市公交优先发展成效的重要窗口，是城市公交优先发展战略的具体实施者，也是受益者。城市公交企业一方面承接政府优先发展公共交通政策的组织实施，另一方面通过遍布城市区域的公交体系向人民群众提供更加可靠、舒适和高效的城市公交服务。城市公交企业要抓住国家推动城市公交优先发展的战略机遇，在企业内部管理、行业精神文明建设和先进文化培育等各方面，充分发挥主体作用，确保优先发展政策落到实处。着力打造优质服务品牌，不断提升服务品质。

思　考　题

1. 结合自身企业实际，分析企业战略规划管理存在的不足，并提出相应解决措施。

2. 结合自身所在城市实际，分析你所在城市公交企业应该采取什么样的经营模式。

练　习　题

1. 简答题

针对城市公共交通战略管理不足，谈谈如何进行改进和完善。

2. 论述题

（1）针对你所熟悉的城市公交企业，谈谈你对该企业深化改革的意见和建议。

（2）针对当前城市公共交通发展过程中的一些瓶颈和不足，谈谈你对政府如何制定完善相关政策的意见建议。

第五章

公交企业的社会责任报告

第一节　企业社会责任报告概述

一、企业社会责任报告

企业社会责任是指在推动自身科学发展、健康发展的基础上，为实现企业发展目标和社会发展目标的需要，通过一定方式，为企业内、外的利益相关者承担或承诺的经济、文化、法律、生态环境、社会公益等方面的责任。

这一定义包含四层意思：第一，科学发展观的第一要义是发展，因此，企业要把履行经济责任，即促进和实现企业的稳定发展作为企业社会责任的首要任务。第二，企业社会责任是通过一定的方式实施的。第三，企业社会责任实施对象是与其利益相关者。第四，企业承担社会责任的基本内容大体包括经济、文化、法律、生态环境、社会公益等方面。

企业社会责任报告（简称 CSR 报告）指企业将其履行社会责任的理念、战略、方式方法，其经营活动对经济、环境、社会等领域造成的直接和间接影响、取得的成绩及不足等信息，进行系统的梳理和总结，并向利益相关方进行披露的方式。企业社会责任报告是企业非财务信息披露的重要载体，是企业与利益相关方沟通的重要桥梁。

二、企业社会责任报告的发展

（一）国外企业社会责任报告的发展

发布企业社会责任报告是企业履行社会责任的重要实践，也是提升企业形象、进行战略决策、应对消费者压力以及响应政府政策号召的工具。许多西方跨国公司从20世纪90年代就开始发布社会责任报告，至今已经形成了比较完善的报告体系。

随着企业身处的经营环境越来越复杂，传统的以股东利润最大化为目标的运营方式所带来的雇员福利问题、环境污染问题、产品质量问题等越来越引起社会各方面的关注，由此带来的压力要求企业对除股东之外的更广大利益相关方负责，以实现可持续发展。越来越多的企业在投资者、消费者等利益相关方的压力下，并从企业内部运营的需要出发，选择了发布企业社会责任报告，见表5-1。

企业按照利益相关者划分应承担的社会责任 表5-1

企业按照利益相关者划分应承担的社会责任	
利益相关者	应承担的社会责任
股东	1. 企业要尊重股东的知情权； 2. 企业要尊重股东的分红和优先认股权； 3. 企业要尊重股东的诉讼请求权
员工	1. 保障员工的经济权益； 2. 企业要承担对员工尊重、信任和平等的责任； 3. 提供给员工平等就业的机会； 4. 提供员工学习与发展的平台； 5. 保障员工的安全、健康的工作环境
消费者	1. 提供给消费者安全的产品、服务； 2. 提供给消费者正确的信息； 3. 承担优质的售后服务
债权人	1. 承担按期还本付息； 2. 承担保证债权人资金安全
政府	1. 合法经营、照章纳税； 2. 增加就业、稳定市场； 3. 参与公益事业
社会	1. 对环境的保护； 2. 参与社区公益事业建设、维护社区的和谐安定； 3. 扶贫济困、发展慈善事业

（二）国内企业社会责任报告的发展

国内企业的社会责任报告起步较晚，但发展迅速，2005年江西移动通信有限责任公司发布了《2004年社会责任报告》。根据统计，2009年在中国国内经营的企业发布了多达600多份的企业社会责任报告（包括以企业公民报告、可持续发展报告等名称发布的报告），国内大部分央企、上市公司和部分国企、民企都公布了社会责任报告。

政府监管部门对企业社会责任报告也逐渐加强重视，2006年以来，深交所《上市公司社会责任指引》、国务院国有资产监督管理委员会《关于中央企业履行社会责任的指导意见》等相关政策陆续出台。国内企业的社会责任报告见图5-1。

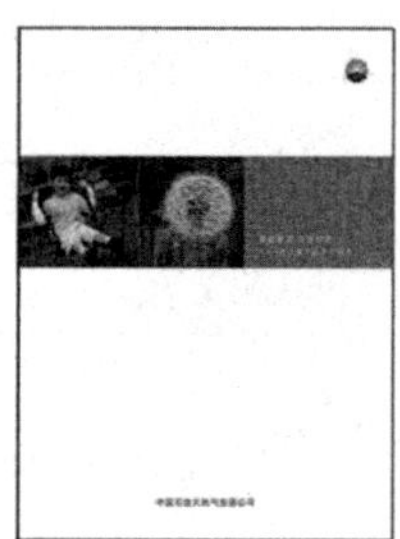

图5-1　国内企业的社会责任报告

三、公交社会责任报告的意义

公交企业承担着为城市市民和外来人员提供优质出行服务，缓解城市道路拥堵，改善环境质量，维护城市和谐稳定，引导社会文明行为和促进经济发展等一系列社会责任和职能。社会责任报告可以成为展现公交企业综合业绩的新工具，建立企业与市政府和乘客等利益相关方进行对外沟通的新手段和对话的新机制，落实“开门办公交”的工作思路，全面、系统、权威、客观的总结评价企业工作，树立企业高度负责任的品牌形象，促进利益相关方积极参与企业发展，同时使社会各界更加深入的了解公交企业，以便在社会公众的监督下，更好地服务城市建设和市民出行，推动企业可持续健康发展。公交企业的相关方生态系统见图5-2。

四、国内公交行业社会责任报告的发布情况

2010年，深圳巴士集团、常州公交先后通过召开新闻发布会的方式，发

布了《社会责任报告》，开创了国内公交企业发布社会责任报告的先河，建立了公交企业与政府、乘客等利益相关方对话的新渠道，在社会上引起了良好的反响。此后几年，郑州、贵州、济南等城市公交企业先后发布了社会责任报告，报告的读者群和影响面不断扩大。

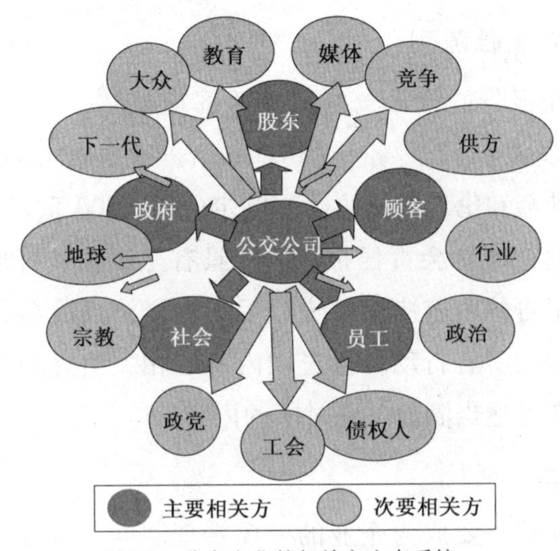

图 5-2　公交企业的相关方生态系统

第二节　企业社会责任报告编写流程

一、编制原则

（一）公开性原则

企业通过社会责任报告形式，公开它们履行社会责任理念、行动计划、实践成果等企业信息，这充分表明了企业对社会、对与其利益相关者具有的高度社会责任感，这本身就是一种企业社会责任实践；同时也是对它们表明履行社会责任的承诺，而其原意接受它们监督的一种意愿。

（二）诚信真实性原则

企业社会责任报告公开的企业履行社会责任的信息都是真实、科学、可信的，要经得起检验并能够保证信息的质量。这充分表明了企业对社会、对利益相关者忠实履行社会责任所具有的诚信态度。企业的诚信态度如何，取决于企业的社会责任态度及其社会责任行为。为了增加报告的诚信真实性，越来越多的企业在社会责任报告中加入第三方审验。

（三）规范完整性原则

企业社会责任报告的设计、撰写一般都是遵循一定规范完成的。目前，主要是遵循“全球报告行动”推出的 G3 报告框架、“国际社会责任”公布的 SA8000 标准、“社会和伦理责任协会”制定的 AA1000 系列等。只有遵循一定规范、标准完成的企业社会责任报告，才具有全面性、科学性、评价性、可比性和国家性。报告的内容应能够完整反映在经济、社会和环境三个方面履行社会责任所采取的所有行动。报告期内所有相关信息和活动时限通常为一至两年，首次发布可适当涵盖过往时限的内容。

（四）制度性原则

企业社会责任报告要成为企业的一项管理制度。坚持企业社会责任报告制度是提升企业现代管理水平的要求，是增强企业竞争力的要求。由于制度具有严肃性、科学性、规范性、稳定性等特点，企业社会责任报告作为一项制度，将其纳入企业科学管理系统中，以防止企业社会责任报告的个人喜好性和随机性。

（五）关键性原则

在编制报告的过程中，可供公司披露的信息较多：一方面，一份报告不可能面面俱到；另一方面，各类信息的重要程度也不相同。这就需要在编制过程中采取关键性原则，可从对利益相关者重要程度和对公司战略性发展的影响加以考虑。公交企业作为公益性服务行业，应加大对社会效益方面的责任。

（六）清晰性原则

社会责任报告要想社会公开发布，要求披露的信息直观形象、易于理解，尽量采用图标、案例等方式，力求语言通俗易懂，对于不得不采用的术语，在报告中要加以注释。同时，应从纵向和横向进行比较，在纵向上，要求报告披露的信息可以与该企业以往的信息加以比较；在横向上，要求处于同一行业的不同公司对报告内容和信息处理方式采取同一口径。

二、主要内容

根据GRI发布的《可持续发展报告指南》（G3版），企业应披露以下三个方面的信息：战略及概况、管理方针、绩效指标。实际发布的社会责任报告基本上遵循这个方向，有的严格采用G3标准，有的结合实际进行一些调整，但从整体上依然可以划分为以上三个部分。

（一）战略及概况

这一部分主要从整体上对公司进行介绍，主要包括以下四个方面的内容：

1. 战略及分析

这部分主要是从战略性角度展现机构与可持续发展的关系，目的是就战略性项目提出深刻见解，它包括致辞和简单叙述两部分。

2. 公司概况

包括公司名称，主要品牌、产品及服务，公司的组织结构，总部所在地，所有权性质及法律形式，公司的规模，公司所服务的市场，报告期内公司的业务、规模、经营地点和股权方面的重大变化，报告期内公司获得的奖项和好评。

3. 报告规范

（1）报告概括，包括报告期、上一份报告的时间、报告周期、查阅报告内容的方式。

（2）报告范围和界限。一是确定关键性，确定报告议题的先后顺序，以及预期使用报告的利益相关方；二是报告的界限，说明报告涉及的国家、部门、附属公司、租用设施、合营公司和供应商等；三是如果报告未能反映公司在经济、环境和社会绩效方面的全部信息，指出报告在数据方面的局限性，并说明全面披露的计划及时间表；四是说明对合营公司、附属公司、租用设施、国外采购业务进行信息披露的基础和界定原则；五是数据计算和处理原则以及对其他信息进行估计的方式方法；六是解释对以前报告中的信息进行重新处理的结果和原因；七是说明本报告的范围、界限及计量方法与以前报告的重大区别。

（3）内容索引。一般依照《可持续发展报告指南》或《中国企业社会责任报告编写指南》的指标体系进行对标，并表明主要绩效指标在报告中的页码。

（4）认证。报告编写后，由中国社会科学院经济学部企业社会责任研究中心等专业组织对报告内容进行过程性、实质性、完整性、平衡性、可比性、可读性、创新性等方面的评级，并提供改进意见。

4. 治理、承诺和利益相关方参与

治理披露主要包括以下内容：公司的治理机构；执行主管和执行人员情况；股东和员工向最高治理机构提出建议或经营方向的机制；治理机构成员的薪酬与绩效情况；避免最高治理机构出现利益冲突的程序；最高治理机构成员的任职资格；公司有关经济、社会绩效和环境的使命、价值观和行为准则的实施情况；最高治理机构可持续发展的监督；最高治理机构的绩效评价。

对外界制定的有关经济、环境和社会绩效倡议的承诺及参与情况。

利益相关者参与，包括利益相关方成员、利益相关方参与程度、过程和机制。

（二）管理方针

管理方针是公司如何应对与可持续发展相关的风险与机遇的政策和方法进行的披露，它与绩效指标密切联系在一起，每一类不同的绩效指标都有不同的管理方针与之对应，公司一般将管理方针和绩效指标一起披露。

（三）绩效指标

（1）经济绩效指标。与企业财务报告相区别，社会责任报告的经济绩效指标除了披露自身的经济绩效，更侧重于披露机构对利益相关方的经济影响。经济绩效指标包括：经济绩效、市场占有率和间接经济影响。

（2）环境绩效指标。主要是披露公司经营活动对有生命的和没生命的自然系统（包括生态系统、土地、空气和水）的影响。

（3）社会绩效指标。主要反映公司经营对社会制度的影响，包括雇佣、劳资关系等22个方面的内容。

（四）与G3代表的三支柱模式不同的绩效指标体系创新

在实际编制企业社会责任报告的过程中，一些公司原则上按照GRI的报告指南进行编写，将披露的信息分为经济、环境和社会三个组成部分，也有一些公司在吸收发布公司经验和部分国际原则的基础上对报告内容和结构进行了大胆的创新。

三、企业社会责任报告编写流程

（一）筹备

（1）制定专职负责社会责任的长期部门。随着企业社会责任的发展，一些大型公司成立了专职企业社会责任或可持续发展的部门，由这些部门负责企业日常经营中的企业社会责任职能。

（2）组建社会责任报告编写小组。企业社会责任报告是对公司经营状况的全面披露，对信息的广度和代表性提出了更高的要求，应成立社会责任报告编写小组，小组成员包括公司高层领导人员、具体负责编写人员、其他部门的代表人员等。首年筹备发布应由主要领导召开动员会，由公司主要负责人进行宣讲，形成公司对社会责任报告重要性的共识，对各部门配合编写小组工作提出具体要求。

（3）制定报告工作计划。确定目标和分工，制定详细的实施方案，明确各环节工作节点和责任人。

（二）编写

1. 编写方式

编写通常有公司自己编写、委托外部编写和内外部联合编写三种方式。公司自己编写有经济成本低的优点，但时间成本较高，委托外部编写时间成本低，但沟通成本、经济成本较高。内外部联合编写各项成本都适中，但对团队精神要求较高，适合于第一次编写的企业。

2. 收集准备基础资料和专题性资料

基础资料收集主要是书面的现有的资料，包括两方面的内容，一是公司企业社会责任和可持续发展的文字性资料；二是数字性资料。

专题性资料的收集主要是在工作小组通过撰写提纲后，针对写作提纲的要求有目的地收集资料，也包括针对特定的问题进行问卷调查和各种层面的访谈。收集准备资料的过程会提高企业社会责任的认识，使企业内部对社会责任更加重视，且提供资料内容更加贴近报告需求。

3. 分析基础资料

一是利益相关方分析，包括企业利益相关方是谁，企业对利益相关方影响是什么，利益相关方的反作用又是什么。

二是可持续发展分析，包括企业可持续发展的影响因素有哪些，企业采取了哪些可持续发展措施，企业可持续发展的绩效如何，企业为可持续发展做出了哪些重要贡献，企业进一步实现可持续发展的风险和机遇是什么等。

三是利益相关方与可持续发展的内在逻辑关系分析，企业哪些利益相关方是企业实现可持续发展的关键因素，企业如何构筑合适的利益相关方关系，来抓住可持续发展的机遇，有效避免可持续发展的风险。

4. 确定主题、结构与提纲

根据公司的社会责任观以及报告期间的企业社会责任表现确定主题根据主题和对利益相关者的分析，确定报告框架。

5. 撰写正文

撰写时根据收集资料、部分访谈内容进行分类，归入不同的绩效指标体系中。根据对社会贡献、影响力的不同安排顺序和篇幅比例。

6. 通过内外部审验提高报告可信度

一是内部审验。撰写完成后，应一次或多次征求相关部室、高层领导的意见。二是外部审验，邀请社会责任审验人员、社会责任专家、财务审计人员、利益相关方代表进行审验。根据内外部审验进行修改完善，确定文字内容。北京公交集团社会责任报告专家论证会见图5-3。

7. 排版设计、印刷

图 5-3　北京公交集团社会责任报告专家论证会

请公司内部或外部人员进行版面设计，设计创意人员一定要参与报告准备和撰写讨论的全过程，以能够根据报告的思想和内容设计版面。设计风格应体现行业性质和企业特点，与企业的视觉识别系统相吻合，设计一般要求以人为本、简洁大方、对应主题、图文并茂、方便阅读，并与企业网站风格相协调，见图 5-4。排版完成后进行印刷，印刷纸张可选用环保纸张，印刷数量根据企业自身情况选择。

- 4月26日，10部新型8m级公交车正式投入新开530路运营。
- 12月新开4条纯电动“专”字头线路，解决了群星路、芳群路。久敬庄路、欣荣北大街4.6km有路无车问题，方便了紫芳园、大红门久敬庄、理想城等地区乘客出行。

■使用8m车的530路开通
The opening of Pouie No.530 with the operation of 8 meter buses

图 5-4　图文并茂的版面设计

（三）发布

企业可选择发布方式，一般采用召开新闻发布会或通过新闻通稿由媒体进行宣传的方式发布，首次发布可采用有影响力的方式，加大宣传力度，扩大社会责任报告的影响力。

公开发布后进行发放。一是向政府有关部门、兄弟单位、利益相关者进行报送或寄送；二是在企业网站重要位置发布电子文件，供浏览者下载；三是在社会责任报告中公开索取方式；四是在对外交流时发放。

公开发布后，可通过问卷调查、专家意见征集、访谈等形式进行内外部意见反馈，以便在第二年继续提高社会责任报告的质量。

第三节　北京公交集团企业社会责任编制

一、北京公交集团履行的社会责任

2014 年，北京公交集团由总经理为组长，规划发展部具体负责，与中国道路运输协会城市客运分会、国务院发展研究中心《经济要参》编辑部合作，以课题的形式开展了北京公交集团 2013 年社会责任研究，对北京公交集团作为首都特大型国有公益性企业在社会责任方面做出的贡献进行了全面深入的研究，对提升北京公交集团经济、社会、环境的综合价值创造力，提高企业美誉度和影响力，具有十分重要的意义。

北京公交集团是市属国有特大型公益性企业，是首都地面公共交通的主体。近年来，在市委市政府领导下，北京公交集团积极落实公交优先发展战略，始终坚持公益性定位，以建设人民群众满意公交为目标，承担国有企业应尽的社会责任，以服从公众利益、服务乘客出行为企业宗旨，努力满足广大乘客公共出行需求，主动为政府分忧解难，在完成急难险重任务上发挥了国有企业的重要作用，圆满完成了奥运会、国庆 60 周年等重大活动期间的交通运输服务工作，全力做好了“非典”、“7·21”特大暴雨灾害等重要时期的交通运输保障工作，极大地方便了广大乘客出行，促进了首都经济社会发展。

2013 年，北京公交集团站在首都城市功能定位的高度，落实“公交都市”建设要求，积极投身到打造公交惠民工程、缓解城市道路拥堵、治理大气污染中。通过优化线网结构、打造服务品牌、更新环保车辆、创新多样化服务，满足全方位、多层次的乘客出行需求，充分发挥公交主体作用，努力实践企业社会责任，在第六届“北京影响力”评选活动中获得“影响百姓经济生活十大企业”荣誉称号。

二、北京公交集团社会责任报告的编制

北京公交集团在对企业社会责任进行课题研究后，以研究成果的形式公布了《社会责任报告》，根据 G3 标准的总原则，结合公交行业性质和企业位于首都的特点，选择了将三大指标体系拆解的模式，并主要侧重于环境绩效指标和社会绩效指标。

《2013 年社会责任报告》共 56 页，一万两千余字，分为三部分，第一部分为概述，包括集团主要领导致辞；企业概况；组织机构；企业理念、参加的社团组织和获得的荣誉奖项；报告的声明、对象、跨度、参考标准等。第二部分为主体部分，共六章二十节，围绕坚持公益定位，发挥公交主体作用；致力服务民生，建设人民满意公交；履行环保责任，打造绿色科技公交；树立底线思维，构建首都平安公交；助推社会发展，营造爱心公益公交；践行人本理念，共创幸福和谐公交等六大部分，以丰富的图片和详实的数据，展示了北京公交集团在保障城市运行、缓解城市道路拥堵、减少污染排放方面做的工作和承担的社会责任。第三部分为 2013 年大事记和展望。

2014 年 7 月，北京公交集团公开发布了《2013 年度社会责任报告》，十余家平面媒体进行了报道，并计划今后每年上半年发布上一年度的社会责任报告，见图 5-5 和图 5-6。

目录

03 致辞
04 企业概况
06 组织结构
07 企业理念
08 参加的社团组织
09 获得的荣誉奖项

10 一、坚持公益定位 发挥公交主体作用
(一)四通八达的线网布局
(二)灵活方便的运营模式
(三)功能强大的保障能力
21 二、致力服务民生 建设人民满意公交
(一)促进均等化公交出行
(二)打造精品化车厢服务
(三)营造舒适化承车环境
(四)满足多样化出行需求
(五)搭建亲情化沟通平台
32 三、履行环保责任 打造绿色科技公交
(一)大力发展新型环保车辆
(二)广泛采用先进减排技术
(三)积极创新绿色管理机制
37 四、树立底线思维 构建首都平安公交
(一)科学管理确保行车安全
(二)技术创新确保企业安全
(三)心怀大局确保社会安全
42 五、助推社会发展 营造爱心公益公交
(一)支持经济发展 促进社会就业
(二)弘扬北京精神 倡导精神文明
(三)回报社会公众 投身公益事业
48 六、践行人本理念 共创幸福和谐公交
(一)加强企业文化建设
(二)促进员工成长成才
(三)保障员工切身利益

54 2013年大事记

56 展望

图5-5 北京公交集团2013年社会责任报告结构

图 5-6　北京公交集团 2013 年社会责任报告

2015 年 6 月，北京公交集团发布了《2014 年度社会责任报告》，在 2013 年的基础上，报告进行了部分调整和完善，主要体现在“一丰富、两增强、三增加”。“一丰富”：丰富了各利益相关方的评价；“两增强”：一是增强了报告的规范性，二是增强了报告的可读性；“三增加”：一是增加了“战略管理”章节，二是增加了部分内容的英文翻译，三是增加了《公交之歌》。整个报告从“战略统筹，助企业稳步发展；公益定位，为城市保驾护航；提升品质，对乘客贴心服务；关注生态，同环境协调共进；落实责任，与社会共筑安全；倡导文明，向公众真情回馈；共享成果，让员工和谐幸福”等七大方面全面、系统、客观地梳理了北京公交集团公司 2014 年践行企业社会责任的主要表现，见图 5-7。

图 5-7　北京公交集团 2014 年社会责任报告

思　考　题

思考如何在实际工作中提升企业的社会责任水平。

练　习　题

1. 名词解释

企业社会责任报告

2. 简答题

企业社会责任报告的编制原则有哪些?

3. 论述题

试论述企业社会责任报告的编写流程。

第六章

计划概论

第一节 定　　义

在管理学中，计划具有两重含义，其一是计划工作，是指根据对组织外部环境与内部条件的分析，提出在未来一定时期内要达到的组织目标以及实现目标的方案途径。其二是计划形式，是指用文字和指标等形式所表述的组织以及组织内不同部门和不同成员，在未来一定时期内关于行动方向、内容和方式安排的管理事件。

第二节 性　　质

（1）预见性。这是计划最明显的特点之一。计划不是对已经形成的事实和状况的描述，而是在行动之前对行动的任务、目标、方法、措施所做出的预见性确认。但这种预想不是盲目的、空想的，而是以上级部门的规定和指示为指导，以本单位的实际条件为基础，以过去的成绩和问题为依据，对今后的发展趋势进行科学预测之后得出的。

（2）针对性。计划一是根据党和国家的方针政策、上级部门的工作安排和指示精神而定，二是针对本单位的工作任务、主客观条件和相应能力而定。总之，从实际出发制定出来的计划，才是有意义 、有价值的计划。

（3）可行性。可行性是和预见性、针对性紧密联系在一起的，预见准确、针对性强的计划，在现实中才真正可行。如果目标定得过高、措施无力实施，这个计划就是空中楼阁；反过来说，目标定得过低，措施方法都没有创见性，实现虽然很容易，并不能因而取得有价值的成就，那也算不上有可行性。

（4）约束性。计划一经通过、批准或认定，在其所指向的范围内就具有了约束作用，在这一范围内无论是集体还是个人，都必须按计划的内容开展工作和活动，不得违背和拖延。

（5）首位性。计划是进行其他管理工作的前提，计划在前，行动再后。

（6）目的性。任何组织或者个人制定的各种目标都是为了促使组织的总目标的实现和一定时期目标的实现。

（7）明确性。计划应明确表达出组织的目标和任务，明确表达出实现目标所需的资源以及所采取的程序、方法和手段，明确表达出各级管理人员在执行计划过程中的权利和职责。

（8）效率性。计划的效率性主要是指时间性和经济性两个方面。

第三节　分　　类

计划的种类很多，可以按不同的标准进行分类。主要分类标准有：计划的重要性、时间界限、明确性和抽象性等。但是依据这些分类标准进行划分，所得到的计划类型并不是相互独立的，而是密切联系的。比如，短期计划和长期计划，战略计划和作业计划等。

一、按计划的重要性划分

从计划的重要性程度上来看，可以将计划分为战略计划和作业计划。

应用于整体组织的，为组织设立总体目标和寻求组织在环境中的地位的计划，称为战略计划。规定总体目标如何实现的细节的计划称为作业计划。战略计划与作业计划在时间框架上，在范围上和在是否包含已知的一套组织目标方面是不同的。战略计划趋向于包含持久的时间间隔，通常为 5 年甚至更长，它们覆盖较宽的领域和不规定具体的细节。此外，战略计划的一个重要的任务是设立目标；而作业计划假定目标已经存在，只是提供实现目标的方法。

二、按计划的时期界限分

财务人员习惯于将投资回收期分为长期、中期和短期。长期通常指5年以上，短期一般指1年以内，中期则介于两者之间。管理人员也采用长期、中期和短期来描述计划。长期计划描述了组织在较长时期（通常5年以上）的发展方向和方针，规定了组织的各个部门在较长时期内从事某种活动应达到的目标和要求，绘制了组织长期发展的蓝图。短期计划具体地规定了组织的各个部门在目前到未来的各个较短的时期阶段，特别是最近的时段中，应该从事何种活动，从事该种活动应达到何种要求，因而为各组织成员的行动提供了依据。

三、按计划内容的明确性分

根据计划内容的明确性指标，可以将计划分为具体性计划和指导性计划。

具体性计划具有明确规定的目标，不存在模棱两可。比如，企业销售部经理打算使企业销售额在未来6个月中增长15% ，他会制定明确的程序、预算方案以及日程进度表，这便是具体性计划。指导性计划只规定某些一般的方针和行动原则，给予行动者较大的自由处置权，它指出重点但不把行动者限定在具体的目标上或特定的行动方案上。比如，一个增加销售额的具体计划可能规定未来6个月内销售额要增加15%，而指导性计划则可能只规定未来6个月内销售额要增加12% ~16% 。相对于指导性计划而言，具体性计划虽然更易于执行、考核及控制，但缺少灵活性，它要求的明确性和可预见性条件往往很难满足。

思 考 题

请结合工作思考本单位的工作计划有什么优点和不足。

练 习 题

1. 填空题

（1）从计划的重要性程度上来看，可以将计划分为______和______。

（2）在管理学中，计划具有两重含义，分别是______和______。

（3）财务人员习惯于将投资回收期分为长期、中期和短期。管理人员也采用______和______来描述计划。

（4）根据计划内容的______指标，可以将计划分为具体性计划和指导性计划。

2. 选择题

（1）战略计划趋向于包含持久的时间间隔，通常为（　　）年甚至更长。

A. 2　　B. 3　　C. 4　　D. 5

（2）短期计划是指（　　）年以内的计划。

A. 1　　B. 2　　C. 3　　D. 4

（3）指导性计划只规定某些一般的方针和行动原则，给予行动者较大的（　　）。

A. 相机抉择权　　B. 临危受命权

C. 自由处置权　　D. 全权负责权

（4）（　　）是计划最明显的特点之一。

A. 预见性　　B. 效率性

C. 约束性　　D. 明确性

3. 名词解释

计划预见性　战略计划　长期计划　中期计划　短期计划

4. 简答题

（1）计划的性质包括哪些内容？

（2）列举计划有哪些分类？

5. 论述题

谈谈你对工作计划的认识。

第七章

企业计划

第一节　企 业 计 划

一、企业计划

（一）定义

企业计划管理工作是企业计划职能的一个重要组成部分，包括调查研究、研判形势、预测未来、制定目标、制定计划、贯彻落实、监督检查和控制修正的过程。在企业管理层，通过决策确定管理活动的目标后，要通过计划管理来使其具体化。因此，计划管理职能在企业管理活动中具有重要作用。

（二）分类

计划是事先对未来应采取的行动所作的规划和安排，计划工作需要选定任务和目标以及达到这些目标或完成任务的行动。计划的种类很多，如任务或使命、目标或目的、策略、政策、程序、规定、规划和预算等等。一旦认识到机会的存在，企业管理人员就要通过建立目标，进行有关现在和未来的前提假设，找出可选择的方案进行评估，从而做出合理的计划。从不同的角度和内容可按时间分类、按管理层次分类、按管理形式分类、按内容分类和按表现形式分类等。

1. 按时间分类

按计划的时间期限分类，可分为长期计划、中期计划和短期计划，短至一周，长至可能是若干年。即使在同一企业、同一时间，各种事情也可能存在各种不同的计划期限。任何一项笼统的目标都是难以执行的。因此，只有经过目标的分解，将大目标化成小目标、长期目标化成阶段目标、粗目标化成细目标、抽象目标化成具体目标，即：明确实现总目标的过程中各阶段必须做什么，总目标的实现才能成为可能。

（1）长期计划

对于企业来讲，经常把 5 年以上的计划称为长期计划，又可称为长远规划或远景规划，如“十二五”规划和即将制定的“十三五”规划。长期计划一般只是纲领性、轮廓性的计划，例如，集团公司“三年打基础，五年大发展”战略思路的提出，它是一个远景的规划设想，代表着企业未来的发展目标与方向，是对企业全局有长远的、重大影响的决策，因此，也可称其为发展战略计划或发展战略决策。其主要作用就是明确企业长远发展方向及奋斗目标，提出应当采取的主要重大措施，以便统一认识，凝聚力量，鼓舞员工树立长远的目标并为之不懈的努力。这种计划或决策通常是由组织中的最高管理层次来进行的，具有高度的权威性，是制定其他各类计划的根本依据，定性多于定量，主要依靠决策者的经验和分析判断能力。由于计划的期限较长，不确定的因素较多，而且有些因素人们事先也难以预料。因此，它只能以综合性指标和重大项目为主，还必须有中短期计划来补充，例如：集团公司各专业部门制定的“三年行动计划”，把计划目标具体化。长期计划的确定主要考虑以下因素：

一是为实现一定的战略任务大体需要的时间。

二是人们认识客观事物及其规律的能力、预见程度，制定科学的能够达到的计划所需要的政策、手段、条件、方法等。

三是整体大环境的发展与企业发展的程度是否与市场需求相匹配。

例如：城市公共交通企业在制定长远规划时，就要考虑市场的需求问题。城市的交通需求，通常可以概括为三个层次。一是基本需求，包括上下班、上下学、日常采购、逛街、看病、办事、走亲访友等出行；二是享受需求，包括旅游观光、休闲娱乐、餐饮住宿等；三是特殊需求，包括残疾人等特殊群体的出行。其中，第一层次的需求人次、收入弹性最小，第二层次的需求人次、收入弹性最大。随着经济的发展，人均收入的不断增加，将必然导致第二层次需求的膨胀，加上京津冀一体化发展加快，城市规模的扩大，非首都功能的疏散，人口的增加和居住外延，必然导致公共交通运力供给的增加（如车辆数、公里投入增加）和推出满足享受需求人群的出行产品（如定制公交），以适应日益扩大的运量需求和人们日益增长的服务需求。

但要注意的是，长期计划不一定就是对未来的计划，而是相对今日决策对未来效果的计划。换句话说，管理者的决策是一种投入，在通常情况下，这种投入是指资金、行动方向或者企业社会效益方面所应承担的义务。因此，决策是计划的核心，虽然研究和分析先于决策，但任何类型的计划都意味着已经做出某种决策，并在领导者做出了决策后计划才能真正落实。

（2）中期计划

中期计划在企业内主要是指 2 ~ 3 年内的计划。例如：集团公司各专业部门制定的“三年行动计划”。相对于长期计划，中期计划时间较短，比长期计划要具体细化，可以比较准确地衡量计划期内各种因素的变动及影响。一般来说，中期计划的制定非常需要两方面的信息：短期的市场变化信息和宏观的长期市场发展信息。所以，在一个较大企业中，中期计划是实现计划管理的基本形式。一方面，它可以把长期计划的战略任务分阶段具体化；另一方面，它可以为年度计划的编制提供基本框架，因而是联系长期计划和短期计划的桥梁和纽带，也是实现长期计划的手段。中期计划按照计划工作的要求，应将中期计划分解，列出分年度的指标设想，但是，又不能代替年度计划的编制，只可作为参考依据。

对企业而言，如果说长期计划是战略决策，则中期计划可称之为战役决策，既有定性又有定量。它是企业为实现战略计划而进行的资源、人事、财务、技术等方面的组织、设计与管理。

（3）短期计划

短期计划一般是指企业的年度计划和季度计划以及一些根据需要而临时制定的专项计划，属于执行性计划，制定得具体明确，以年度计划为主要形式。基层单位包括季度计划和月计划，它是长期计划和中期计划的具体实施计划、行动计划。它根据中期计划具体规定本年度的任务和有关措施，内容具体、细致、准确。短期计划都有执行单位，有相应的人力、物力、财力的分配，为贯彻执行决策层的决策提供了条件，为检查计划的执行情况提供了依据，从而使中、长期计划的实现得到了切实的保证。

如果将长期计划称为战略决策，中期计划称为战役决策，那么，短期计划可称之为战术决策。短期计划也是定量决策，它要求有一定的精确度，如：总行驶里程增长多少、人次和运营收入下降在多少范围内、成本上升多少等，不能用“较大幅度提高”或“程度明显下降”等笼统的提法。短期计划一般都可以用数学方法寻求到最优答案。

特别需要注意的是，在制定短期计划时一定要把长期计划结合在一起。如果短期计划不能帮助相关联的长期计划取得成功，就会造成计划工作的很多浪费，也就没有必要制定它了。因此，负责的管理人员应该不断检查当前计划的执行情况，看看这些决策是否有利于长期和中期计划。对下属单位，应该定期地向他们简要介绍长期计划的情况，以便使他们的决策和公司的长远目标相一致，避免上下级决策的脱节。

长期、中期和短期计划的有机协调与相互配套，是企业生存和发展的保证。实践中的一般经验是，长期计划可以粗略一些、弹性大一些，而短期计划则要具体、详细，中期计划要解决好它们之间的衔接。

2. 按管理层次分类

按计划的层次划分，可分为高层计划、中层计划、基层计划。

（1）高层计划

高层计划是由企业最高层领导机构制定并下达到整个组织执行，要进行检查、落实和考核的计划。高层计划包括长期计划、中期计划和短期计划。它是对企业全系统有关重大的、带全局性的、有时间限度的工作目标与任务的筹划。高层计划在企业中一般也叫经营战略，涉及企业的方方面面，决定着企业的资源配置，对企业的发展与经营有着十分重要的影响。同时，高层计划又决定了中层计划的具体内容，是中层计划的出发点和依据。

高层计划在决策者分析判断企业各方面的条件及能力并下达决策后，一般会创造出一种良好的激励环境，使人们能够在规定的时间内，用最小的人力、物力和财力投入，以最高的效率来实现群体目标，或使人们能够利用现有的一切资源，尽可能地达到预期的目标。高层计划在企业管理中绝大多数能够按照原已规定的程序、方法和标准进行，多属于经营管理决策。

（2）中层计划

它是中层管理机构制定、下达或颁布到有关基层执行并负责检查的计划。中层计划一般是战术或业务计划，也是根据高层计划的内容并加以实施的具体安排。它规定基层组织和组织内部各部门在一定时期需要完成什么，如何完成，并合理安排人力、物力与财力资源。

高层计划是企业目标的原动力，而企业又是由不同层级组成的体系，因此，在高层计划的实际落实当中，需要中层管理机构将总指标分解为比较具体和精细的小目标。在中层管理机构的生产经营活动中，一般性的指标经常以相同或基本相同的形式重复出现，长期以来，管理者对此类指标的背景、特点以及内外部因素间的关系等已有了比较全面、客观的了解，因此，有些指标计划的制定相对于高层计划来说更容易把握。

（3）基层计划

基层计划是由基层执行单位制定、直接下达给生产一线的车班组或职工执行的作业计划，也就是具体的工作任务或者称为工作目标，并直接由基层单位检查考核。基层计划是在中层计划的基础上进行的更深一层的指标分解，规定的是生产一线目标主体在某一阶段时间内所应完成的各项指标的具体工作以及完成工作应达到的程度要求。如规定具体工作项目及完成任务的时间、数量、质量等方面的要求。

基层计划的制定必须以中层计划的指标为依据，保证中层计划的实现。基层计划也可以在中层计划许可的范围内，根据自身的条件和客观情况的变化灵活地作出安排。高层计划的指标分解要求“纵向到底、横向到边”，基层计划是纵向到底的具体体现。

这种由若干层级计划和若干部门目标支持的高层计划，既反映部门与层级计划的特点，又反映部门和层级的任务，而且都共同指向高层计划的总目标，又有具体的承担者与执行人，这就使高层计划落到了实处，形成左右相连、上下一贯、彼此呼应的目标网，这样的计划体系才会使企业更加紧密，更有力量。所以说，企业生产经营的高层、中层、基层计划都是必不可少的。

总之，高层计划、中层计划和基层计划三者之间既有联系，又有区别，它们应在统一计划、分级管理的步骤中，合理运作，做到“管而不死，活而不乱”。

3. 按管理形式分类

按计划的管理形式划分，可分为指令性计划和指导性计划。

（1）指令性计划

指令性计划是由上级单位按隶属关系下达，要求执行计划的单位或组织必须完成的计划。任何一个企业都要对内部的资源加以合理配置，对生产经营的运行加以调控，在调控的工具中，制定指令性计划是经常采用的做法，而且上级部门对计划指标的实现程度会予以很高关注，保证计划指标的完成是整个计划执行工作的重点。除有特殊情况，一般不做动态调整，在此基础上，指令性计划的编制也要减少盲目性，避免生产经营的大起大落。因此，它适用于干扰因素影响较小，或系统本身抗干扰能力强，或者有较多的经验可以借鉴并且年度之间连接紧密的经营单位，公共交通企业的基层单位应属于此类性质。

指令性计划的实现主要依靠企业的行政命令，通常包括以下四种控制方式：

第一，强制性。凡是指令性计划，都是必须完成的，具有行政的强制性。它有下限指标，即只允许按计划完成或超出，不允许降低；上限指标，不允许超出；限制幅度指标，即必须在计划规定的一定幅度内组织生产；有的还有限量指标，即必须按计划规定的数量执行，不允许超出，也不允许降低。

第二，权威性。只要是以指令形式下达的计划，在执行中就不得随意更改变换，必须保证完成。在生产经营上，计划和控制是不可分割的，生产中的控制权威，如果没有计划就是没有意义的，计划是提供控制标准的，没有对生产经营的特大影响，指令性计划不得调整，否则，就失去了权威或带来下级单位之间的不平衡。

第三，行政性。指令性计划在企业里主要是靠行政办法下达指标并实施的。行政性就是为了实现企业的目的，所必须具有的要求或命令下级单位行动和处理问题的一种权利或力量。行政权限是责任的基础，也是推行目标的条件，还是组织中的一种约束力和进行管理工作的钥匙。

第四，间接市场性。指令性计划也要运用市场机制，但是，市场机制是间接发生作用的。由此可见，指令性计划只能限于重要的指标和重要的任务，而不能将范围过于扩大。否则，也不利于充分调动基层单位的积极性。

（2）指导性计划

指导性计划是上级计划下达单位只规定方向、要求或有一定幅度的指标，下达给隶属单位参考执行的一种计划形式。在市场经济条件下，国家所制定的经济计划，绝大多数是这种指导性计划。企业内部的指导性计划与指令性计划是并存的。

指导性计划只有在充分综合了企业经营状况和对未来预期的基础上，才能充分发挥指导性的作用。有效的指导性计划能够将企业全面的发展信息传达给下级单位，从而正确引导他们的经营决策。因此，指导性计划的制定和实施需要建立一种各部门及下属单位的参与机制，充分依靠各方面的经验、主动性和决策能力保证指导性计划的实现。

指导性计划具有以下三个特点：

一是约束性。指导性计划不像指令性计划那样具有强制的行政命令性，只有号召、引导和一定的约束作用，主要功能是信息政策引导，并不强行下属必须遵守计划中的指标数字或对这些指标数字负责，但双方也不能有较大的失误。

二是灵活性。指导性计划是粗线条的、有弹性的，给下属单位以灵活机动的余地。指导性计划具有二元性，正确制定须同时考虑这两个方面。如果只看到计划功能中相对于上级的一面，指导性计划就会与企业预算没有多大差别；而如果只注重计划指标对下级生产经营的信息引导功能，又会使计划等同于纯粹的生产预测报告。由此可见，指导性计划的成功与否，取决于二元功能发挥程度的灵活性。

三是间接调节性。指导性计划主要是通过经济杠杆、沟通信息等手段来实现计划目标的。它确定企业的一般生产经营和政策目标，并将它作为整个生产经营运行的理想目标来指导和代替权宜之策，协调各级经营，使之成为企业较为统一的活动或步骤，进而影响各个部门和下属的分散活动，达到和谐发展的目的。

4. 按内容分类

按计划所反映的内容不同，可以把计划分为综合计划和专业计划。

（1）综合计划

从计划的内容上看，综合计划反映了企业在计划期间所要达到的整体目标，是涉及企业多方面内容的计划，决定着企业资源的配置，关系到企业全局性的工作。如企业的预算年度计划就是综合性计划。

编制综合计划必须要考虑两个因素：

一是确定在未来特定时期内企业的发展的宗旨或使命和更重要的目标是什么。它们可以设置为任何期限的，如：一个季度、半年、一年、三年、五年或在已知环境下的任何期限。在大多数情况下，综合计划中目标的制定可与年度预算或主要项目的完成期限一致，有时也可根据情况的变化，某些目标应该安排在很短的时间内完成，而另一些则要安排在更长的时期内。同样，在比较典型的情况下，企业组织层次的位置越低，为完成目标而设置的时间往往越短，因为基层组织的目标时间大多数都在经营内容上，诸如成本的控制、车辆的调整、班次的安排或专门收入计划的制定等，所需的时间跨度都很短。

二是处理好发展速度和效益的关系。企业规模的增长速度和效益有时是统一的，但有时又是矛盾的。没有一定的增长速度，提高两个效益有难度。而一味追求增长速度，企业又会背上比较沉重的成本包袱，从而损害长期效益。综合计划要正确处理好企业规模的增长与发展的关系，正确安排一些重要指标，不能简单地将发展与增长划等号，使企业经济运行目标和发展的战略目标都以增长率为核心，最终导致企业陷于经营困境。

在综合计划中，处理好发展速度与效益的关系，要抓住问题的关键，抓住根本问题，不能只讲总量的走势，不讲质量的内容，也不能只讲运行，不看发展。

（2）专业计划

在企业内部，专业计划绝大部分都是部门计划，是在综合计划基础上制定的，是综合计划的子计划，也是总目标中进一步明确的分目标。专业计划是综合计划的支撑实体。一些跨专业的专业计划在编制程序和方法上与综合计划类似，但又不相同。

编制专业计划的第一步，就是确定为什么要在企业中列入这项专业计划，这样的专业计划要解决什么问题，要应对综合计划中的哪些指标和目标。也就是说，专业计划要解决的经营问题、发展问题和企业的目标是根据计划的一致性、相容性原则直接从综合计划中继承来的。当然，综合计划是在总结专业计划预测研究工作的基础上制定的，这两种工作之间有一个多次反馈和修正的过程。专业计划根据综合计划确定了专业计划将要解决的主要经营和发展问题后。第二步的工作是对具体的专业领域进行分析，评估上一个计划执行的绩效，预测按目前的趋势发展下去可能产生的结果。要注意三点：一是对保证或提高企业生产经营质量的重要性；二是对关系到企业发展的战略问题提供有效解决方案的可能性；三是与企业总目标的一致性。

专业计划方案经过可行性分析研究确定后，还要从资源、组织、制度等方面设计计划的执行过程。对跨专业的方案，也要将协调机制和监督制度列在考虑之内。

公共交通企业的专业计划主要有以下八类：

一是运营生产计划。在对客流量进行调查预测的基础上，根据市场的需求编制的计划。广义上应包括运营、安全、服务等方面的内容，确定公里使用指标、客运量指标、收入指标、车辆的安排、线网优化与调整、运营质量、安全行车质量和服务质量等。它既是整个计划体系的中心，又是先行计划。

二是基本建设计划。根据运营生产发展和职工工作生活的需要，确定场

（厂）站、宿舍等基本建设的项目、规模、速度、投资额目标计划，包括对交通枢纽、场（厂）站设施、电线网、职工宿舍、食堂、休息室等进行改造，新建和扩建等提出布局、选址、建设规模、速度、投资额及新增生产能力和固定资产数量的目标内容，反映出公共交通基础设施的水平。

三是车辆保养修理计划。为保证实现运营生产计划，根据车辆机具设备的技术状况、定额里程和保修作业能力编制的计划。包括确定车辆机具设备的完好程度，各级各类保养的期限、保养修理质量、数量及配件生产等目标内容。

四是劳动工资计划。确定企业劳动生产率和职工收入水平的计划。主要包括企业经营活动所需的各类人员的数量、劳动生产率、人员培训、工资总额、人均收入水平及劳动保护、保险等指标与内容。

五是物资采购供应计划。为了适应企业生产经营需要，对所需物资按项目、品种、规格等能得到及时采购并齐备供应的计划。包括物资定额、物资采购、物资储备、供料计划及能源消耗、节约计划等。

六是科技发展计划。为了适应城市现代化发展对公共交通的需求而制定的有关科技研发、改善装备，逐步实现公共交通信息化、智能化的计划。主要包括：先进技术装备及先进技术的引进和应用，信息技术的应用推广，大数据与云计算的综合应用，现有车辆的技术改造，新车种车型的发展及选择，保养修理工艺的改进与质量的提高，环保工作及公共交通管理科学的研究等内容。

七是教育培训计划。为了适应企业生产经营管理活动及企业发展的需要而制定的有关提高企业人员整体素质的工作计划。包括对职工进行各类培训的目标、形式、对象、人数、教材的选择和组编、师资水平、所需经费等。

八是财务、成本计划。以企业各项工作计划指标为依据，旨在挖潜节约、合理降低成本、管好用好资金、综合反映企业经济效益的计划。主要包括各种费用预算和收支计划、成本控制水平、资金使用方向和数额等。

以上各项专业计划的综合汇总，构成了公交企业的计划体系。各个计划有各自特定的含义和内容，各个计划之间又密切相关，彼此既互相联系、互相保证，又互相影响，因此，要注意计划的有序性、完整性与关联性。

5．按计划表现形式分类

企业未来行动的方针也是计划，按计划的表现形式可以把分为：宗旨、目标、战略、政策、程序、规则、规划和预算等。

（1）宗旨

企业的目的或使命称为宗旨，它是企业存在的意义，是企业的根本任务。各种有组织、有意义的活动必须要有目的或使命。宗旨旨在表明组织是干什么的，应该干什么。在各种社会系统里，企业具有社会赋予它们的基本职能或任务。公共交通企业的基本宗旨是为乘客提供快捷、安全、方便、舒适的服务，使广大群众愿意乘公交、更多乘公交。

（2）目标

一定时期的目标或各项具体目标是在宗旨指导下提出的，它具体规定了企业及其各个部门的经营管理活动在一定时期要达到的具体结果，它们所针对的都是最终目标。目标从确定开始到目标分解，直到最终形成的目标网络，不仅本身是一个严密的计划过程，而且还构成了企业全部计划的基础。

企业的目标管理是一种主动的管理方式，也是一种追求成果的管理方式。它按照“目标是什么”、“如何推行”、“达到什么程度”、“什么时候得以实现”、“能否很好地完成目标”这五个要素来进行。核心是激发员工自我努力、追求卓越的愿望，塑造积极、灵活、和谐的企业风格，并且充分考虑管理效果与经济效益的管理办法。对管理人员来讲，目标管理可以指导他如何有效控制下属，如何与之进行良好的沟通；对员工来讲，通过努力完成目标的一系列活动，可以激发自身的主动性和创造性。

目标管理的推行，简单地讲，包括初期的目标设定、中期对目标的有效管控、末期的成果考评三个阶段。这三个阶段以目标为纽带，每个阶段的推行都应是简略的、便于操作的。但是，企业在实际运用中不能以“制度”的形式把它生硬的固定下来，而要结合企业的实际，把目标管理的原则和精神贯彻到管理方法中去加以灵活运用。

按计划管理形式来表现的目标，应具备下面几个特性：

一是激发潜在活力。有效的目标会成为人们行动的推进器。面对目标，人们会精神抖擞地发起挑战，加倍努力工作，甚至会激发自己超常发挥，鞭策自己全身心地投入工作。

二是勇于尝试创新。为了达成目标，企业员工就要发挥自身潜在的各种创造性和积极性，而且，在达成目标的过程中，要不怕出错或尽量减少出错，敢于进行新的尝试和具有背水一战的冒险精神，并善于发掘过去从未想到的做法，以取得显著的成果。

三是明确重点环节。根据目标进行管理，就必须知道在工作中哪一点或环节最重要，并提前做好各种准备工作。

四是成果评价工作。目标可以看作是某项工作的期待值。对工作的评价不单要看工作态度，更要依据工作的成果。

五是提高能力，激发潜能。人们一旦明确目标，就会为达成目标而进最大努力，人们在努力达成目标的过程中既可以提高自己的能力，也可以从目标达成或未达成的结果中得到经验和教训，从而激发自己的潜能。

（3）战略

企业战略是为实现企业的长远目标，根据环境条件及可能发生的变化所选择的发展方向、确定的行动方针以及资源配置方针和资源分配方案的一个总纲。战略带有竞争意味，反映企业广大领域的经营活动。企业制定战略的根本目的是使企业尽可能有效地比竞争对手占有持久的优势。

企业的战略并不确切地概述企业怎样去完成目标，只提供指导思想和行动的框架，在实践中对指导制定计划非常重要，因此，把战略作为一种计划单独列出。

企业在制定战略之前，必须根据内外部的环境条件和具体目标，决定战略规划期内的资源分配、业务拓展的发展方向，即企业所要采用的战略态势。企业可采取的战略态势通常有四种：稳定型战略、增长型战略、紧缩型战略和混合型战略。企业在评估战略态势时，要审时度势，明智选择。

第一种稳定型战略。指企业准备在战略规划期内使企业的资源分配和经营状况基本保持在目前状态和水平上。采取这种战略态势的企业一般处于市场需求及行业结构比较稳定的外部环境中，企业所面临的竞争挑战和发展机会都较小，或者，虽然面临较多的发展机会，但由于资源状况不足而无法抓住新的发展机会，只好将就维持。稳定型的战略相对来说，所冒的经营风险较小，特别是原本就比较成功的企业，采取稳定型战略既能避免因改变战略而带来的经营运作上的困难，还可以给企业一个休整期，为今后的发展做好准备。但是，这种战略的环境如果判断失误，则可能失去加快发展的机会，被竞争对手抢占市场先机。

第二种增长型战略。主张企业在现有的战略基础水平上向更高一级的目标发展，倾向于不断地发展，扩大企业的经营规模，提高企业的竞争地位，增强企业的竞争实力。采用这种战略的企业必须分析：外部的宏观经济形势是否符合企业的发展；政府管制机构的政策法规和条款是否对企业的发展有利；企业内部是否有足够的资源来实现所确定的战略；企业文化是否能适应于企业的快速发展。

增长型的战略会给企业带来生机和活力，增强企业的竞争能力，但是，如果不切实际、应用不当、规划不合理，反而会给企业带来风险，甚至可能造成内部管理的混乱和经营危机。

第三种紧缩型战略。应该说，紧缩型战略是一种消极的发展战略。企业之所以实行紧缩型战略，都是寄希望于短期性的调整，使企业捱过风暴后转向其他的战略选择，起到过渡的作用。这种以退为进的策略，是通过从现有的领域收缩和撤退的措施，避开威胁或风险，迅速地实行自身资源的最优配置。

采取紧缩型战略的企业一般情况下会出于三个方面的目的：一是企业已经预测到或感知到外界环境对企业经营的不利性，并认为采用稳定型战略尚不足以避开外界的威胁，所以采取紧缩型战略为今后发展创造条件；二是由于企业经营失误造成企业竞争地位虚弱，经营状况恶化，只有采取紧缩型战略才能最大限度地减少损失，保存企业实力；三是企业为了谋求更好的发展机会，使有限的资源分配到更有效的使用场合，即经过调整，寻找一个回报更高的资源配置点。实行紧缩型战略的尺度较难把握，因而如果盲目使用这种策略的话，有可能会扼杀具有发展前途的业务和市场，使企业总体发展受到影响。

第四种混合型战略。混合型战略是其他三种战略的组合。特别是在较大的企业中，由于拥有较多的业务和较多的下级单位，它们分布于不同的经营领域，所需的资源条件也不完全一样，因此，就必须采用混合型的战略。例如，企业遇到了一个较为景气的行业发展前景，因而打算在这一领域采取增长型的战略，但是，由于资金不足，就只能让部分相对不令人满意的业务单位采取紧缩型的战略，以保证这个领域增长型战略的实施。

以上介绍的稳定、增长、紧缩和混合型这四种战略态势，并不能说明孰优孰劣，在特定的场合，这四种战略都有可能是最合适的选择。认清所面临的环境，选择最合适的战略，对一个企业的发展是至关重要的。

制定战略的原则要注意以下几点：

一是适应环境。战略计划的重要目的之一是使企业能够适应、利用甚至影响环境的变化。这就要求企业必须随时监视和扫描内外部的振荡变化，分析机会与挑战的存在方式及影响程度。

二是把握时机。战略的重要特点在于尽可能地利用可能发生的变化，即抓住时机，取得发展。

三是扬长避短。制定战略的实质在于研究如何以弱胜强，以小胜大。企业应该充分发挥优势，不断强化优势地位，即使是使用多角度化的战略，也必须注意突出优势，甚至牺牲部分利益，也要保住优势地位。

四是集中资源。任何一个企业的资源都是珍贵的、有限的，要使珍贵有限的资源发挥出最大效益，就必须将资源合理配置，并充分利用，用较多的资源支持经营方向明确的项目和成功的关键因素。

五是量力而行。战略的制定要使战略与企业的规模和实力相适应。战略的实施取决于企业的规模和结构，不同的规模要求不同的战略。

（4）政策

政策是计划工作的框架，是执行计划的基础，是企业在决策或处理问题时用来指导和沟通思想与行动方针的原则性规定。政策一般通过文字的形式加以说明，将一些问题事先确定下来，作为企业成员在计划期内各种行为的基本判断准则，以减少不必要的混乱。它规定了行为的范围和界限，但是，没有对所属成员的具体行为进行细节上的限制，也就是说，政策有时不需要行动，可是要指导管理人员对他们自己最终制定的决策承担义务。因此，在执行政策的过程中，企业成员具有一定的灵活性，可以充分发挥个人的主动性和创造性，在上级授权的范围内自由处置问题，并承担责任。一方面，企业成员可以更好地利用政策，实现组织的目标；另一方面，对政策的歪曲和误解，也可能导致权力的滥用，损害组织的利益。政策是鼓励酌情处理和主动性的一种手段，同时要把它限制在一定范围之内。自由处理的权限大小将取决于政策，但它又将反映管理人员在一个组织里的地位和权力。

企业当中某些重大政策和战略实质上有些是相通或相同的。政策也是主要战略的组成部分，将指导企业制定战略的思想。政策的关键作用是使计划有方向可循，使各种计划一致起来。

政策是通过指导业务决策并且常常是事先制定的，并帮助管理人员拟订计划。其基本原则是：对政策理解的越清楚越细致，编制的计划将愈加有效、愈加详细。

企业经营管理活动中要保持政策的一致性和整体化，但用足够的条件实现企业目标也有三点困难：一是形成文字的政策少，了解其确切的涵义比较难；二是政策可以权力下放，导致参与政策制定和政策解释的范围扩大，而人们的意见又参差不齐；三是在政策不是十分明确的情况下，下级可能难以全面弄清楚，导致控制得不全面或不太容易。

（5）程序

程序规定了如何处理那些重复发生的例行问题的标准方法，并对所要进行的活动规定了时间顺序。因此，程序也是一种计划，而且还是一种经过优化的计划。程序是行动指南，而不是思想指南，它比较详细列出完成某类活动的切实方式，是对大量日常工作过程及工作方法的提炼和规范化，直接指导人们的行为和各种活动的时间顺序，没有给执行者留下任何决定行动的余地。程序常常是跨部门的，而且与政策存在着联系。经常要为实施某项政策而建立程序，制定相关办法等。一个组织中所有重复发生的管理活动都应当有程序。管理的程序化水平是管理水平的重要标志，制定和贯彻各项管理工作的程序是组织的一项基础工作。

（6）规则

规则详细地阐明具体场合和具体情况下允许或不允许的行为，通常是最简单的计划，不允许执行者有任何回旋的余地。规则与程序有关，但不规定时间顺序，程序也可以看作是一系列的规则。规则和政策也有不同，政策的目的是指导在决策过程中如何去考虑问题，并留有自由处理的余地。规则虽然也起到指导作用，但它在应用中不准留有自由处理权，强调照章办事。

（7）规划

规划是综合性的计划，包括目标、政策、程序、规则、任务分配、要采取的步骤、使用的资源以及为完成既定行动方针所需的其他因素在内的综合性计划。这种综合性计划，不但要求各种不同的计划表现形式之间的互相配合与协调，而且要求编制相关的派生计划来保证主要计划的实现。总之，在良好的组织计划中，整个计划体系内部都是相互协调配合的，不容许任何一个派生计划给企业带来损失和浪费。

规划的制定比起其他计划的制定要复杂系统得多，也是一个逐渐深化的认知过程，其质量不仅取决于制定规划人员的知识与经验，还取决于规划制定的技术与方法。在编制规划时，至少应当包括以下几个方面：

一是目标体系。规划的目标体系应当体现统筹兼顾的原则，尽可能涵盖企业经营发展的各个方面。为了能够定量地表达各个目标并评价其实现程度，就需要采用一个或数个指标来衡量每个目标。

二是优先顺序。在目标体系确定之后，还必须确定其优先顺序，即各个目标之间的相对重要性。确定优先顺序是规划的核心。因为它体现着领导集体的价值观和对当前及今后经营形势的判断。确定优先顺序不仅要采用定性与定量相结合的方法，而且还要采用广泛征求意见和反复修改的民主程序。同时还要考虑目标体系中的一些目标之间存在着的协同作用或制约作用。

三是指标数值。规划既然是计划的一种，最终的表现形式是对各项指标要赋予一定的数值，它们代表着按照目标体系的优先顺序进行合理的资金配置的预期结果。同时，其中的一些指标数值是预测性和指导性的，可以根据经营发展的实际情况加以修改调整。

四是主要措施。为了使规划能够实现，就必须采取措施来削弱或消除各种约束条件。

（8）预算

预算是用数字表示预期结果的一种报告书，也可称为“数字化”的规划。预算是以数字表述计划，并把这些计划分解成与组织相一致的各个部分。这样，预算与计划工作相联系，并授权给各部门而不致失去控制。换言之，预算就是把计划紧缩成一些数字以实现条理化，使管理人员清楚地知道，哪些资本将由谁来使用，将在哪些地方使用，并由此涉及哪些费用计划、收入计划或投入量和产出量计划。只有明确了这些以后，管理人员才能更自如地指挥，以便在预算限度内去实施计划。

计划的形式不能千篇一律，要根据不同的情况来制定不同类型的计划。制定计划，必须根据不同的情况，考虑组织与环境的适应性，采用与之相应的计划类型。例如：对于封闭式的、固定的、机械式的组织，适宜制定指令性计划，这种具有强制性计划，有利于这类组织实现既定目标；对于开放式的、适应性的、有机式的组织，则适宜制定指导性计划，主要依靠经济杠杆的作用来实现计划，有利于这类组织顺利实现组织目标。

企业计划一般以企业计划书的形式出现，其中必须要涉及的内容包括：

①企业的市场需求。

②企业的先进性，自身优势和独到之处。

③企业的市场竞争力以及竞争对手的优势及劣势。

④专利与知识产权。

⑤产品的规格，标准及应用范围。

⑥产品的改进与发展。

⑦销售手段及渠道。

⑧企业发展战略及步骤，包括近期，中期及远期目标以及切实可行

的计划。

⑨企业管理水平及架构，特别是总经理、财务管理、技术总管、技术总管和营销总管业务水平。

⑩公司财务状况和过去几年的财务报表。

⑪投资回报及盈利预测。

⑫风险的分析和预测。

二、企业计划管理

（一）定义

企业计划是企业管理人员用来处理问题的工具，它包括对未来的目标及实现这些目标的途径、安排与建议。计划有广义与狭义两种不同的解释。广义上是指计划工作，即确定未来目标以及实现目标的途径的工作过程；狭义上是指计划编制与计划实施，即组织在未来期间内要做什么、如何做、何时做、由谁来做。因此，计划工作必须要制定各种计划方案，并根据实际情况，通过科学预测，权衡客观的需要和主观的可能，提出在未来一定时期内要达到的目标以及实现目标的途径，使企业各种活动有条不紊地进行。

计划工作是一种运用各种方法并发挥创造性的过程，它要求实事求是地制定目标和战略，严密地规划和部署，把决策建立在反复权衡的基础上。计划工作的任务就是根据企业的需要以及自身的能力，确定出组织在一定时期内的奋斗目标，并通过计划的编制、执行和检查、协调和合理安排组织中各方面的经营与管理活动，有效地利用组织的人力、物力和财力等资源，以取得最佳的经济效益和社会效益。特别是城市公共交通企业点多面广、单车作业、分散经营、受城市发展变化和社会形势、相关政策等因素影响较大，北京公交还要受到各种大型国内、国际活动和各种政治任务的局限，如果没有一套周密的计划管理，很难把成千上万的员工按照总体目标协调一致起来。

把计划工作的任务和内容归总起来，必须的要素可概括为四个方面，即：“计划的目标是什么”、“计划要达到什么程度”、“计划如何有效实施”、“计划能否实现”。核心是激发管理者与员工自我努力、追求卓越的愿望。

一是计划的目标是什么？计划要为企业选定的目标提供一种合理的方法，要明确企业所要进行工作的具体任务和要求。体现在指标上有运营生产中的车辆分配、车型结构、公里投入、能源消耗、人次、成本、收入等。

二是计划要达到什么程度？应明确计划制定的原因和目的，并充分论证计划的可行性，计划如何使企业资源通过合理的配置发挥最大潜能，从而使企业取得最佳的社会效益和经济效益。

三是计划如何有效实施？要明确计划中各项工作的开始时间和完成进度，以便进行有效的控制，包括初期的目标设定、中期对目标的有效管控、末期的成果考评三个阶段。这三个阶段要以计划为纽带，推行时要便于操作。在企业运营生产管理工作中，一个完整的计划应该包括计划的控制标准和保证计划目标实现的考核指标的制定。

四是计划能否实现？要规定计划实施的单位，了解计划实施的环境条件和限制因素，以便合理安排计划的实施。同时，要明确计划执行的主体，即计划的实施阶段由哪个部门负主要责任，哪些部门协助。要制定实现计划的措施和相应的政策，对生产能力进行平衡，对各种派生计划进行综合协调。

一些经营管理中的失误往往是因为缺乏有效的计划。良好的计划是企业管理工作成功的保证，如充分利用现有的资源、加强员工的责任心、提高企业管理效率和保证企业管理目标的实现等。

企业计划管理是企业将各项经营活动纳入统一的计划进行管理，保证计划工作顺利实施。企业计划管理的内容包括：根据有关指令和信息组织有关人员编制各种计划；协助和督促执行单位落实计划任务，组织实施，保证计划的完成；利用各种生产统计信息和其他方法（如经济活动分析、专题调查资料等）检查计划执行情况，并对计划完成情况进行考核，据此评定生产经营成果；在计划执行过程中，若环境条件发生变化，应及时对原计划进行调整，使计划仍具有指导和组织生产经营活动的作用。企业通过对计划的制定、执行、检查（反馈）、调整的全过程，便能合理地利用人力、物力和财力等资源，有效地协调企业内外各方面的生产经营活动，提高企业经济效益。

企业管理的主要职能一般包括计划、组织、领导和控制。这四项职能并不是按先后顺序排列，而是一个周而复始的循环过程，这一过程可以理解为管理的周期，这一周期也就是管理者的职责，即：管理者既是计划者、组织者又是领导者和控制者。

计划是企业全部管理职能中最基本的一个职能，是经营管理者在特定时间段内为实现特定目标体系，对要完成特定目标体系而展开的经营活动所做出的统筹性策划安排。在计划中，规定着企业和部门的目标，确定了实现这些目标的途径。各级管理人员围绕着计划目标去组织、指挥、协调、控制，从事一系列的管理活动，在自己的职权范围内充分运用所掌握的资源为实现企业的目标服务，从而使企业的各种活动能够有节奏、有计划地进行，提高管理和工作效率。

（二）企业计划管理的基本职责

制定计划是为了达到企业一定的目标而做出的系统安排。计划管理职能在于立足企业全局，在分析内外经营环境因素和趋势并做出正确判断的基础上，对企业的经营目标进行描述。企业的总目标决定了计划的具体内容，是计划的出发点和依据，也是计划实施的分析和评价标准。计划管理职能发挥的如何关键在于对基本职责的把握，其基本职责存在着与职能密切相关的四个重要特点：

1. 目标导向

目标决定计划的具体内容、计划实现的步骤和途径。同时，计划具有目标导向的功能，因此，科学地、审慎地制定并确定企业的经营计划就显得非常重要。

公交企业的基层单位是车队（间），是实现企业经济效益和社会效益的关键环节，其经营管理水平直接决定企业的目标能否实现并关系到企业的生存和发展。因此，计划的目标导向要强化市场观念、竞争观念、价值观念和效益观念。首先，在目标导向下，计划职责要搞好市场预测，为计划管理与基层经营尽最大可能提供可靠准确的市场需求信息，分析市场趋势，反映需求、指导经营，为基层经营做有利的选择创造条件；其次，要以计划为手段，建立竞争机制，如运营质量和服务质量等，充分调动企业员工的生产积极性；

第三，计划的制定要促进基层单位价值观念的增强，经营中讲求经济核算，实行全员核算、全成本核算、全面核算与全过程核算，努力增收节支，降低成本；最后，在制定计划时，要正确处理全局利益与局部利益、长远利益与短期利益的关系，要算清企业投入产出的大账，同时兼顾企业的社会效益，以尽量合理的投入争取尽量满意的产出，保持计划指标与目标的统一。

2. 平衡协调

计划指标的具体内容是在反复测算，即反复平衡与协调过程中确定的，自觉地对企业生产经营管理进行事先的平衡协调是计划职责的又一个重要方面。

为适应公交企业体制和经营的要求，将车队（间）作为独立的经营实体进行独立核算是必然趋势。计划的职能要跟上发展变化，制定计划要理解并掌握各个车队（间）独立核算情况，包括成本核算的内容、方法、过程，科学评估线路资源，合理下达经营指标，减少盲目性。计划的平衡协调不但指计划指标的安排上要做好平衡协调外，而且要将平衡协调注入到管理理念中去，工作要有利于提高企业经营效益、效率，确保企业持续、健康发展；有利于提高基层经营水平，规范基层管理并完善基层的经营机制；有利于基层能够很好地体现经营收入的效益性，成本支出的保障性，按劳分配的合理性，员工队伍的稳定性。

3. 政策体现

计划是为实现企业发展目标与经营目标服务的，其中一项重要的职责就是在企业总目标的指导下，结合实际，通过编制计划，体现企业的目标与政策。在确定具体指标的同时，要提出计划编制政策与计划执行的具体政策方案，作为实现计划和目标的政策保障。

例如基层单位实行成本核算后，计划职能要更多地运用经济手段去间接管理，只要总体上符合计划制定的总目标，就不应直接干预或过多限制，要给基层单位一定的经营自主权。

4. 激励维护

一个能够展示企业发展蓝图的目标，反映了企业高层的意图和承诺，使员工可以看到企业改革发展的未来和自身的未来并受到鼓舞，从而激发工作的主动性和创造性。同时，企业的发展也是一整套系统的运转，涉及的范围和内容比较复杂，各个专业都要围绕一个共同的发展目标才能提高效率，保证系统正常运转。一个好的综合计划是发展目标取得成功的重要前提条件。因此，计划要综合考虑改革与发展，发展与稳定、发展与效益、效益与效率相互协调的问题，从实际出发，通过制定的具体指标与政策，在维护企业经营发展的基础上，创造良好的经营条件并调动员工生产热情与积极性，激励员工为完成生产任务而各尽其能，确保企业持续健康发展。

值得注意的是，计划的职责还要加强对计划实施过程的追踪研究，总结实施过程中的各种反馈意见，当经营环境发生重大变化，政策发生重大调整时，要能够及时提出计划的补充、转换和调整的对策。

（三）企业计划管理在企业管理中的性质和作用

任何一项经营活动只要有了“计划书”，就说明企业的经营活动在执行前经过了科学预测、全面分析、系统筹划，以及对计划执行过程中可能出现的偏差制定了相应的措施，从而确保了企业经营活动结果是可预测、可控制的。反之，没有计划书其经营活动必然是盲目的、盲动的，其经营活动的结果也将是不可预测的、不可控制的，那么这个企业的经营班子也必然是失败的。

计划是企业经营决策者意志和理念的具体体现。在市场经济条件下，企业间的竞争异常激烈，企业要生存、要发展、要保持可持续发展的态势，企业任何一项经营活动都不允许处于盲目的、盲动的状态，其经营效果必须处于可控状态下。因此，计划是企业经营活动的基础，经营决策者为实现自己的意志和理念必须要不断的夯实和巩固这个基础，不断提高计划的科学性。

企业制定计划的目的是为了有效地达到预期的目标。制定一个好的计划，就如同在现实状态和目标状态之间架设了一座桥梁，可以使人们在计划目标推行过程中，方向明确，步骤有序，工作协调。特别是在完成目标的复杂过程中，人们对目标还理解不深的情况下，运用计划控制，就可以实现引导人们有秩序地达到目标的目的。

1. 企业计划的性质

（1）计划的目的性：计划是为了实现企业的目标而制定的。公共交通企业围绕城市总体规划与交通规划，希望在下一年度内甚至是五年、十年内发展到什么水平，达到哪些目标，在具体实施过程中就要根据自身的内外部环境制定详细的计划，如线网优化调整、车辆更新、车型结构调整、公里投入、燃料消耗、运营人次和收入升降幅度控制在多少个百分点、成本控制和利润状况等。它既要符合实际情况，又要建立在科学预测与分析的基础上。企业的目标实际上是使企业管理有了努力的方向，可以把企业资源集中起来保证企业目标的实现，并要分析和确定哪些因素对目标的实现是有利的，哪些因素是不利的。计划管理的一个重要功能就是把注意力始终集中于决策目标，把可控的资源全力服务于决策目标。

（2）计划的未来性：计划不是为了检查过去，而是企业为了实现未来的目标而预先确定的行动方案。因此，制定计划要着眼于未来，用动态的眼光分析问题，确定可行的行动方案。同时，计划工作面对的大都是企业经营管理中面临的新形势、新问题、新挑战和新机遇，计划工作过程也是一个面向未来的创造性的管理过程，成功的计划也有赖于与时俱进和勇于创新。企业在工作中取得成绩的一个重要因素就是企业从事创新和计划工作的能力。

一个企业永远处在动态的世界中，环境在不断发生变化，而组织规模大、结构复杂，就使得计划，特别是战略计划的制定比较困难。为了做好计划制定工作，就必须在拟订计划前对四个方面的因素进行分析：一是环境中的机会；二是企业拥有的能力；三是企业未来发展方向；四是企业应完成的任务。这些都体现了计划的未来性。

（3）计划的普遍性：一方面，各项管理工作都要根据已制定的计划来安排具体的工作计划，计划是工作行动的指南；另一方面，计划作为一项管理职能，无论是处于哪一层次、哪一部门的管理者，都需要制定计划，计划渗透于各项管理活动中。可以这样讲，企业中的所有管理人员，从总经理到第一线的班组长都在按照程序，在各自的职责范围内做着制定计划的工作。战略性的计划通常由企业高层管理人员负责制定。

（4）计划的效率性：计划工作不仅要确保企业目标的实现，而且还要从多种实现目标的方案中选择最合理的资源配置方案，合理利用资源并提高效率。简言之，“做正确的事”和“正确的做事”。实现企业的总目标和一定时期的目标所得到的利益，并兼顾国家、企业和个人三者利益以及公交企业所应担负的社会效益的计划，才是一个完整的成功的计划，才能体现出计划的效率。

（5）计划的控制性：计划与控制是紧密联系的，计划为控制提供指导，没有计划指导的控制是毫无意义的。控制的有效行使，往往需要根据情况发生变化而拟定新的计划或修改原定计划，新的计划或经过修改的计划又被作为持续控制的基础。同时，没有控制，计划就不能得到很好的实施，计划目标也就很难实现。

2. 计划管理的作用

计划作为管理的职能，对管理的成功和失败起着关键作用，良好的计划是成功的先决条件。计划在管理中的作用主要表现在以下三个方面：

（1）计划是决策目标实现的保证

计划是为了实现已定的决策目标或企业的战略目标，而对整个目标进行分解、计算并筹划人力、物力、财力，拟定实施步骤、方法、和制定相应的策略、政策等一系列管理活动。任何计划都是为了促使实现某一个决策目标而制定和执行的。由于计划使目标具体化，也就为企业各专业部门及所属各单位在一定时期内需要完成什么，如何完成提出切实可行的途径、措施和方法，因而保证决策目标的实现。

（2）计划是管理的实施纲领

任何管理都是管理者为了达到一定的目标对管理对象所实施的一系列的影响和控制活动，这些活动包括计划、组织、指挥、控制等。计划是管理过程中重要的职能，是管理中一切实施活动的纲领。只有通过计划，才能使管理活动按时间、有步骤地顺利进行。因此，一个企业中的各个专业部室都有其专业计划，都有其管理的目标，以取得较好的管理效果。

（3）计划是资源合理利用的最优方案

随着城市规模的不断扩大，人们对公共交通出行的需求在不断上升，城市公共交通企业在倒逼情况下需要改革发展。企业的改革发展，促使内部各专业之间的分工与协作更加紧密。在这种情况下，企业的任何一项活动、任何一个环节如果出了问题，就可能要影响到整个系统的有效运行。因此，必须对生产经营进行统筹安排、反复平衡，充分考虑相关因素与时间进度，而计划工作能够协调生产安排，能够通过经济核算、合理安排利用企业的各种资源，有效地防止可能出现的盲目性与紊乱，避免木桶原理的短板项目和链条原理中的薄弱环节，使管理活动取得最佳的效益。

计划管理是指对任何事情或工作都要有计划、有步骤、有重点的统筹合理的安排，使之顺利地达到预定目标。因此，这种管理是任何时候都必须强调和加强的。

第二节　计划执行情况的监控与检查

一、必要性

制定计划，并不是计划管理的全部，而只是计划管理的开始，在整个计划的制定、贯彻、执行和反馈的过程中，计划的检查与监控，占有十分重要的地位，起着不可忽视的作用。

（1）计划的监控与检查是监督计划贯彻落实情况，推动计划顺利实现的需要。

计划虽然是按照一定的民主程序和科学过程而制定的，并对生产经营的诸种关系作了考虑，但是，仍然不能保证它在每一个环节都能得到及时、全面、切实的贯彻和落实。计划的编制与下达只是计划工作的开始，更重要的是组织计划的执行。要通过计划检查，可以及时了解计划任务的落实情况以及基层单位完成计划的进度情况，发现问题，找出原因，提出针对性的措施，保证计划的完成。

（2）计划的监控与检查还可以检验计划编制是否符合客观实际，以便修订和补充计划。

计划的编制本身就是力求做到从实际出发，使计划尽量符合客观实际。但是，由于人们对客观现象的发展变化及其表现程度的认知限制，或者是受到客观突发事情的影响，计划的准确度不高也是会发生的。当发现计划与实际执行情况不符时，应具体分析其原因。如果是由于计划本身不符合实际情况，或是在执行过程中出现了前所未料的事情，如重大政策调整、重大突发事件、严重的自然灾害、疫情灾害等，就应修订原定计划。修订计划是企业一件严肃的、重大的工作，必须按一定程序进行，必须经领导层审查批准。对由于计划执行单位经营管理不善等主观原因造成的计划与实际的脱节，则不允许修改计划，以保证计划的严肃性与公平性。

二、检查内容

（一）检查的具体内容

从计划的下达开始，直到计划执行结束，检查的具体内容主要包括：

（1）计划是否符合企业的实际情况，有哪些偏差或脱节现象。

（2）上级计划、本单位计划和基层执行单位的计划是否一致，有无矛盾。

（3）检查计划的完成情况及进度、质量。

（4）执行单位执行计划的措施，是否切实可行以及存在的实际困难。

（5）计划执行中的经验与潜在的问题。

（二）计划执行情况的分析

计划属于事先管理、控制属于事中管理、分析属于事后管理，管理环节的顺序不能颠倒或交叉，不能混肴管理环节的定位。计划的检查分析是监督计划贯彻落实情况，推动计划顺利实现的需要。

计划检查分析的一般程序是：

（1）搜集资料、掌握情况。必须坚持准确性原则，实事求是，内容要详实确凿、数据要准确无误。

（2）指标对比、找出问题。指标的完成程度、是否偏离目标、有那些经验与问题、是否要对计划进行修改和补充。同时，要坚持适度原则，指出问题要符合客观事物本身的度，即掌握分寸、恰到好处。

（3）因素分析、明确责任。要掌握公平性原则，分析问题一定要有一个公平的尺度，奖罚分明，调动积极性。

（4）提出措施、指导工作。要掌握针对性原则，措施与指导要根据不同的情况有针对性地指出，对症下药。

（三）计划效果的评估方法

（1）事前评估。就是在计划方案实施之前对计划做出评估，也叫计划效果预测，是计划制定的第一阶段。计划效果的预测实际上是与计划决策结合在一起的。在计划决策时进行的方案比较，都需要对方案的效果进行评估，并以此作为确定计划方案的依据之一。

（2）事后评估。事后评估在计划实施完成之后进行。事后评估常用的方法是目标值综合评价法，即将预定的计划目标与计划实施后的现实结果进行对比分析。

（3）定性评估。定性评估是对计划效果的性质、作用特征等进行定性的分析评估。它一般适用于效果难以定量的质量管理，或者说是秩序性管理。

（4）定量评估。定量评估是对计划效果进行比较精确的数量分析评估，主要用于对计划目标的实现程度以及重要计划指标的实现程度进行分析评估。在评估中主要运用数量分析方法。

三、检查方法

（一）分项检查与综合检查相结合

分项检查是针对某一项指标或某一个单位、部门进行检查。综合检查是对综合性指标进行检查。分项检查与综合检查相结合，可以互相补充、互相印证。

（二）数量检查与质量检查相结合

数量检查是对速度、规模、产值、产量等生产经营数量指标进行检查。质量检查是指对比例、效益、成本消耗、运营服务质量、车辆利用率等质量指标进行检查。两者若结合的好，能促进运营生产的良性循环。

（三）定期检查与不定期检查相结合

定期检查是指按照生产经营活动的特点，以制度或规定的形式确定下来的，按年、季、月等不同时间段进行的定期检查；不定期检查是指按计划管理或分析研究的需要进行的随机性的检查。两者结合，可满足专业工作不同的需要。

（四）统计报表检查与实际检查相结合

统计报表检查是指根据各单位、各部门的统计报表所进行的对比分析，以检查计划的执行情况；实际检查是指直接到所要检查的单位进行的检查。两者结合，既可以掌握较准确的情况，又能够深入地发现新问题。

（五）全面检查、重点检查与抽样检查相结合

全面检查是指对所有下属单位的计划完成进度进行的检查，这种检查对季度的讲评分析非常适用；重点检查一般是指对完成计划进度先进或落后的单位进行的检查，有利于推广先进经验或鞭策后进；抽样检查是指按照随机抽样的原则选择有关单位进行的检查。三者结合，有利于掌握一般与重点情况。

四、公交企业生产经营计划的落实

公交企业生产经营计划包括计划编制、实施、调整、落实等环节，落实是其中较为重要的环节，计划编制的再好，不能落实则不能实现企业经营目标。下面介绍公交企业生产经营计划的落实过程。

（一）生产经营计划的分解

公交企业集团、各部门及分（子）公司根据生产经营计划，制定年度计划实施方案，编制资产经营预算，将生产经营计划目标按照管理层级、部门、子单位等，采用逐级细化的方式对整体生产经营计划进行分解，形成季度、月度的各部门及分（子）公司分解计划。

将年度经营计划分解成为季度、月度经营计划后，由企业规划部门组织有

关部门负责对集团及分（子）公司生产经营计划的编制和分解进行整体评估，负责整体计划的分解，并对各部门计划进行综合协调和平衡。各部门、分（子）公司负责各自具体计划的分解、执行和修订。各部门、分（子）公司负责人负责将分解到部门的季度经营计划分解到每个月，形成月度工作计划。

由企业规划部门组织有关部门针对合理性、可行性等问题提出改进或调整建议，评估的内容主要包括：生产经营计划目标要求，生产经营计划实施评价的定性、定量标准；建立生产经营计划信息报送和管理系统，生产经营计划定期上报及分析，生产经营计划执行情况总结，对重大偏差提出并实施纠偏的措施等。

（二）生产经营计划的考核

生产经营计划的考核是为全面保证完成集团公司的年度经营计划，努力提高生产运营效率、降低生产运营成本，充分调动全体员工的劳动积极性，实现年度生产运营目标。

1. 责任划分

由企业规划部门组织有关部门，根据年度生产经营计划的分解，负责对集团、部门及分（子）公司进行生产经营计划的考核。各部门、分（子）公司负责人对本部门（公司）生产经营计划的考核负责。

2. 考核内容

考核内容包括：效益、成本、质量、安全、人员、设备考评和核算等方面。

3. 考核指标

根据责任划分和生产经营目标，按照效益、成本、安全、人员等不同的考核对象，分别制定生产经营计划的考核指标。

思 考 题

1. 请结合实际工作思考如何较好地完成企业计划监控与检查工作。

2. 如果你是企业领导，你该如何制定本企业的发展计划？

练 习 题

1. 填空题

（1）计划效果的评估方法包括__________评估、__________评估、__________评估和__________评估。

（2）计划执行情况检查方法包括__________检查与综合检查相结合、数量检查与__________检查相结合、定期检查与__________检查相结合、__________检查与实际检查相结合、全面检查、重点检查与__________检查相结合。

（3）生产经营计划的考核是为全面保证完成集团公司的年度经营计划，努力提高__________、降低__________、充分调动全体员工的劳动积极性，实现年度生产运营目标。

（4）考核内容主要包括：效益、__________、质量、__________、人员、设备考评和核算等方面。

（5）企业计划管理工作是企业计划职能的一个重要组成部分，包括__________、研判形势、预测未来、制定目标、__________、贯彻落实、监督检查和的过程。

（6）企业计划按层次划分，可分为__________计划、__________计划和__________计划。

（7）企业可采取的战略态势通常有四种：__________战略、增长型战略、__________战略和混合型战略。

（8）把计划工作的任务和内容归总起来，必须的要素可概括为四个方面，其核心是激发__________与自我努力、追求卓越的愿望。

2. 选择题

（1）（　　）职能在企业管理活动中具有重要作用。

A. 经营管理　　B. 生产管理　　C. 计划管理　　D. 运营管理

（2）制定计划要着眼于未来，用（　　）眼光分析问题，确定可行的行动方案。

A. 静态的　　B. 动态的　　C. 增长的　　D. 发展的

(3) 在制定计划时，要正确处理全局利益与局部利益、长远利益与(　　)利益的关系。

A. 长期　　B. 中期　　C. 中长期　　D. 短期

(4) 计划是资源合理利用的(　　)方案。

A. 最优　　B. 合适　　C. 最差　　D. 恰当

3. 名词解释

计划执行　分项检查　数量检查　综合检查　质量检查　定期检查　不定期检查　全面检查　重点检查　企业计划　高层计划　中层计划　指令性计划　指导性计划

4. 简答题

(1) 简要回答计划检查的必要性。

(2) 简要回答企业计划检查的内容。

(3) 计划的表现形式有哪些?

(4) 列举计划的主要内容。

(5) 企业计划管理的作用有哪些?

5. 论述题

(1) 试论述企业计划在企业发展中的重要性。

(2) 试论述企业计划检查的方法并做出评价。

第八章

统计学基础

第一节 统 计 学

一、统计学概述

统计学是处理数据的一门科学。人们给统计学下的定义很多，比如，“统计学是收集、分析、表述和解释数据的科学”；“统计是一组方法，用来设计实验、获得数据，然后在这些数据的基础上组织、概括、演示、分析、解释和得出结论”。综合地说，统计学（Statistics）是收集、处理、分析、解释数据并从数据中得出结论的科学。

统计学是关于数据的科学，它所提供的是一套有关数据收集、处理、分析、解释并从数据中得出结论的方法，统计的研究对象是来自各领域的数据。数据收集是取得统计数据；数据处理是将数据用图表等形式展示出来；数据分析则是选择适当的统计方法研究数据，并从数据中提取有用信息进而得出结论。

数据分析所用的方法可分为描述统计方法和推断统计方法。描述统计（Descriptive Statistics）研究的是数据收集、处理、汇总、图表描述、概括与分析等统计方法。推断统计（Inferential Statistics）是研究如何利用样本数据来推断总体特征的统计方法。比如，要了解一个地区的人口特征，不可能对每个人的特征一一进行测量；对产品的质量进行检验，往往是破坏性的，也不可能对每个产品进行测量。这就需要抽取部分个体即样本进行测量，然后根据获得的样本数据对所研究的总体特征进行推断，这就是推断统计要解决的问题。

二、统计学起源

统计学是一门很古老的科学，一般认为其学理研究始于古希腊的亚里士多德时代，迄今已有两千三百多年的历史。统计学起源于研究社会经济问题，在两千多年的发展过程中，其至少经历了“城邦政情”“政治算数”和“统计分析科学”三个发展阶段。所谓“数理统计”并非独立于统计学的新学科，确切地说，它是统计学在第三个发展阶段所形成的所有收集和分析数据的新方法的一个综合性名词。概率论是数理统计方法的理论基础，但是它不属于统计学的范畴，而属于数学的范畴。

三、统计的三大职能

社会经济统计不仅是人们认识社会的最有力武器之一，也是国家宏观管理的一种重要工具。国家宏观管理系统的决策、执行、信息、咨询和监督五个环节中，统计在信息、咨询和监督三个环节都发挥着重要作用，即统计具有信息、咨询和监督三大职能。

1. 信息职能

统计的信息职能，指根据科学的统计指标和统计调查方法，灵敏、系统地采集、处理、传播、存储和提供大量的以数量描述为基本特征的社会经济信息的职能。对统计信息的基本要求是数据的准确、丰富、系统和反应灵敏，这也是衡量统计信息质量的重要标志。要充分发挥统计的信息职能，就要不断地丰富统计信息，狠抓统计数据质量，保证统计数据的可靠性，完善统计信息自动化建设，实现统计信息生产和使用的社会化。

2. 咨询职能

统计的咨询职能，指利用已经掌握的统计信息资源，运用科学的分析方法和先进的技术手段，深入开展综合分析和专题研究，为科学决策和管理提供各种可供选择的咨询建议与对策方案的职能。要充分发挥统计的咨询职能，必须做到：统计分析报告针对性强，量化分析水平高，对策和建议比较切合实际，以及时效性较强等。

3. 监督职能

统计的监督职能，指通过信息反馈来评判、检验决策方案是否科学可行，及时揭示决策执行过程中出现的偏差并提出矫正的建议。为了充分发挥统计的监督职能，应该密切注视国民经济的发展态势，紧密围绕宏观经济调控目标，灵敏跟踪各项政策的执行情况，及时进行定量检查、监督和预警。运用现代经济计量方法和统计分析手段，形成严密的统计监督网，发挥其国民经济“监测仪”的作用。

统计的信息职能、咨询职能、监督职能是一个有机整体。统计的信息职能是统计工作的基本职能，是保证统计咨询职能和监督职能得以有效发挥的前提；统计的咨询职能是统计信息职能的延续和深化；统计的监督职能是在统计的信息职能、咨询职能基础上的进一步拓展，而统计监督职能的强化，必然对信息职能与咨询职能提出更高的要求，从而又促进统计的信息职能与咨询职能的优化。随着市场经济体制的建立与发展，经济决策的进一步科学化与民主化，作为现代科学管理手段的统计信息职能、咨询职能和监督职能，将在我国现代化建设中发挥越来越重要的作用。

四、统计学的应用领域

统计方法是适用于所有学科领域的通用数据分析方法，只要有数据的地方就会用到统计方法。随着人们对定量研究的日益重视，统计方法已被应用到自然科学和社会科学的众多领域，统计学也已发展成为由若干分支学科组成的学科体系。可以说，几乎所有的研究领域都要用到统计方法，比如政府部门、学术研究领域、日常生活中、公司或企业的生产经营管理中都要用到统计。下面将给出统计在工商管理中的一些应用。

1. 企业发展战略

发展战略是一个企业的长远发展方向。制定发展战略一方面需要及时了解和把握整个宏观经济的状况及发展变化趋势，了解市场的变化；另一方面，还要对企业进行合理的市场定位，把握企业自身的优势和劣势。所有这些都离不开统计，需要统计提供可靠的数据，利用统计方法对数据进行科学的分析和预测等。

2. 产品质量管理

质量是企业的生命，是企业持续发展的基础。质量管理中离不开统计的应用。在一些知名的跨国公司，6σ 准则已成为一种重要的管理理念。质量控制已成为统计学在生产领域的一项重要应用。各种统计质量控制图被广泛应用于监测生产过程。

3. 市场研究

企业要在激烈的市场竞争中取得优势，首先必须了解市场；要了解市场，则需要作广泛的市场调查，取得所需的信息，并对这些信息进行科学的分析，以便作为生产和营销的依据，这些都需要统计的支持。

4. 财务分析

上市公司的财务数据是股民投资选择的重要参考依据。一些投资咨询公司主要是根据上市公司提供的财务和统计数据进行分析，为股民提供投资参考。企业的投资，也离不开对财务数据的分析，其中要用到大量的统计方法。

5. 经济预测

企业要对未来的市场状况进行预测，经济学家也常常对宏观经济或某一方面进行预测。在进行预测时要使用各种统计信息和统计方法。比如，企业要对产品的市场潜力做出预测，以便及时调整生产计划，这就需要利用市场调查取得数据，并对数据进行统计分析。经济学家在预测通货膨胀时，要利用有关生产价格指数、失业率、生产能力利用等统计数据，然后通过统计模型进行预测。

第二节　学 科 分 类

一、理论统计学与应用统计学

统计学经历漫长的历史发展，已经成为横跨社会科学与自然科学的多科性的科学。从横向看，各种统计学都存在对象的不确定性和调查、整理、分析方法的通用性，因而形成适用于各个领域的理论统计学；从纵向看，统计方法应用于各种实质性科学，同它们相结合，产生一系列专门领域的应用统计学。理论统计学与应用统计学性质也有所差异。

理论统计学把研究对象一般化、抽象化，以概率论为基础，从理论的角度，对统计方法加以推导论证，中心内容是统计推断问题，实质是以归纳方法研究随机变量的一般规律。例如统计分布理论，统计估计与假设检验理论，相关与回归分析，方差分析，时间序列分析，随机过程理论等。这些方法不论是自然现象或社会现象的随机变量都是适用的。

应用统计学是从所研究的领域专门问题出发，视研究对象的性质采用适当的指标体系和统计方法，以解决所需研究的问题。由此可见，理论统计学和应用统计学的差别在于：首先，理论统计学是以方法为中心建立统计方法论体系，并在各种方法项下阐明所能解决的问题；而应用统计学则是以问题为中心，建立专业的统计指标体系，并在各种问题项下阐述可能解决问题的方法，这时统计方法论的意义只具有专业的性质，未必具有普遍的意义。其次，理论统计学从事随机变量的数量分析；而应用统计学不仅从事数量分析，还需要质量分析。应用统计学总是先从现象的质量分析中获得需要考察的指标，建立指标体系，然后开展调查研究，数据处理，归纳结果，再结合现象的质量分析，得出符合实际情况的结论，作为行动决策的依据。所以应用统计学需要有关的专业实质性科学的理论做指导，它通常具有边缘交叉学科的性质。在统计科学发展的道路上，理论统计学和应用统计学总是互相促进，共同提高。理论统计的研究为应用统计的数量分析提供方法，大大提高了分析的认识能力；而应用统计对统计方法的实际应用又会开拓理论统计的研究领域。

社会经济统计学是我国应用最广泛的应用统计学。社会经济统计学是以社会再生产理论为依据，研究社会的生产、流通、交换、分配各环节的经济运行和社会发展情况。它是一门有特定研究对象的方法论科学，具有特有的方法内容体系。国家建立国民经济核算体系和强有力的统计信息网络，准确、及时、全面、系统地掌握国民经济和社会发展情况，对国民经济和社会运行进行监督与预警，为国家进行规划决策和宏观调控提供咨询。市场经济的统计咨询系统，为指导市场有序运行，参与市场营销决策，指导企业投资理财以及保障经营体的合法经济利益等发挥着重要的作用。在知识经济和信息时代里，社会经济统计学具有十分广阔的前景。

二、描述统计学与推断统计学

描述统计学是研究为了反映客观现象总体的数量特征，而需采用的数据采集方法、数据加工整理方法、数据综合分析方法，计算各项指标反映数据的构成和分布等方法，以及用一定形式的表式和图形把结果显示出来的方法等。由此可见，描述统计学的方法正是一切统计活动所运用的基本方法，但从认识论点来考察，实际上要达到认识总体的目的只依靠描述的方法却往往难以奏效。例如我们所要认识的总体范围往往很大，单位很多，但我们所能取得的数据只是局部的样本单位，而且总体数量特征是确定的，而样本的数量特征却由于样本不同而发生变化，因此，从样本数量特征来推断总体的数量特征，就需要利用推断统计学来解决问题。

推断统计学是在概率论的基础上研究，由随机样本的数量特征信息来推断总体的数量特征，并作出具有一定可靠程度的估计或检验。依照推断统计学理论，虽然我们对总体的数量特征未知，但并不需要搜集总体所有单位的数据，也不需要弄清楚样本每一单位与总体之间的具体联系，只要根据样本数量特征（样本统计量）的概率分布与总体数量特征（总体参数）之间所存在的客观联系，便可以将实际的样本数据按一定的概率模式对总体的数量特征做出符合一定精度的估计或检验。

描述统计学和推断统计学标志着方法论统计学发展的不同阶段。19 世纪中叶以后才出现方法论统计学，当时统计研究都是集中在数据采集和统计指标的计算上，所以都属于描述统计学。19 世纪末到 20 世纪初，英国埃奇沃斯（F. Y. Edgeworth）的《统计方法》（1885 年）、鲍莱（A. L Bowley）的《统计学基础》（1910 年）、尤尔（G. U. Yule）的《统计学原理导论》（1911

年）等是方法论统计学的最初形式，而卡尔·皮尔逊（Karl Pearson）（1857—1936年）则是描述统计学的代表人物。到20世纪20年代，由于出现了小样本分布，概率论得到充分的应用，于是开始推断统计学的研究，费歇尔（R. A. Fisher）的《研究工作者用统计方法》（1925年）是统计学的奠基著作，随后由于众多杰出统计学家所做的贡献，如波兰的尼曼（J. D. Neyman）、瑞典的克拉美（H. Cramer）、美国的沃尔德·科克伦（W. G. Cochran）、印度的马哈拉诺比斯（P. C. Mahalanobis）等，使推断统计学迅速蓬勃发展，成为现代统计学的主流。不能认为推断统计学兴起就能代替描述统计学。描述统计学的方法始终是基本的统计方法；推断统计学也是以样本的描述方法为基础的，离开了对实际数据的搜集、整理和分析，统计推断就会失去依据，再好的推断方法也无济于事。陈希孺院士曾指出："描述统计是推断统计的基础。统计观念的养成很大程度上来源于对数据的'感觉'，培养这种感觉正是描述统计的一个重要目的。"所以不能说描述统计学"是属于低层次的统计学"。

第三节　研究对象和研究方法

一、统计学的研究对象

统计学的研究对象是指统计研究所要认识的事物客体。它是独立于主观意识以外而客观存在的，并不因为人们认识或不认识而改变自己的形态。只有研究对象明确了才能根据对象的性质，确定研究领域、研究方法，达到认识对象的目的。

一般地说，统计学的研究对象是客观现象总体数量的数量特征和数量关系。对于统计对象的特点需要进一步说明。

首先，统计研究是运用各种数据来反映客观事物量的类型、量的顺序、量的大小、量的关系等。一方面，事物的量和事物的质相互依存、相互制约，共同决定事物的性质和特征。另一方面，在对现象的定性分析基础上，通过调查、分析，用适当的规模、结构、水平、进度等指标来反映事物量的特征和量的关系，揭示事物变化规律的量的表现，达到认识上的主观客观统一。可以说统计研究就是对事物认识的深化和具体化，而“数字是统计的语言”。由此可见，统计研究对象的基本特征是它的数量性。

其次，统计研究虽然是从调查登记个别单位的具体数量开始，但目的却在于认识现象总体的数量特征。也就是说，统计研究要对总体中各单位普遍存在的事实进行大量观察和综合分析，得出反映现象总体的数量特征，所以统计研究对象具有总体性的特点。例如要研究城市居民的收入水平，目的不在于了解个别居民的收入状况，而是要反映全市、各区、各行业居民收入水平的数量特征。各单位居民所处的条件不同，因而各单位居民收入的具体表现具有特殊性、多样性，并不能显示居民收入变化规律，如果综合反映一个城市、各区、各行业的平均工资水平、工资结构、工资差距等，可以表现出稳定的共同趋势，是有规律可循的。特别是社会经济现象的规律通常具有总体的性质。

当然，统计研究离不开个别单位的具体数量表现，没有个别单位的具体数量表现，也就没有总体的数量特征。从个别单位的具体数量归纳出现象总体的数量特征是统计研究的重要特点。统计研究也不排斥对个别典型事物的深入研究，但对个别具有代表性的典型单位作具体分析，了解现象的内在联系，也是为了更加深刻地认识总体现象的规律性。典型的认识和综合的认识是互相补充而不矛盾的。

再次，统计学研究的是同类现象总体的数量特征，它的前提是总体各单位的特征表现存在着差异，而且这种差异是随机的。所谓随机是指在一定条件下，某现象的事件可能发生也可能不发生，可能发生多也可能发生少，无法加以确定。不论自然现象还是社会现象，有些现象的变化是由固定的原因引起的，而各单位之间的差异可以按已知条件事先推定，这就不需要用统计方法。例如昼夜时间长短因季节变化而不同，这与统计无关。有些现象的变化是由多种复杂原因引起的，无法事先确定，这就需要应用统计方法进行研究。例如江河水位高低随时间变化而不同，气候温度随时间、空间的变化而不同，便是统计研究的对象。又如企业全体职工的工龄长短有差异、文化水平高低有差异、工资水平有差异等，这需要用统计方法研究职工的平均工龄、文化结构、平均工资等。统计上把总体各单位由于随机因素引起标志表现的差异称为变异，单位的变异性是统计研究对象另一重要特点。

现在进一步研究社会经济统计学的研究对象。相应一般统计学的研究对象，社会经济统计学的研究对象是社会经济现象的数量特征和数量关系。社会经济现象的数量方面反映国民经济和社会发展的总体情况，内容很广泛，包括人口数量和劳动力资源，社会财富和自然资源，社会生产和建设，商品交换和流通，国民收入分配和国家财政收入，金融、信贷、保险事业、城乡人民物质、文化、政治生活，科学技术进步与发展等。这是社会经济现象的基本数量特征和数量关系，构成人们对社会的基本认识。

社会、经济和自然、技术总是密切联系，相互影响的，社会经济统计学也要研究自然技术因素对社会生产、生活变化的影响，研究社会生产、生活的发展变化对自然、环境的影响。例如，研究资源条件和技术条件的变化对社会生产、生活的影响程度，研究新产品、新技术、新工艺对社会提供的经济效果，以及社会生产的发展引起自然资源和生活环境的变化等。

在市场经济中，需要统计提供的信息更是灵活多样的。首先是市场环境的信息，如政治环境、经济技术环境、社会文化环境信息等；其次是商品供需状况信息，如市场容量、市场占有、市场潜在需求信息等；再次是竞争对手的信息，如博弈策略、损益矩阵、风险函数等。

研究社会经济现象的数量方面，具体地说，就是用科学的方法来搜集、整理、分析国民经济和社会发展的现实数据，并通过统计所特有的统计指标和指标体系，表明所研究现象的规模、结构、水平、速度和效益等，反映社会经济发展规律在一定时间、地点条件下的具体表现。例如，以横断面的统计数据，反映同一时间的现象总体的规模和结构分布情况；以时间序列的统计数据，反映同一现象总体在不同时间的发展速度和变动趋势；以相关的统计数据对比，反映现象之间的关系或问题；以历史和现状的统计数据，预测现象未来可能达到的规模或水平等。这些都是统计学需要研究的重要内容。

社会经济统计学的研究对象除了具有上述的数量性、总体性、变异性外，还具有社会性。这是因为社会经济统计学所研究的数量总是反映在社会经济领域人类有意识活动的条件、过程和结果。它总是与人们的利益有关，反映着人们之间的相互关系，例如生产资料的占有关系、分配关系、交换关系等。

反映生产力水平、科学技术进步的统计数字，虽然直接表现为人与物的关系，但它的背后也都体现着人与人的关系。因为生产和科技活动总是在一定的生产关系框架内进行的，社会经济统计的目的在于探讨生产力的发展和科技的进步怎样影响着人们的生活、调整人们之间的利益关系、促进社会的发展。

二、统计学的研究方法

统计在调查、整理、分析各个阶段，使用各种专门的研究方法。这些研究方法包括大量观察法、统计分组法、综合指标法、统计模型法和归纳推断法等。

1. 大量观察法

统计研究客观现象和过程的规律，是从现象总体上加以考察，就总体中的部分或足够多数量的单位进行调查观察并加以综合研究，这种研究方法称为大量观察法。这一研究方法说明社会经济现象客观地存在于现实生活中，研究这种现象不能用实验的方法或推理的方法，必须到社会中去做调查研究。而且复杂的社会经济现象是在诸多因素错综作用下形成的，个别现象往往受各种偶然因素的影响，使各单位的特征及数量表现出很大差别，所以不能任意抽取个别或少数单位进行观察。必须在对所研究对象的定性分析的基础上，确定调查的总体范围，观察全部或足够多数量的调查单位，才能认识客观现象的规律性。

大量观察法的数理根据是大数定律。大数定律的逻辑意义是，由偶然因素的作用而产生的随机现象也是具有规律性的，但它不表现在个体上，而是在总体上才表现出来，因为每个偶然因素对总体的影响都相对较小，通过大量观察数量方面的综合平均，偶然因素将相互抵消，而显现出现象的稳定性质，所以必须采用大量观察法。在统计调查中的许多方法，如统计报表、普查、抽样调查、重点调查等都是大量观察法的具体运用。

2. 统计分组法

统计分组法是指根据事物内在的性质和统计研究任务的要求，将总体各单位按照某种标志划分为若干组成部分的一种研究方法。例如将人按照职业分类，对经济按部门分类或按经济类型分类，对工人按技术等级分类等。

统计分组法是研究总体内部差异的重要方法，通过分组可以研究总体中不同类型的性质以及它们的分布情况。例如国民经济按所有制形式分组以研究国民经济中的国有经济、集体经济、个体经济以及合资经济的性质特点和效益等。通过分组可以研究总体中的构成和比例关系。例如国民经济按行业可以研究国民经济的生产力布局和产业结构问题。通过分组还可以研究总体现象之间的依存关系。例如商店按营业额大小分组可以研究经营规模与商品流通费率的关系等。所以分组法在统计研究中的应用是非常广泛的。必须注意，在统计分组中选择一种分组方法，突出一种差异，显示一种矛盾，同时会掩盖其他差异，忽略其他矛盾，因此要十分重视分组的科学性。缺乏科学根据的分组，不但无法显示事物的根本特征，甚至会把不同性质的事物混淆在一起，歪曲社会经济的实际情况，也就达不到认识社会的目的。

3. 综合指标法

综合指标法是指运用各种统计综合指标来反映和研究社会经济现象总体一般数量特征和数量关系的研究方法。对大量的原始数据进行整理汇总，计算各种综合指标，可以显示出现象在具体时间、地点条件下的总量规模、相对水平、集中趋势、变异程度等。它概括地描述了总体各单位数量分布的综合数量特征和变动趋势。在统计分析中广泛运用各种综合指标来探讨总体内部的各种数量关系，揭露矛盾，发现问题，进一步寻找解决问题的方法。例如动态趋势分析法、因素分析法、回归与相关分析法、综合平衡分析法等，都是运用综合指标来研究现象之间的数量关系的。

综合指标和统计分组是密切联系相互依存的。统计分组如果没有相应的统计指标来反映现象的规模水平，就不能揭示现象总体的数量特征；而综合指标如果没有科学的统计分组，就无法划分事物变化的数量界限，就会掩盖现象的矛盾，成为笼统的指标。所以在研究社会经济现象的数量关系时，必须科学地进行分组，合理地设置指标，指标体系和分组体系应该相适应。综合指标法和统计分组法总是结合起来应用的。

4. 统计模型法

统计模型法是根据一定的经济理论和假定条件，用数学方程去模拟现实经济现象相互关系的一种研究方法。利用这种方法可以对社会现象和过程中存在的数量关系进行比较完整和近似的描述，从而简化客观存在的、复杂的其他关系，以便于利用模型对社会经济现象变化进行数量上的评估和预测。

统计模型包括三个基本要素：社会经济变量、基本关系式、模型参数。将总体中一组相互联系的统计指标作为社会经济变量，其中有些变量被描述为其他变量的函数，称这些变量为因变量，而它们所依存的其他变量称为自变量。通用一组数学方程来表示现象的基本关系式，数学方程可以是线性的也可以是非线性的，可以是二维的也可以是多维的。模型参数则是表明方程式中自变量、因变量影响程度的强度指标，它是由一组实际观察数据来确定的。

由此可见，统计模型法是在前三种研究方法的基础上，进一步系统化和精化的发展。它把客观存在的总体内部结构、各因素的相互关系，以一定形式有机结合起来，大大提高了统计分析的认识能力。

5. 归纳推断法

在统计研究过程中，从观察总体中各单位的特征，得出关于总体的某种信息，这种从个别到一般，从事实到概括的推理方法，从逻辑上称为归纳法。归纳法可以使我们从具体的事实得出一般的知识，扩大知识领域，增长新的知识，是统计研究中常用的方法。常常存在这种情况，我们所观察的只是部分或者有的单位，而所需要判断的总体范围却是大量的，甚至是无限的。这就产生根据局部的样本资料对整个总体数量特征作判断的置信度问题。以一定的置信度要求，根据样本数据来判断总体数量特征的归纳推理方法称为统计推断。统计推断是逻辑归纳法在统计推理中的应用，所以也称为归纳推断法。它可以用于总体数量特征的估计，也可以用于对总体某些假设的检验。从某种意义上说，统计所观察的资料都是一种样本资料，因而归纳推断法可广泛地应用于统计研究的许多领域。例如建立统计模型存在模型参数的估计和检验问题，根据时间序列进行预测存在原序列的估计和检验问题。可以说，归纳推断法是现代统计学基本的方法。

第四节　统计学中的几个基本概念

统计学中的概念很多，其中有几个概念是经常要用到的，有必要单独加以介绍。这些概念包括总体和样本、参数和统计量、变量等。

一、总体和样本

1. 总体

总体（Population）是包含所研究的全部个体（数据）的集合，它通常由所研究的一些个体组成，如由多个企业构成的集合，多个居民户构成的集合，多个人构成的集合，等。组成总体的每一个元素称为个体。在由多个企业构成的总体中，每一个企业就是一个个体；由多个居民户构成的总体中，每一个居民户就是一个个体；由多个人构成的总体中，每一个人就是一个个体。

总体范围的确定有时比较容易。比如，要检验一批灯泡的使用寿命，这一批灯泡构成的集合就是总体，每一个灯泡就是一个个体，总体的范围很清楚。但有些场合总体范围的确定则比较困难，比如，新推出的一种饮料，要想知道消费者是否喜欢，首先必须弄清哪些人是消费的主体，也就是要确定构成该饮料的消费者这一总体，但事实上，我们很难确定哪些消费者消费该饮料，总体范围的确定十分复杂。当总体的范围难以确定时，可根据研究的目的来定义总体。

总体，根据其所包含的单位数目是否可数，可以分为有限总体和无限总体。有限总体是指总体的范围能够明确确定，而且元素的数目是有限可数的。例如，由若干个企业构成的总体就是有限总体，一批待检验的灯泡也是有限总体。无限总体是指总体所包括的元素是无限的，不可数的。例如，在科学实验中，每一个实验数据可以看作一个总体的一个元素，而实验可以无限地进行下去，因此由实验数据构成的总体就是一个无限总体。

将总体分为有限总体和无限总体，主要是为了判别在抽样中每次抽取是否独立。对于无限总体，每次抽取一个单位，并不影响下一次的抽样结果，因此每次抽取可以看作是独立的。对于有限总体，抽取一个单位后，总体元素就会减少一个，前一次的抽样结果往往会影响第二次的抽样结果，因此每次抽取是不独立的。这些因素会影响到抽样推断的结果。

最后，再对总体的概念作进一步的说明。如前所述，要检验一批灯泡的寿命，这批灯泡构成的集合就是总体。在统计问题中，我们只是关心每个灯泡的寿命，而不是灯泡本身，所以也可以把这批灯泡的寿命集合作为总体，这个总体是一些实数构成的集合。一般而言，有限总体就是有限个实数的集合。如果不是针对一批特定的灯泡，而是全面地考察某企业生产的灯泡寿命，可能的寿命是多少呢？答案是 $[0, +\infty)$ 区间。或者这样看这个问题，随机地从该企业生产的灯泡中拿出一个，问这个灯泡可能的寿命是多少，答案只能是“非负实数”，当然这个“非负实数”在实际检验前是未知的。这时称该企业生产的灯泡寿命总体是取值于 $[0, +\infty)$ 区间上的一个随机变量，这是一个无限总体。在统计推断中通常是针对无限总体的，因而通常把总体看作随机变量。通常情况下，统计上的总体是一组观测数据，而不是一群人或一些物品的集合。

2. 样本

样本（Sample）是从总体中抽取的一部分元素的集合，构成样本的元素的数目称为样本量（Sample Size）。抽样的目的是根据样本提供的信息推断总体的特征。比如，从一批灯泡中随机抽取 100 个，这 100 个灯泡就构成了一个样本，然后根据这 100 个灯泡的平均使用寿命去推断这批灯泡的平均使用寿命。

二、参数和统计量

1. 参数

参数是用来描述总体特征的概括性数字度量，它是研究者想要了解的总体的某种特征值。研究者所关心的参数通常有总体平均数、总体标准差、总体比例等。在统计中，总体参数通常用希腊字母表示。比如，总体平均数用μ表示，总体标准差用σ表示，总体比例用π表示等。

由于总体数据通常是不知道的，所以参数是一个未知的常数。比如，我们不知道某一地区所有人口的平均年龄，不知道一个城市所有家庭的收入差异，不知道一批产品的合格率等。正因为如此，才进行抽样，根据样本计算出这些值，从而估计总体参数。

2. 统计量

统计量（Statistic）是用来描述样本特征的概括性数字度量。它是根据样本数据计算出来的一个量，由于抽样是随机的，因此统计量是样本的函数。研究者所关心的统计量主要有样本平均数、样本标准差、样本比例等。样本统计量通常用英文字母来表示。比如，样本平均数用$\bar{x}$表示，样本标准差用s表示，样本比例用p表示等。

由于样本是已经抽出来的，所以统计量总是知道的。抽样的目的就是要根据样本统计量去估计总体参数。比如，用样本平均数（$\bar{x}$）去估计总体平均数（μ），用样本标准差（s）去估计总体标准差（σ），用样本比例（p）去估计总体比例（π）等。

除了样本均值、样本比例、样本方差这类统计量，还有一些是为统计分析的需要而构造出来的统计量，比如用于统计检验的z统计量、t统计量、χ^2统计量、F统计量等。

三、变量

变量（Variable）是说明现象某种特征的概念，其特点是从一次观察到下一次观察，结果会呈现出差别或变化。如“商品销售额”“受教育程度”“产品的质量等级”等都是变量。变量的具体取值称为变量值。比如商品销售额可以是20万元、30万元、50万元等，这些数字就是变量值。统计数据就是统计变量的某些取值。变量可以分为以下三种类型。

1. 分类变量

分类变量（Categorical Variable）是说明事物类别的一个名称，其取值是分数据。如“性别”就是一个分类变量，其变量值为“男”或“女”；“行业”也是一个分类变量，其变量值可以为“零售业”“旅游业”“汽车制造业”等。

2. 顺序变量

顺序变量（Rank Variable）是说明事物有序类别的一个名称，其取值是顺序数据。如“产品等级”就是一个顺序变量，其变量值可以为“一等品”“二等品”“三等品”“次品”等；“受教育程度”也是一个顺序变量，其变量值可以为“小学”“初中”“高中”“大学”等；一个人对某种事物的看法也是一个顺序变量，其变量值可以为“同意”“保持中立”“反对”等。

3. 数值型变量

数值型变量（Metric Variable）是说明事物数字特征的一个名称，其取值是数值型数据。如“产品产量”“商品销售额”“零件尺寸”“年龄”“时间”等都是数值型变量，这些变量可以取不同的数值。数值型变量，根据其取值的不同，又可以分为离散型变量和连续型变量。离散型变量（Discrete Variable）是只能取有限个值，而且其取值都以整位数断开，可以一一列举，如“企业数”“产品数量”等就是离散型变量。连续型变量（Continuous Variable）是可以在一个或多个区间中取任何值的变量，它的取值是连续不断的，不能一一列举，如“年龄”“温度”“零件尺寸的误差”等就是连续型变量。在对社会和经济问题的研究中，当离散型变量的取值很多时，也可以将离散型变量当作连续型变量来处理。

变量这一概念以后经常要用到，但多数情况下所说的变量主要是指数值型变量，大多数统计方法所处理的也都是数值型变量。当然，也可以从其他角度对变量进行分类，比如随机变量和非随机变量、经验变量（Empirical Variable）和理论变量（Theoretical Variable）等。经验变量所描述的是周围环境中可以观察到的事物。理论变量则是由统计学家用数学方法所构造出来的一些变量，比如 z 统计量、t 统计量、χ^2 统计量、F 统计量等。

思　考　题

1. 有人认为统计学是统计数据处理的科学，那么统计学的研究对象就应该是统计数据，你的看法如何？

2. 怎样理解统计学的研究对象？

3. 有人认为统计学的研究对象应该是统计工作，而统计工作的研究对象才是客观现象的数量特征和数量关系，你的看法如何？

练　习　题

1. 填空题

（1）统计学是收集、__________、分析、__________数据并从数据中得出结论的科学。

（2）统计学从不同角度可以分为不同类别，主要由以下两类：理论统计学和__________统计学，描述统计学和__________统计学。

（3）统计学的研究对象是客观现象总体的__________和__________。

（4）变量是说明现象某种特征的概念，主要有分类变量__________和__________。

2. 选择题

（1）统计学是一门关于研究客观事物数量关系的（　　）。

A. 社会科学　B. 自然科学　C. 方法论科学　D. 实质性科学

（2）统计工作的成果是（　　）。

A. 统计学　　B. 统计工作　C. 统计资料　　D. 统计分析和预测

（3）统计学自身的发展沿着两个不同的方向，形成（　　）。

A. 描述统计学与理论统计学　　B. 理论统计学与推断统计学

C. 理论统计学与应用统计学　　D. 描述统计学与推断统计学

(4) 对统计总体的数量特征表现及变化加以记录、测量、计量和显示，并通过综合、概括和分析反映客观现象变动规律性的统计学是（　　）。

A. 描述统计学　B. 理论统计学　C. 推断统计学　D. 应用统计学

3. 名词解释

统计学　社会经济统计学　大量观察法　统计分组法　归纳推断法　总体　样本　参数　数值型变量

4. 简答题

(1) 统计学的三大职能是什么?

(2) 简述统计学的几个应用领域。

5. 论述题

说明理论统计学与应用统计学的区别与联系。

第九章

统计指标

第一节　标志和指标

一、标志

标志，是指总体各单位所共同具有的属性或特征，它是说明总体单位的属性或特征的名称。如以职工为总体单位时，性别、年龄、工资等都是每个职工具有的标志。一般来讲，属性和特征可以是自然属性，也可以是社会属性，而且都是总体中普遍具有的。如果只是个别单位具有的特殊属性和特征，就不能作为统计总体的标志值的汇总综合得到所研究现象总体的数量特征。

标志可以有许多分类，其中按其表现形式有品质标志和数量标志两种。品质标志表明的是总体单位的属性特征，是不能用数量表示的，如职工的性别、文化程度等。数量标志表明的是总体单位量的特征，是可以用数量表现的，如职工的年龄、工资等。标志的具体表现是在标志名称后面所标明的属性或数值。如某职工性别为男性，文化程度为大学毕业，年龄 40 岁，其中的“男”和“大学毕业”均是品质标志，40 岁是数量标志“年龄”的数值表现。在统计研究中，品质标志主要作为统计分组的依据，以便计算出不同组别的总体单位数。数量标志除作为分组依据计算单位数外，还可以直接进行许多其他计算，如计算平均年龄、平均工资等。

标志按变异情况可以分为不变标志和可变标志。一个标志若在各个总体单位上的具体表现都相同，那么它就是不变标志；一个标志若在各个总体单位上的具体表现不尽相同，那么它就是可变标志，或称为变异标志。

例如，“入学时间”“专业”等对一个班的每个同学来讲，都具有相同的表现，都是不变标志；“性别”“年龄”等对每个同学来讲，其表现不完全相同，都是可变标志。一个总体至少要有一个不变标志，才能使各单位结合成一个总体。一个总体也必须存在变异标志，这表明所研究的现象在各单位之间存在着差异，所以就需要做调查，并有各种统计方法。由此可见，总体的同质性是总体存在的前提，总体的变异性是统计研究存在的前提。

二、指标

指标是统计指标的简称。对统计指标的含义有两种理解和使用方法。一种认为统计指标是反映总体现象数量特征的概念（或名称），例如公共汽车行驶里程、客运总量等；另一种认为统计指标是反映总体现象数量特征的概念和具体数值，例如2014年北京公交集团公共电汽车客运量45.66亿人次。对统计指标含义的两种理解都可以成立，前一种理解适用于统计理论和统计设计，后一种理解适用于实际统计工作。它是将总体单位数或标志值汇总起来进一步计算的结果，而且必须以数量表示。指标和标志即有明显的区别，又有密切的联系。两者的主要区别是：

（1）指标是说明总体特征的，而标志是说明总体单位特征的。

（2）标志包括不能用数值表示的品质标志和能用数值表示的数量标志两种，而指标都必须是能用数值表示的。

指标和标志的联系主要表现在以下两方面：

（1）有许多统计指标的数值是直接从总体单位的数量标志值汇总而来的。

（2）指标与数量标志之间存在着转化的关系。由于研究目的不同，原来的统计总体如果变成总体单位了，则相应的统计指标也就变成数量标志了。反之亦然。

三、变异与变量

在一个总体中，不管是品质标志，还是数量标志，在所有单位的具体表现相同，称为不变标志；在各个单位的具体表现不同，称为可变标志。例如在城市公交企业职工总体中，“公交企业”“职工”这两个标志对总体各单位进行了具体界定，是不变标志，构成总体的同质性；而每个职工的年龄、工资都可能不同，于是“年龄”“工资”这两个标志在这个总体中都是可变标志，构成总体的差异性。

可变标志的属性或数值表现为总体各单位之间存在的差异，统计上称之为变异。所以可变标志又称为变异标志。

在数量标志中，可变的数量标志称为变量，绝大多数的统计指标也是变量。变量的取值称为变量值，也就是可变数量标志的标志值和统计指标的不同取值。变量按变量值是否连续，可分为连续型变量和离散型变量。离散型变量是指在任意两个变量值之间的取值是有限的，而且只能取整数值的变量，如单位数、车辆数、职工人数等就是离散型变量。连续型变量的取值是无限的，在任意两个数值之间可以取无穷多个数值，其取值是连续不断的，如人的年龄、体重等是连续型变量。离散型变量的数值一般可以记数取得，而连续型变量的数值一般要通过测量或计算才能取得。不过，在实际统计工作中，为了简便起见，有时可能将个别的连续型变量作为离散型变量看待，如人的年龄本来是连续型变量，但在实际调查统计时常常按离散型变量处理，以一岁为间隔取整数。

第二节 统计指标

一、统计指标

统计指标是统计的基本要素之一。统计活动的各个环节，不论是统计设计、统计调查、统计整理，还是统计推断、统计分析，都要围绕或通过统计指标来进行；统计的认识和服务的作用，也要依托各种统计指标来实现。统计只有通过统计指标才能反映客观现象总体的实际情况，才便于研究和认识现象发展变化的规律以及现象间的数量关系。

二、统计指标的构成要素

对统计指标的概念，在第一节里已经谈到了有两种不同的理解和使用方法：一种认为统计指标是说明总体数量特征的名称；另一种认为是说明总体数量特征的名称加数值。两种理解的区别在于：前一种是从统计指标的设计形态定义的，后一种是从统计指标的完成形态定义的。因此，两种理解都合理，都可以成立。

统计指标就其完成形态而言，由以下三个要素构成。第一，定性范围，包括指标名称和指标含义。指标含义要明确总体现象的质的规定性，包括时间标准和空间标准。例如，某公司年末运营车辆总数这个指标，其指标含义是在规定的时点（年末），该公司固定资产台账的已投入运营的车辆总数。第二，定量方法，包括计量单位和计量方法，是指标含义的量化规范。例如，车辆总数的计量单位是辆，公司车辆总数的计算方法是各条线路车辆相加的车辆总数。第三，指标数值，是根据定性范围和定量方法，经过实际调查和数据处理所取得的具体时间、空间的统计数值。例如，2014 年末北京公交集团公共电汽车运营车辆为 22630 辆。统计指标的设计形态只包括定性范围和定量方法两个要素，不包括指标数值。

三、统计指标的特点

统计指标主要有两个特点。第一，同质事物的可量性。就是说既要有质的规定性，也要能用数量来表示。对有些非量化的现象或难以量化的概念，必须设法将其量化，形成量化概念，才能成为统计指标。例如，要了解乘客对公共交通提供服务的满意程度，一般说较难量化，需要先找到量化的方法，如在调查问卷中列出“很满意”“比较满意”“一般”“不满意”“很不满意”五种答案供被调查者选答，用打分的方法加以量化，然后加以综合，这样“满意度”才能成为统计指标。第二，量的综合性。统计指标反映的是总体的量，它是许多个体现象的数量综合的结果。例如，一辆车的行驶里程不能成为统计指标，若干辆车构成一个统计总体，其总行驶里程和平均行驶里程才能成为统计指标。

四、统计指标的种类

1. 按内容分类

统计指标按其所说明的总体现象内容的不同，可以分为数量指标和质量指标。

（1）数量指标是反映事物总体绝对数量多少的指标，表现城市公共交通企业在运营生产活动中数量方面的各种指标，通常用绝对数表示。例如某公司的总车辆数、线路条数、客运收入、行驶里程、职工总数等。数量指标所反映的是总体的外延数量，其数值随总体范围的大小而增减，故又称外延指标。

（2）质量指标是反映总体内部结构、比例、单位水平等内涵数量的指标，表现城市公共交通企业，在运营生产活动中利用人力、物力、财力以及发展技术、搞好服务等方面质量情况的各种指标，通常用相对数表示。如完好车率、工作车率、服务合格率等。质量指标的数值不随总体范围的大小而增减，因此，质量指标又称内涵指标。

2. 按作用和表现形式分类

统计指标按其作用和表现形式的不同，可以分为总量指标、相对指标和平均指标。

（1）总量指标是反映客观现象总体在一定时间、地点条件下的总规模、总水平的综合指标。它表明总体现象发展的总成果，它的数值表现是绝对数。例如上述的车辆总数、职工总数都是总量指标。它是编制计划、检查计划、进行综合平衡的重要依据；也是计算相对数指标和平均数指标的基础。

计算总量指标时应注意如下问题：

①必须科学地确定总量指标的含义、计算范围，才能保证总量指标计算的准确性。

②计算总量指标要注意计算口径、计算方法和计量单位的统一，才能进

行汇总计算。

③应注意区分是时期数还是时点数。对时期数必须指明计算的时间范围；对时点数需要科学地规定统计的时点。

（2）相对指标是两个有联系的总量指标或平均指标相比较的结果，用以反映客观现象之间数量联系程度的综合指标，其数值表现为相对数。利用相对数指标，可以掌握现象的比例关系、普遍程度和发展速度。相对指标根据其作用不同，又可分为：计划完成程度相对指标、结构相对指标、比较相对指标、强度相对指标和动态相对指标。

①计划完成程度相对指标：将报告期内实际完成数与同期计划数对比，表明计划完成程度，一般用百分数表示，用来检查和分析计划执行的进度和均衡程度，反映计划执行的结果，并作为下期计划的参考。

计划完成程度相对指标的计算公式为：

$$\text{计划完成程度相对指标} = \frac{\text{报告期实际完成数}}{\text{同期计划数}} \times 100\%$$

②结构相对指标：将同一总体内的部分数值与全部数值对比求得比重，用以反映总体内部的构成状况，说明事物的性质、结构特征。如客运收入中月票收入所占的比重。一般用百分数表示。

结构相对指标的计算公式为：

$$\text{结构相对指标} = \frac{\text{部分数量}}{\text{全部数量}} \times 100\%$$

③比较相对指标：将同一时期内的两个性质相同的指标数值对比，说明同类现象在不同空间条件下的数量对比关系。如在不同城市间进行月票价格对比。

比较相对指标的计算公式为：

$$\text{比较相对指标} = \frac{\text{甲地某现象的数值}}{\text{乙地某现象的数值}}$$

④强度相对指标：将两个性质不同而又有联系的绝对数对比，表明社会经济现象的强度、密度和普遍程度。它的计量单位是分子和分母的单位所组成复名数单位。如线路网密度（公里/平方公里）。

⑤动态相对指标：将同类社会经济现象在不同时期的水平对比，表明现象在不同时间上发展方向和程度的指标。计算这种指标时，通常把作为比较标准的时期叫基期，把同基期对比的时期叫报告期。

计算相对指标时应注意如下问题：

一是保持对比指标的可比性。相对指标是两个有联系的指标数值之比。因此两个对比的指标是否有可比性，是能否正确反映现象之间的数量关系，能否运用计算结果正确分析问题的重要条件。

相对指标的可比性主要是指用来对比的分子、分母指标的内容要适应，范围要一致，计算方法和计量单位要相同。

二是正确选择对比基数。各种相对指标都是通过指标数值对比来反映现象之间的联系，而现象的联系是由现象的性质特点决定的，因此，必须根据研究目的，从现象的性质、特点出发，正确选择对比基数，才能真实地反映现象联系的程度。例如，计算人口识字普及率指标，对比的基数就不能用全国人口数，因为在全国人口中包括不属于识字普及对象的学龄前儿童，正确的基数应为从全国人口数中扣除学龄前儿童数后的数字。

三是要把相对指标与总量指标结合运用。不同指标具有不同功能，相对指标用比值反映了现象之间的联系和变动程度，但它把现象的具体规模和水平抽象化了，不能说明现象之间绝对量上的差异。因此，在进行对比分析时，需要将相对指标与总量指标结合运用，既看相对程度，又看绝对量水平，这样才能对问题的实质做出正确的判断。

四是要注意多种相对指标结合运用。一种相对指标只能说明现象某一方面的联系，但客观现象之间的联系是错综复杂的，一个现象的变化往往是由多种因素引起的，同时它又影响着与之相联系的其他现象的变化。因此，只有把多种相对指标结合起来分析，才能对问题有更全面、更深刻的认识。

（3）平均指标是按某个数量标志说明总体单位一般水平的指标，其表现数值为平均数。例如平均工资、平均人数等都是平均指标。

利用平均指标，在不同时期对比，可以反映现象一般水平的变动趋势。例如，研究职工工资水平的变化，必须用平均工资进行动态对比分析，才能正确反映职工工资水平的变动趋势和规律。

利用平均指标，比较同类现象在不同地区、不同企业间存在的差别，可以评价不同地区、不同企业的经济效益、工作成绩和存在的问题。例如，要比较两个地区粮食生产水平，就不能用粮食总产量做比较，因为播种面积不同，粮食总产量就会不同，只有计算平均亩产量，消除播种面积的影响，才能比较判断不同地区粮食生产水平的高低。

利用平均指标可以分析现象之间的依存关系。例如分析企业劳动生产率水平与其平均工资的关系。

利用平均指标可以进行数量上的估算和推算。例如，用部分单位的平均数去推算总体平均数，用平均指标推算总量指标等。

平均数指标的计算方法有多种，主要有算术平均数、序时平均数、几何平均数，以及中位数和众数。

①算术平均数。

总体各单位的标志总量除以总体单位数，可以表明社会经济现象的一般水平。根据计算所依据资料的不同，算术平均数可有简单算术平均数和加权算术平均数两种算法。

a. 根据未分组资料，将总体各单位标志值简单加总，再除以总体单位数计算的算术平均数称为简单算术平均数。其计算公式为：

$$X=\frac{X_1+X_2+\cdots+X_n}{N}=\frac{\sum X_i}{N}$$

式中：X——算术平均数；

X_i——总体各单位标志值（$i=1，2，\cdots，n$）；

N——总体单位数；

$\sum$——总和符号。

b. 根据分组资料，将各组标志值乘以相应的次数求得各组标志总量，然后相加求得总体的标志总量，再除以总次数，这样计算的平均数称为加权算术平均数。其计算公式为：

$$X=\frac{X_1F_1+X_2F_2+\cdots+X_nF_n}{F_1+F_2+\cdots+F_n}=\frac{\sum X_iF_i}{\sum F}$$

式中：X_i——各组的标志值；

F_i——各组的次数，即权数。

显然，各组标志值出现的次数不同，对平均数的影响不同。当标志值较大组的次数较多时，平均数就会趋向较大组的数值；当标志值较小组的次数较多时，平均数就会趋向较小组的数值。可见，次数在这里起着权衡轻重的作用，故称权数。

②序时平均数。

根据不同时期的发展水平指标计算的平均数，称为序时平均数。

它反映在不同时间上现象发展的一般水平。其包括时期数列的序时平均数和时点数列的序时平均数两种。前者是将同一数列中各种指标值相加除以时期数计算的平均数，后者的计算方法与时期数列相同。

③几何平均数。

几何平均数是 N 个标志值连乘积的 N 次方根，它是用开方的方法计算平均数。由于平均发展速度是环比发展速度的平均数，说明某种现象在一个较长时间内逐期平均发展变化程度，由于总发展速度不是等于各个时期环比发展速度之和，而是等于各个环比发展的连乘积。因此，不能用算术平均法来计算平均发展速度，而应该用各个时期环比发展速度连乘积开数次方来计算。在社会经济统计中，几何平均数主要适用于计算平均比率和平均速度。

④中位数。

将总体各单位某一数量标志值按大小顺序排列，处于数列中点位置的标志值即为中位数。由于中位数位于数列的中点位置，必有一半总体单位的标志值小于中位数，有一半总体单位的标志值大于中位数。因此，用中位数有时也能代表现象总体的一般水平。中位数是一种位置平均数，它不受个别极端值的影响。

⑤众数。

众数是现象总体中最普遍出现的标志值，也就是单位数最多的标志值。它可以说明总体单位数在某一标志上的集中情况。

计算平均指标时应注意如下问题：

①必须注意总体的同质性。要求被研究现象总体各单位的某一标志应具有相同的性质，不要把存在本质差异的现象混在一起计算。

②组平均数与总平均数相结合。这种结合有两重含义：一是由于总平均数把总体各单位的差异抽象化了，为了深入研究现象总体的特征和分布规律，有必要结合统计分组，计算平均数，以补充说明总体各方面的不同特点；二是通过计算组平均数，可以揭示现象内部结构对总平均数的影响。

③注意极端值对平均数的影响。这一点主要在运用算术平均数时要特别注意，必要时可将特大或特小的个别极端值剔除，然后再根据其余数值计算平均数。

统计指标还可以从其他角度做出更多的分类。例如，按指标的时间标准不同，可以分为时点指标和时期指标，前者如运营车辆数，后者如行驶里程；按指标的报告次序和准确性不同，可以分为预计指标和终期指标；按指标的用途不同，可以分为观察指标和考核指标等。需要说明的是，各种分类不是孤立的，而是相互联系、相互交叉的。同一个指标可以从不同角度来理解，因而可以从不同的角度分类。

3. 公共交通企业统计指标的设置原则

(1) 公共交通企业设置统计指标，必须能够体现国家对城市公共交通企业的方针、政策，适应加强经营管理与城市公共交通企业特点的需要，既要反映经济效益，又要反映社会效益。

(2) 统计指标与计划指标、会计指标必须统一口径，对指标的含义解释、计算范围、计算方法都必须一致，要利于检查计划执行情况和对企业经营核算。要在较长时间内保持其稳定，以利于积累资料，保证资料的连续性、可比性。横的方面在行业、地区以至在国际都可以比较；纵的方面在不同时期可以比较。

(3) 必须坚持需要与可能相结合，要有明确的目的性、适用性和可行性。为各级领导机关决策、计划的执行和监督所需要，指标的繁简和内容粗细，应与实际可能条件相适应，要考虑到企业实际管理水平与原始记录资料来源的可能性，以及人力、物力、财力的承受能力等。

第三节　统计指标体系

一、统计指标体系的概念

由若干个相互联系、相互制约的统计指标组成的一个统计指标系统叫作统计指标体系。

客观现象特别是社会经济现象错综复杂，各种现象之间存在着相互联系、相互制约的关系。每一个统计指标只能反映客观事物的一个方面的特征，若要反映事物的各个方面及其发展变化的整个过程，就需要设计和运用一整套统计指标，或者说一系列统计指标。例如，要反映公司的运营状况，就需要设计和运用反映运营条件的指标，如车辆、材料供应、劳动力等；反映成果和效益的指标，如票款收入、利润总额等；反映服务质量的指标，如乘客投诉率、服务规范执行率等。所以，反映运营生产状况需要设计和运用一个相当庞大复杂的统计指标体系。

二、统计指标体系的种类

（1）统计指标体系按其所反映的内容，可以分为基本统计指标体系和专题统计指标体系。

基本统计指标体系是反映城市公共交通发展基本情况的指标体系。专题统计指标体系是对某一问题进行调查研究专门设立的统计指标体系。

（2）统计指标体系按其所实施的范围，可以分为四大类：国家统计指标体系、行业（部门）统计指标体系、地方统计指标体系、基层单位的统计指标体系。

①国家统计指标体系是由国家统计局制定的、在全国范围内实施的统计指标体系。

②行业（部门）统计指标体系是不同行业、不同部门进行生产经营、业务管理所制定、实施的统计指标体系。它比国家统计指标体系在具体要求上

更细密，同时要体现行业（部门）的特点。

③地方统计指标体系是为了满足各级地方政府工作需要而在国家统计指标体系的基础上补充增加而制定、实施的指标体系。

④基层单位的统计指标体系是指各个基层单位以上级下达的统计指标为核心，结合本单位的生产经营管理的需要加以补充形成的统计指标体系。任何一个基层单位的生产经营管理所需要的统计指标体系都要比其上级部门所需要的统计指标体系细密的多，任何一个基层单位的统计工作都不能只满足于完成上级管理部门要求的统计报表，而应该把本单位的生产经营管理的需要列为日常的工作任务，这就需要主动地设立起本单位的统计指标体系。

第四节　城市公共交通主要指标解释

城市公共交通是指城市中供公众乘用的、经济方便的各种交通方式的总称，包括公共汽车、电车、轨道交通（地铁、轻轨、有轨电车、索道、缆车）、出租汽车、公共轮渡等客运交通设施。以下仅阐述地面公交的主要指标。

1. 运营车数

运营车数是指公交企业（单位）用于运营业务的全部车辆数。以企业（单位）固定资产台账中已投入运营的车辆数为准，新购、新制和调入的运营车辆，自投入之日起开始计算；调出、报废和调作他用的运营车辆，自上级主管机关批准之日起不再计入。

2. 标准运营车数

标准运营车数是指不同类型的运营车辆按统一的标准当量折合成的运营车数。

标准运营车数的计算公式为：

$$标准运营车数 = \sum（每类型车辆数 \times 相应换算系数）$$

各类型车辆换算系数见表9-1。

各类型车辆换算系数标准表 表 9-1

类别	车长范围（m）	换算系数
1	>5～7	0.7
2	>7～10	1.0
3	>10～13	1.3
4	>13～16	1.7
5	>16～18	2.0
6	>18	2.5
7	双层	1.9

注：每类车长的上限值均含在本级中。

3. 每万人拥有公共交通车辆

每万人拥有公共交通车辆是指按城市人口计算的每万人平均拥有的公共交通车辆标台数。

其计算公式为：

$$\text{每万人拥有公共交通车辆(标台)} = \frac{\text{全市公共交通运营车标台数}}{\text{城市人口数(万人)}}$$

4. 液化石油气、天然气燃料车

液化石油气、天然气燃料车是指以液化石油气或压缩天然气为燃料的汽车。

5. 小公共汽车

小公共汽车是指车长小于或等于 7m 的公共汽车。

6. 运营线路条数

运营线路条数是指为运营车辆设置的固定运营线路条数。其包括干线、支线、专线和高峰时间行驶的固定线路，不包括临时行驶和联营线路。

7. 运营线路总长度

线路运营总长度是指全部运营线路长度之和。

其计算公式为：

$$\text{运营线路长度} = \sum \text{各条运营线路长度} = \frac{1}{2}\sum\text{（上行起点至终点里程} + \text{下行起点至终点里程} + \text{上下行终点掉头里程）}$$

单向行驶的环行线路长度等于起点至终点里程与终点下客站至起点里程之和的一半，不包括折返、试车、联络线等非运营线路。

8. 运营线路网长度

运营线路网长度是指全部固定运营线路所经过的道路长度。

其计算公式为：

$$\text{运营线路网长度} = \text{运营线路总长度} - \sum \text{重复线路长度}$$

9. 运营线路网密度

运营线路网密度是指城市公交线路网分布的疏密程度。

其计算公式为：

$$\text{运营线路网密度} = \frac{\text{运营线路网长度}}{\text{城市面积}}$$

10. 触线网长度

解线网长度是指向电车集电装置供电的触线长度之和。触线网长度包含运营、待避、回车和保养车库内的触网线长度；按单程双线（即一对正负线）的长度计算，双程的加倍计算。

11. 客位（定员）人数

客位（定员）人数是指运营车的额定载客量。

其计算公式为：

$$\text{客位数} = \text{车厢固定乘客座位数} + \text{车厢有效站立面积}(m^2) \times \text{每平方米允许站人数}$$

每平方米允许站立人数按 8 人计算。

12. 客运量

客运量是指报告期公交企业（单位）运送乘客的总人次，包括付费乘客和不付费的乘客人次。

付费客运量计算方法：普通乘客依据售出普通客票张数计算人次，单程客票每张计算 1 人次，往返客票每张计算 2 人次；无人售票和可用 IC 卡付费的运营车辆，以实收金额折算乘客人次；团体包车按实际载客人数计算，单程运送每人计算 1 人次，往返运送每人计算 2 人次，如实际载客人数不易计算时，亦可按车辆客位数计算；旅游客票不论到达几个旅游点，一张客票只可计算1人次，购往返票的按2人次计算；月（季）票乘客人次等于月（季）票张数乘以每张月（季）票月（季）乘车次数。每张月（季）票月（季）乘车次数由近期客流调查资料确定。无客流调查资料的城市月票乘车次数按90人次计算，季票乘车次数按270人次计算。

不付费客运量计算方法：各地根据实际情况抽样调查确定。

13. 客运周转量

客运周转量是指乘客乘坐里程的总和。

其计算公式为：

$$客运周转量=客运量\times平均运距$$

14. 平均运距

平均运距是指乘客每次乘车的平均距离。由近期客流调查资料确定。

15. 运营里程

运营里程是指运营车辆为运营而出车行驶的全部里程，包括载客里程和空驶里程。

载客里程是指运营车辆规定载运乘客行驶的里程，包括运营车辆为运送乘客在线路行驶的里程和包车载客里程。

空驶里程是指运营车辆为运营而规定不载运乘客的空车行驶里程。其包括从车场至线路出、回场里程，中途故障和其他原因空驶到起点、终点或车场的里程，包车回程的空驶里程。

16. 总行驶里程

总行驶里程是指运营车辆所行驶的全部里程。其包括运营里程、公务里程和为培训驾驶员行驶的教练里程。

17. 客位里程

客位里程是指各类运营车辆客位数与相应载客里程的乘积，用以表示企业为乘客提供的总运载能力。

其计算公式为：

$$客位里程=\sum(各类运营车辆客位数\times相应载客里程)$$

18. 车日行程

车日行程是指运营车辆每个工作车日平均行驶的运营里程。

其计算公式为：

$$车日行程 = \frac{运营里程}{工作车日}$$

19. 运营车日

运营车日是指企业按运营车数计算的运营车日总数。运营车在企业保有一天，就计算为一个运营车日。

20. 完好车日

完好车日是指技术状况完好的运营车的车日总数。凡当天出车参加过运营的车辆均应计算完好车日；当天未出车运营的车辆，只要技术状况完好或曾进行保养、修理，且在当天16时前竣工，验收合格的，均计算完好车日。

其计算公式为：

$$\begin{aligned}完好车日 = 运营车日 - （&全日保养车日 + 修理车日 + \\ &待修车日 + 待报废车日）\end{aligned}$$

21. 工作车日

工作车日是指运营车为运营而出车工作的车日总数。运营车只要当日出车参加过运营，均计算工作车日。

22. 完好车率

完好车率是指运营车技术状况完好的程度，是完好车日与运营车日的比率。

其计算公式为：

$$完好车率 = \frac{完好车日}{运营车日} \times 100\%$$

23. 工作车率

工作车率是指运营车的利用程度，是工作车日与运营车日的比率。

其计算公式为：

$$工作车率 = \frac{工作车日}{运营车日} \times 100\%$$

24. 厂（场）座数

厂（场）座数是指公交企业所属修理厂、停车场、运营场、保养场的个数。凡有单独生产能力的车间也应列出。

25. 厂（场）停车面积

厂（场）停车面积是指公交企业所属厂（场）供停放运营车辆的场地的实有面积。

26. 运营车次兑现率

运营车次兑现率是指运营车辆实际发车次数与计划发车次数的比率。计划发车次数指运行时刻表规定行驶的车次数。

其计算公式为：

$$运营车次兑现率 = \frac{运营车实际发车次数}{计划发车次数} \times 100\%$$

27. 运营速度

运营速度是指运营车辆在运营线路上运行时的速度。

其计算公式为：

$$运营速度 = 2 \times \frac{运营路长度}{往返行驶时间 + 上下行终点掉头和停站时间} \times 60$$

往返行驶时间、上下行终点掉头和停站时间、单程行驶时间均以分计算（下同）。

28. 运送速度

运送速度是指运营车辆在运营线路上实际运送乘客的速度。

其计算公式为：

$$运送速度 = \frac{运营线路起点至终点里程}{单程行驶时间} \times 60$$

29. 车厢服务合格率

车厢服务合格率是指被检车厢服务合格车辆数与被检车辆总数的比率。

其计算公式为：

$$车厢服务合格率 = \frac{被检车厢服务合格车辆数}{被检车辆总数} \times 100\%$$

30. 车辆整洁合格率

车辆整洁合格率是指被检车辆整洁合格数与被检车辆总数的比率。

其计算公式为：

$$车辆整洁合格率 = \frac{被检车辆整洁合格数}{被检车辆总数} \times 100\%$$

31. 主要线路最大断面高峰小时车厢满载率

主要线路最大断面高峰小时车厢满载率是指主要运营线路高峰小时、高单向、高断面的车厢满载程度。主要线路的高峰小时、高单向、高断面，可根据客流的具体情况确定。确定后应保持一定时期内不变，以保证其可比性。

其计算公式为：

$$主要线路最大断面高峰小时车厢满载率 = \frac{高峰小时高断面客流通过量}{高峰小时通过车次的客位数} \times 100\%$$

32. 行车正点率

行车正点率是指运营车辆在运营线路上按规定时间正点运行的程度。

其计算公式为：

$$行车正点率 = \frac{被检车辆正点发车次数}{被检车辆总次数} \times 100\%$$

33. 行车责任事故次数

行车责任事故次数是指运营车辆在执行运营任务过程中发生的道路交通责任事故次数。行车事故分类方法和事故责任的区分按当地交通管理部门的规定执行。

34. 行车责任事故死亡人数

行车责任事故死亡人数是指行车责任事故造成的责任死亡人数。死亡人数包括当场死亡和受伤后因伤情发展而死亡的人数。

受伤后因伤情发展而死亡人数的计算方法按公安交通管理部门的规定执行。

35. 行车责任事故频率

行车责任事故频率是指运营车辆每行驶百万公里运营里程平均发生行车责任事故的次数。

其计算公式为：

$$行车责任事故频率 = \frac{行车责任事故次数}{运营里程(百万公里)}$$

36. 行车责任死亡事故频率

行车责任死亡事故频率是指运营车辆每行驶百万公里运营里程平均发生行车责任死亡事故的次数。

其计算公式为：

$$行车责任死亡事故频率 = \frac{行车责任事故死亡次数}{运营里程(百万公里)}$$

37. 保养车次兑现率

保养车次兑现率是指运营车辆各级保养车次与计划保养车次的百分比。

其计算公式为：

$$保养车次兑现率 = \frac{各级保养实际车次}{计划保养车次} \times 100\%$$

38. 车辆平均故障时间

车辆平均故障时间是指运营车辆每行驶百公里运营里程平均发生的故障时间。

其计算公式为：

$$车辆平均故障时间 = \frac{车辆故障时间总和(s)}{运营里程(百公里)}$$

车辆故障时间是指运营车辆发生故障，影响本车正常运营占用的时间。

（1）运营车辆因故障不能按原计划时间出场（站），其故障时间从计划出场（站）时间起到修复时为止，修复时间超过计划停驶时间，则计算到计划停驶时为止，全天未修复也未参加运营，按非完好车日计算，不再计算故障时间。

（2）车辆运营途中发生故障，故障时间按实际到达起、终点站的迟到时间计算。车辆在起、终点站发生故障，修复后运营的故障时间为计划发车时间与实际发车时间之差值；上述故障修复时间超过计划停驶时间，则故障时间从发生故障时间起至计划停驶时间止。

(3) 车辆在运营途中因遇雷击、大水、冰冻、肇事等意外事故产生故障，经有关部门确定，可不计算故障时间。

(4) 车辆因进行技术试验或新产品试用发生故障，可不计算故障时间，但需报技术部门备案。

39. 行车能耗总量

行车能耗总量是指运营车辆行车消耗的各种燃料和电能的数量。按汽油、柴油、天然气、液化石油气和电能分别统计。

40. 行车单位能耗量

行车单位能耗量是指运营车辆每行驶百公里消耗的各种燃料或电能的数量。按汽油、柴油、天然气、液化石油气和电能分别统计，并按车型分别计算。

其计算公式为：

$$行车单位能耗量 = \frac{行车能耗总量}{总行驶里程(百公里)}$$

41. 运营总收入

运营总收入是指企业运营业务的全部收入，包括常规车、专线车、特约车、团体车、旅游车辆的运营收入，可按普通票收入、月季票收入、包车收入等分别统计。

42. 百公里运营收入

百公里运营收入是指企业运营车辆每行驶百公里获取的客运收入。

其计算公式为：

$$百公里运营收入 = \frac{运营总收入}{运营里程(百公里)}$$

运营里程可以用按标准车换算的公里计算。

43. 运营总成本

运营总成本是指企业运营车辆为完成运营任务所发生的成本费用的总和。成本开支范围按国家规定执行。

44. 百公里运营成本

百公里运营成本是指企业每行驶百公里所消耗的平均成本费用。

其计算公式为：

$$百公里成本 = \frac{运营总成本(元)}{运营里程(百公里)}$$

运营里程可以用按标准车换算的公里计算。

思 考 题

1. 指标的概念是什么？

2. 统计指标的分类有哪些？

练 习 题

1. 填空题

（1）标志按其表现形式有__________标志和__________标志两种。

（2）统计指标体系是由若干个相互联系相互制约的__________组成的一个统计指标系统。

（3）指标和标志有明显的区别，主要表现在：指标是说明总体特征的，而标志是说明__________特征的；标志包括不能用数值表示的品质标志和能用数值表示的数量标志两种，而指标都必须是能用__________表示的。

（4）标准运营车数是指不同类型的运营车辆按统一的__________折合成的运营车数。

2. 选择题

（1）以产品等级来反映某种产品的质量，则该产品等级是（　　）。

A. 数量标志　　B. 数量指标　　C. 品质标志　　D. 质量指标

（2）某车队四名驾驶员的技能测试成绩分别为 70 分、80 分、86 分、95 分，这四个数字是（　　）。

A. 标志　　B. 指标值　　C. 指标　　D. 变量值

（3）在调查设计时，学校作为总体，每个班作为总体单位，各班学生人数是（　　）。

A. 变量　　B. 指标　　C. 变量值　　D. 指标值

(4) 某车队乘务员的月工资为3860元，工资是（　　）。

A. 品质标志　　B. 数量标志　　C. 变量值　　D. 指标

3. 名词解释

运营车数　工作车率　运营里程　总行驶里程

4. 论述题

请结合实际谈谈完好车率与工作车率的关系。

第十章

常用统计分析方法

第一节　统 计 分 组

一、统计分组的概念

统计分组是统计学的基本统计方法之一，统计工作从始至终都离不开统计分组的应用，在统计调查方案中必须对统计分组做出具体规定，才能搜集到能够满足分组需要的资料。

统计分组兼有分与合两方面的含义：把总体区分为性质相异的若干部分；把性质相同的许多个体合成一个小组。

统计资料的整理的任务是使零散资料系统化，但怎样使资料系统化，本着什么去归类，这就取决于统计分组。在取得完整、正确的统计资料前提下，统计分组的优劣是决定整个统计研究成败的关键，直接关系到统计分析的质量。

统计分组是指根据统计研究任务的要求和研究现象总体的内在特点，把现象总体按某一标志划分为若干性质不同但又有联系的几个部分。总体的变异性是统计分组的客观依据。统计分组是总体内进行的一种定性分类，它把总体划分为一个个性质不同的范围更小的总体。

二、统计分组的作用

1. 可以把复杂的社会现象划分成各种类型

统计分组是确定社会经济现象各种类型的基础，例如将工业企业按所有制的不同、按轻重工业划分，居民按城镇、农村划分，从而说明不同的经济类型的特点。一般来说，社会经济类型的分组多采用品质标志来划分。

2. 可以说明产业结构类型

通过统计分组可以反映总体内部各部分之间的差别和相互关系，表明总体的内部结构。同时在各组的基础上计算各组所占总体的比重，从总体的构成上认识总体各部分的作用，并对总体做出正确的评价。

3. 可以反映和研究现象之间的依存关系

社会经济现象之间存在着相互制约、相互联系的关系，通过统计分组可以根据现象间的影响因素和结果因素的对应更好地揭示现象之间的依存关系。

三、统计分组的方法

（一）概括

统计分组根据分组标志的性质，分为按品质标志分组和按数量标志分组。

品质标志上是说明事物的性质或属性特征的，它反映的是总体单位在性质上的差异，不能用数值来表现。数量标志是直接反映事物的数量特征的，它反映的是事物在数量上的差异，如人口的年龄、企业的产值等。统计分组方法就是指这两种标志的具体分组方法。

（二）按品质标志分组方法

按品质标志分组就是选择反映研究对象属性差异的品质标志作为分组依据，并在品质标志的变异范围内划定各组的界限，把总体划分成若干性质不同的组成部分。

例如，把人口总体按民族、国籍、性别和人种分组，把企业总体按所有制、经济部门或经营形式分组，等。

品质标志都是用文字表示的，用品质标志分组结果所形成的各个组别以及它们之间的含义、范围也都是用文字表示的，它们能够反映事物的不同性质，给人以具体明确的概念。

（三）按数量标志分组方法

1. 单项式分组

所谓单项式分组，是以分组标志的每一个标志值作为一组的统计分组。

单项式分组，只适用于对非连续性变动的数量标志，即非连续性的变量进行统计分组，而且必须是总体单位的标志值变动范围较小时。当变动的范围较大时，如表 10-1 中家庭人口规模不仅有 7 种，而是有更多种的表现时，就不能采用这种统计分组，而要采用组距式分组。

美国官方贫困线（1975 年）　　表 10-1

家庭规模（人）	贫困线（美元）
1	2117
2	3485
3	4296
4	5469
5	6463
6	7272
7 人以上	8938

注：本表取自《当代中国的贫困阶层》，26 页，国民经济出版社，1993 年。

2. 组距式分组

所谓组距式分组，是以标志值变动的一定范围作为一组的分组。对于非连续的变量，当变量变动的范围较大，总体单位数较多时，若用每一个变量作为一组势必造成组数太多，总体单位数也会过于分散，不能明显反映出总体单位的分布特征；同时组数太多，篇幅很长，无法一目了然，说明问题也不方便。在这种情况下，对非连续性的变量必须进行组距式分组。而对于连续性的变量，其标志值根本就无法一一列举，所以只能以其变动的一定范围作一组。表 10-2 是非连续性变量的组距式分组表，表 10-3 是连续性变量的组距式分组表。

56 个车队按拥有车辆数分组　　表 10-2

车辆数（辆）	车　队　数	
	绝对数（车队）	相对数（%）
5 以下	6	10.7
6 ~ 10	11	19.6

续上表

车辆数（辆）	车队数	
	绝对数（车队）	相对数（%）
11~12	22	39.3
13~20	13	23.2
31 以上	4	7.2
合计	56	100

2001 年农村居民按纯收入分组的户数占调查户比重　　表 10-3

户纯收入（元）	2001 年（%）
100 以下	0.48
100~200	0.21
200~300	0.33
300~400	0.60
400~500	0.89
500~600	1.36
⋮	⋮

注：本表取自《中国统计年鉴 2002》，343 页，中国统计年鉴出版社，2002 年。

延伸学习

A. 等距分组和不等距分组

等距分组是各组保持相等的组距，也就是说各组标志值的变动都限于相同的范围。不等距分组即各组组距不相等的分组。

统计分组时采用等距分组还是不等距分组，取决于研究对象的性质特点。在标志值变动比较均匀的情况下宜采用等距分组。等距分组便于各组单位数和标志值直接比较，也便于计算各项综合指标。在标志值变动很不均匀的情况下宜采用不等距分组。不等距分组有时更能说明现象的本质特征。

B. 组限和组中值

组距两端的数值称组限。其中，每组的起点数值称为下限，每组的终点数值称为上限。上限和下限的差称组距，表示各组标志值变动的范围。

组中值是上下限之间的中点数值，以代表各组标志值的一般水平。组中值并不是各组标志值的平均数，各组标志值的平均数在统计分组后很难计算出来，就常以组中值近似代替。组中值＝（上限＋下限÷2）。

对于第一组是“多少以下”，最后一组是“多少以上”的开口组，组中值的计算可参照邻组的组距来决定。即：

$$缺下限开口组组中值 = 上限 - \frac{邻组组距}{2}$$

$$缺上限开口组组中值 = 下限 + \frac{邻组组距}{2}$$

第二节　统计图示法

统计图是根据统计数据，利用线条、几何图形以及事物的形象来表明统计数据之间的关系的图形，简单地说就是根据统计资料所绘制的图形。它具有直观、形象、生动和具体等特点。统计图形可以使复杂的统计数字简单化、通俗化和现象化，使人一目了然。用统计图形表现统计资料的方法，称为统计图示法。

形式多样、鲜明生动和通俗易懂的统计图，可以生动形象、简洁明快地反映统计数据的特点和趋势。因而，统计图是一种很好的宣传和展示工具；统计图也是企业管理和宏观调控的一种重要的手段；利用统计图，还可以揭示现象总体的规模、发展速度、内部结构以及各种现象之间的依存关系等。因而，统计图又是一种统计分析方法。

绘制统计图要遵循目的明确、资料可靠、图形准确、形象生动和形式多样五条原则。

按照上述原则绘制统计图，一般要经过下列三个步骤：

第一步：数据处理。确定绘图目的，根据绘图目的在可靠的统计资料中选择要分析和体现的数据资料，并对数据资料进行必要的加工。

第二步：绘制草图。根据绘图目的和加工过的数据选择合适的图形，并用绘图工具绘制出草图或图形的整体雏形。

第三步：美化图形。根据绘图目的对草图进行修改、检查、美化，包括调整坐标、颜色、顺序等，突出分析数据的特点，书写图名，加注数字和必要的文字说明，标出图例，根据需要适当添加装饰和衬景等。

运用统计图表现统计资料，使数据通俗化、简单化、形象化方面优于统计表和统计分析报告。它可以更生动、形象地显示所研究现象的规模、水平、构成、依存关系、发展趋势等。下面介绍几种最常用的统计图。

一、条形图

条形图是用相同宽度的条形的长短或高低来比较统计指标大小的图形，如图 10-1 所示。

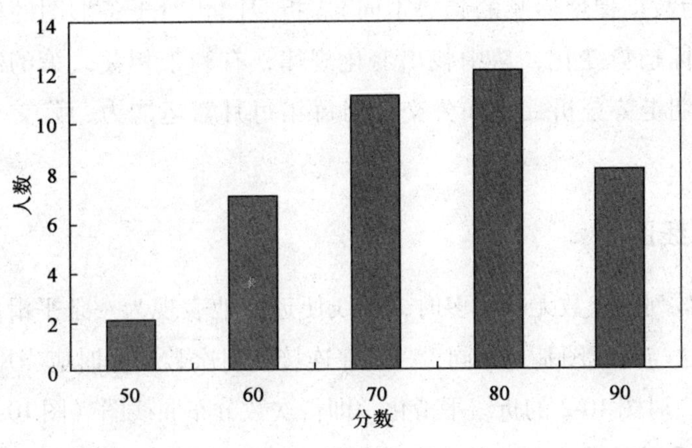

图 10-1　条形图示意图

条形图适用于数据显示（每个条形顶端都会显示具体的数值，能明确体现出数量的多少，比较直观），也适用于不同对象和不同时点进行对比。比如，北京市营运量或营运收入月度数据可以利用条形图很直观表示出来，或者同一时点不同行政区域营运量或营运收入进行对比。

二、折线图

折线图可以在条形图的基础上，用折线将各组次数高度的坐标连接而成，也可以用组中值与次数坐标点连接而成。如图 10-2 所示。

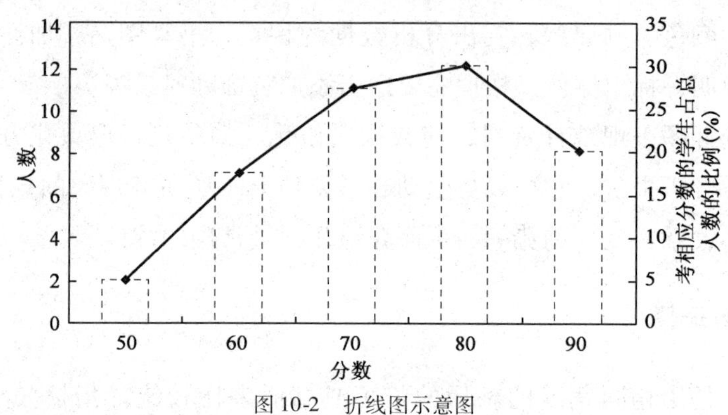

图 10-2　折线图示意图

折线图既可以体现数量多少，也可以明显看出各种数据的增减变化情况（简单理解为数据递增递减的趋势走向）。折线图相对于条形图的优点是可以直观看出指标趋势变化，从中找出变化规律，有利于相关政策的制定。折线图适用于短期走势分析，比如公交公司每年每月营运能力、公交车数量变化等指标。

三、曲线图

当变量数列的组数无限增多时，折线便近似地表现为一条平滑曲线。曲线图的绘制方法与折线图基本相同，只是在连接各组次数坐标时应当用平滑曲线，而不用折线。对图 10-2 的折线平滑化，即得次数分布曲线图（图 10-3）。

曲线图适用于样本量比较大的数据，比如历年北京市营运能力、营运车辆、营运线路等指标。

四、饼状图

饼状图又叫圆形图，是用图形的面积大小来表示统计资料的图形，多以图形内扇形面积的大小表示现象数值的大小或现象各部分所占的比重的图形结构，如图 10-4 所示。

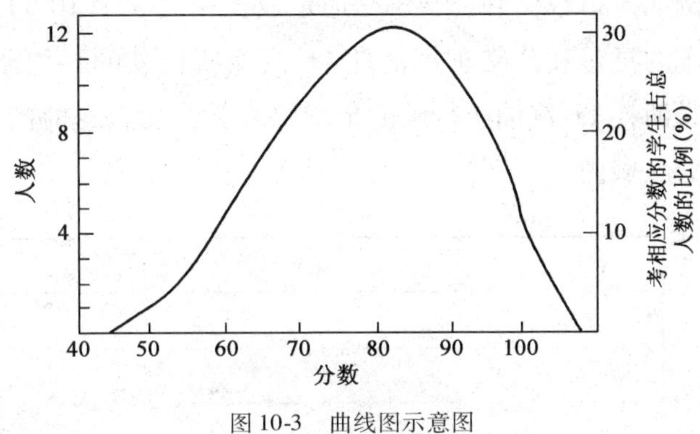

图 10-3　曲线图示意图

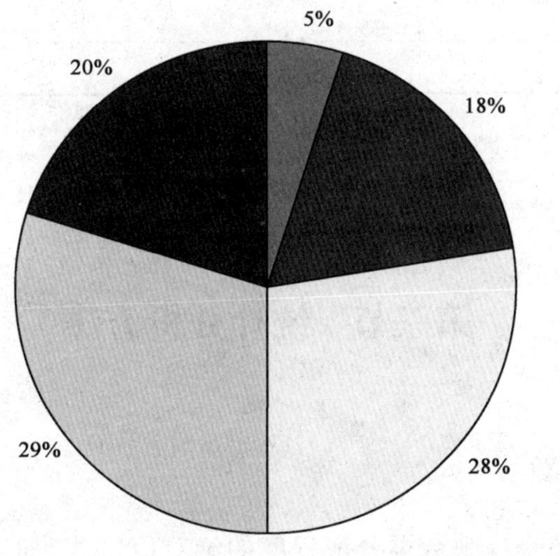

图 10-4　饼状图示意图

饼状图适用于研究对象各部分所占比重分析，比如乘客乘坐公交车频繁程度、乘客对于公交车驾驶员服务态度满意程度、公交延误类型等指标。

五、散点图

散点图（Scatter Diagram），是指在回归分析中，计算出的数据点在直角坐标系平面上的分布形成的图形。散点图表示因变量随自变量而变化的大致趋势，据此可以选择合适的函数对数据点进行拟合。

数据散布在从右上角到左下角的区域。对于两个变量的这种相关关系，称为正相关。例如人口数量和公交车交通量成正相关（图 10-5）；还有一些变量，例如公交车的重量和公交车每消耗 1L 汽油所行驶的平均路程成负相关，公交车越重，每消耗 1L 汽油所行驶的平均路程就越短，这时的点散布在从左上角到右下角的区域内。

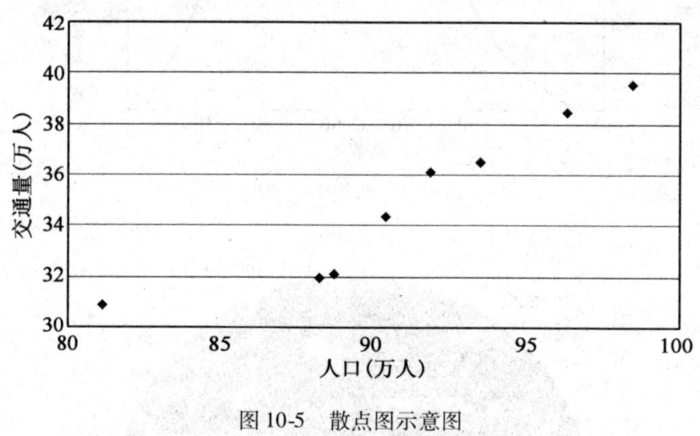

图 10-5　散点图示意图

第三节　统计分析方法

一、离散系数

方差和标准差是反映数据分散程度的绝对值，其数值的大小，一方面受原变量值本身水平高低的影响，也就是与变量的平均数大小有关，变量值绝对水平高的，离散程度的测度值自然也就大，绝对水平低的离散程度的测度值自然也就小；另一方面，与原变量值的计量单位相同，采用不同计量单位计量的变量值，其离散程度的测度值也就不同。因此，对于平均水平不同或计量单位不同的不同组别的变量值，是不能用标准差直接比较其离散程度的。为消除变量值水平高低和计量单位不同对离散程度测度值的影响，需要计算离散系数。

离散系数也称为变异系数(Coefficient of Variation)，是一组数据的标准差与其相应的平均数之比。其计算公式为：

$$v_s = \frac{s}{\bar{x}}$$

式中：s——样本标准差；

$\bar{x}$——样本均值。

离散系数是测度数据离散程度的相对统计量，主要是用于比较不同样本数据的离散程度。离散系数大，说明数据的离散程度也大；离散系数小，说明数据的离散程度也小。

上述介绍的反映数据离散程度的各个测度值，适用于不同类型的数据。对于分类数据，主要用异众比率来测度其离散程度；对于顺序数据，虽然也可以计算异众比率，但主要是用四分位差来测度其离散程度；对于数值型数据，虽然可以计算异众比率、四分位差、极差和平均差等，但主要是用方差或标准差来测度其离散程度。当需要对不同样本数据的离散程度进行比较时，则使用离散系数。实际应用时，选用哪一个测度值来反映数据的离散程度，要根据所掌握的数据的类型和分析目的来确定。

二、方差分析

方差分析（Analysis of Variance，简称 ANOVA），又称“变异数分析”或“F 检验”，是 R. A. Fisher 发明的，用于两个及两个以上样本均数差别的显著性检验。由于各种因素的影响，研究所得的数据呈现波动状。造成波动的原因可分成两类，一是不可控的随机因素，二是研究中施加的对结果形成影响的可控因素。

方差分析是从观测变量的方差入手，研究诸多控制变量中哪些变量是对观测变量有显著影响的变量。

（一）方差分析的原理

方差分析的基本原理是认为不同处理组的均数间的差别基本来源有组内差异和组间差异两个。

（1）随机误差，如测量误差造成的差异或个体间的差异，称为组内差异。

用变量在各组的均值与该组内变量值之偏差平方和的总和表示，记作 SSw，组内自由度 dfw。

（2）实验条件，即不同的处理造成的差异，称为组间差异。用变量在各组的均值与总均值之偏差平方和表示，记作 SSb，组间自由度 dfb。

$$总偏差平方和\ SSt = SSb + SSw$$

组内 SSw、组间 SSb 除以各自的自由度（组内 $dfw = n - m$，组间 $dfb = m - 1$，其中 n 为样本总数，m 为组数），得到其均方 MSw 和 MSb。一种情况是处理没有作用，即各组样本均来自同一总体，$MSb/MSw \approx 1$。另一种情况是处理确实有作用，组间均方是由于误差与不同处理共同导致的结果，即各样本来自不同总体，那么，$MSb \gg MSw$。

$MSb \gg MSw$ 比值构成 F 分布。用 F 值与其临界值比较，推断各样本是否来自相同的总体。

（二）方差分析的应用

方差分析主要用途有：

（1）均数差别的显著性检验。

（2）分离各有关因素并估计其对总变异的作用。

（3）分析因素间的交互作用。

（4）方差齐性检验。

在科学实验中常常要探讨不同实验条件或处理方法对实验结果的影响。通常是比较不同实验条件下样本均值间的差异。例如医学界研究几种药物对某种疾病的疗效；农业研究土壤、肥料、日照时间等因素对某种农作物产量的影响；不同化学药剂对作物害虫的杀虫效果等，都可以使用方差分析方法去解决。

一个复杂的事物，其中往往有许多因素互相制约又互相依存。方差分析的目的是通过数据分析找出对该事物有显著影响的因素、各因素之间的交互作用以及显著影响因素的最佳水平等。方差分析是在可比较的数组中，把数据间的总的“变差”按各指定的变差来源进行分解的一种技术。对变差的度量，采用离差平方和。方差分析方法就是从总离差平方和分解出可追溯到指定来源的部分离差平方和，这是一个很重要的思想。

经过方差分析，若拒绝了检验假设，只能说明多个样本总体均值不相等或不全相等。若要得到各组均值间更详细的信息，应在方差分析的基础上进行多个样本均值的两两比较。

1. 多个样本均值间两两比较

多个样本均值间两两比较常用 q 检验的方法，即 Newman-keuls 法。其基本步骤为：建立检验假设→样本均值排序→计算 q 值→查 q 界值表判断结果。

2. 多个实验组与一个对照组均值间两两比较

多个实验组与一个对照组均值间两两比较，若目的是减小第Ⅱ类错误，最好选用最小显著差法（LSD 法）；若目的是减小第Ⅰ类错误，最好选用新复极差法，前者查 t 界值表，后者查 q′界值表。

（三）方差分析的主要内容

1. 分析方法

根据资料设计类型的不同，有以下两种方差分析的方法：

（1）对成组设计的多个样本均值比较，应采用完全随机设计的方差分析，即单因素方差分析。

（2）对随机区组设计的多个样本均值比较，应采用配伍组设计的方差分析，即两因素方差分析。

2. 两类方差异同

两类方差分析的基本步骤相同，只是变异的分解方式不同。对于成组设计的资料，总变异分解为组内变异和组间变异（随机误差），即 $SS_{总} = SS_{组间} + SS_{组内}$；而对于配伍组设计的资料，总变异除了分解为处理组变异和随机误差外还包括配伍组变异，即 $SS_{总} = SS_{处理} + SS_{配伍} + SS_{误差}$。

（四）基本步骤

整个方差分析的基本步骤如下：

（1）建立检验假设。

H_0：多个样本总体均值相等。

H_1：多个样本总体均值不相等或不全等。

检验水准为 0.05。

（2）计算检验统计量 F 值。

（3）确定 P 值并做出推断结果。

三、相关分析

相关分析（Correlation Analysis），是研究现象之间是否存在某种依存关系，并对具体有依存关系的现象探讨其相关方向以及相关程度，是研究随机变量之间的相关关系的一种统计方法。

相关关系是一种非确定性的关系。例如，以 X 和 Y 分别记一个人的身高和体重，或分别记每公顷施肥量与每公顷小麦产量，则 X 与 Y 显然有关系，而又没有确切到可由其中的一个去精确地决定另一个的程度，这就是相关关系。

（1）线性相关分析：研究两个变量间线性关系的程度，用相关系数 r 来描述。

①正相关：如果 X、Y 变化的方向一致，如身高与体重的关系，$r>0$。

a. $|r|>0.95$，存在显著性相关。

b. $|r|\geqslant 0.8$，高度相关。

c. $0.5\leqslant|r|\leqslant 0.8$，中度相关。

d. $0.3\leqslant|r|\leqslant 0.5$，低度相关。

e. $|r|<0.3$，关系极弱，认为不相关。

②负相关：如果 X、Y 变化的方向相反，如吸烟与肺功能的关系，$r<0$。

③无线性相关：$r=0$。

如果变量 Y 与 X 间是函数关系，则 $r=1$ 或 $r=-1$；如果变量 Y 与 X 间是统计关系，则 $-1<r<1$。

④r 的计算有如下三种方法：

a. Pearson 相关系数：对定距连续变量的数据进行计算。

b. Spearman 和 Kendall 相关系数：对分类变量的数据或变量值的分布明

显非正态或分布不明时，计算时先对离散数据进行排序或对定距变量值排（求）秩。

（2）偏相关分析：研究两个变量之间的线性相关关系时，控制可能对其产生影响的变量。如控制年龄和工作经验的影响，估计工资收入与受教育水平之间的相关关系。

（3）距离分析：是对观测量之间或变量之间相似或不相似程度的一种测度，是一种广义的距离，可分为观测量之间距离分析和变量之间距离分析。

①不相似性测度。

第一，对等间隔（定距）数据的不相似性（距离）测度可以使用的统计量有 Euclid 欧氏距离、欧氏距离平方等。

第二，对计数数据使用卡方。

第三，对二值（只有两种取值）数据，使用欧氏距离、欧氏距离平方、尺寸差异、模式差异、方差等。

②相似性测度。

第一，等间隔数据使用统计量 Pearson 相关或余弦。

第二，测度二元数据的相似性所使用的统计量有 20 余种。

四、回归分析

回归分析（Regression Analysis）是确定两种或两种以上变量间相互依赖的定量关系的一种统计分析方法。运用十分广泛，回归分析按照涉及的自变量的多少，分为回归分析和多重回归分析；按照自变量的多少，可分为一元回归分析和多元回归分析；按照自变量和因变量之间的关系类型，可分为线性回归分析和非线性回归分析。如果在回归分析中，只包括一个自变量和一个因变量，且两者的关系可用一条直线近似表示，这种回归分析称为一元线性回归分析。如果回归分析中包括两个或两个以上的自变量，且因变量和自变量之间是线性关系，则称为多重线性回归分析。

（一）主要内容

研究一个或多个随机变量 Y_1、Y_2、…、Y_i 与另一些变量 X_1、X_2、…、X_k

之间的关系的统计方法，称为多重回归分析。通常称 Y_1、Y_2、…、Y_i 为因变量，X_1、X_2、…、X_k 为自变量。回归分析是一类数学模型，特别当因变量和自变量为线性关系时，它是一种特殊的线性模型。最简单的情形是一个自变量和一个因变量，且它们大体上有线性关系，称为一元线性回归，即模型为 $Y = a + bX + \varepsilon$，这里 X 是自变量，Y 是因变量，ε 是随机误差，通常假定随机误差的均值为 0，方差为 σ^2（σ^2 大于 0），σ^2 与 X 的值无关。若进一步假定随机误差遵从正态分布，就叫作正态线性模型。一般情形，它有 k 个自变量和一个因变量，因变量的值可以分解为两部分：一部分是由于自变量的影响，即表示为自变量的函数，其中函数形式已知，但含一些未知参数；另一部分是由于其他未被考虑的因素和随机性的影响，即随机误差。当函数形式为未知参数的线性函数时，称线性回归分析模型；当函数形式为未知参数的非线性函数时，称为非线性回归分析模型。当自变量的个数大于 1 时称为多元回归，当因变量个数大于 1 时称为多重回归。

回归分析的主要内容包括：

（1）从一组数据出发，确定某些变量之间的定量关系式，即建立数学模型并估计其中的未知参数。估计参数的常用方法是最小二乘法。

（2）对这些关系式的可信程度进行检验。

（3）在许多自变量共同影响着一个因变量的关系中，判断哪个（或哪些）自变量的影响是显著的，哪些自变量的影响是不显著的，将影响显著的自变量代入模型中，而剔除影响不显著的变量，通常用逐步回归、向前回归和向后回归等方法。

（4）利用所求的关系式对某一生产过程进行预测或控制。回归分析的应用是非常广泛的，统计软件包使各种回归方法计算十分方便。

在回归分析中，把变量分为两类。一类是因变量，它们通常是实际问题中所关心的一类指标，通常用 Y 表示；而影响因变量取值的另一类变量称为自变量，用 X 表示。

回归分析研究的主要问题是：

（1）确定 Y 与 X 间的定量关系表达式，这种表达式称为回归方程。

（2）对求得的回归方程的可信度进行检验。

（3）判断自变量 X 对因变量 Y 有无影响。

（4）利用所求得的回归方程进行预测和控制。

（二）应用

相关分析研究的是现象之间是否相关、相关的方向和密切程度，一般不区别自变量或因变量。而回归分析则要分析现象之间相关的具体形式，确定其因果关系，并用数学模型来表现其具体关系。比如说，从相关分析中我们可以得知“质量”和“用户满意度”变量密切相关，但是这两个变量之间到底是哪个变量受哪个变量的影响，影响程度如何，则需要通过回归分析方法来确定。

一般来说，回归分析是通过规定因变量和自变量来确定变量之间的因果关系，建立回归模型，并根据实测数据来求解模型的各个参数，然后评价回归模型是否能够很好地拟合实测数据；如果能够很好地拟合，则可以根据自变量作进一步预测。

例如，如果要研究质量和用户满意度之间的因果关系，从实践意义上讲，产品质量会影响用户的满意情况，因此设用户满意度为因变量，记为 Y；质量为自变量，记为 X。可以建立下面的线性关系：

$$Y = A + BX + \xi$$

式中：A、B——待定参数，A 为回归直线的截距；B 为回归直线的斜率，表示 X 变化一个单位时，Y 的平均变化情况；

ξ——依赖于用户满意度的随机误差项。

对于经验回归方程：

$$y = 0.857 + 0.836x$$

回归直线在 y 轴上的截距为 0.857，斜率为 0.836，即质量每提高一分，用户满意度平均上升 0.836 分；或者说质量每提高 1 分对用户满意度的贡献是 0.836 分。

上面所示的例子是简单的一个自变量的线性回归问题，在数据分析的时候，也可以将此推广到多个自变量的多元回归，具体的回归过程和意义请参考相关的统计学书籍。此外，在 SPSS 的结果输出中，还可以汇报 R_2、F 检验值和T检验值。R_2 又称为方程的确定性系数（Coefficient of Determination），表示方程中变量 X 对 Y 的解释程度。R_2 取值在0到1之间，越接近1，表明方程中 X 对 Y 的解释能力越强。通常将 R_2 乘以100%来表示回归方程解释 Y 变化的百分比。F检验是通过方差分析表输出的，通过显著性水平（Significant Level）检验回归方程的线性关系是否显著。一般来说，显著性水平在0.05以上，均有意义。当F检验通过时，意味着方程中至少有一个回归系数是显著的，但是并不一定所有的回归系数都是显著的，这样就需要通过T检验来验证回归系数的显著性。同样地，T检验可以通过显著性水平或查表来确定。

（三）步骤

1. 确定变量

明确预测的具体目标，也就确定了因变量。如预测具体目标是下一年度的销售量，那么销售量 Y 就是因变量。通过市场调查和查阅资料，寻找与预测目标的相关影响因素，即自变量，并从中选出主要的影响因素。

2. 建立预测模型

依据自变量和因变量的历史统计资料进行计算，在此基础上建立回归分析方程，即回归分析预测模型。

3. 进行相关分析

回归分析是对具有因果关系的影响因素（自变量）和预测对象（因变量）所进行的数理统计分析处理。只有当自变量与因变量确实存在某种关系时，建立的回归方程才有意义。因此，作为自变量的因素与作为因变量的预测对象是否有关，相关程度如何，以及判断这种相关程度的把握性多大，就成为进行回归分析必须要解决的问题。进行相关分析，一般要求出相关关系，以相关系数的大小来判断自变量和因变量的相关程度。

4. 计算预测误差

回归预测模型是否可用于实际预测，取决于对回归预测模型的检验和对预测误差的计算。回归方程只有通过各种检验，且预测误差较小，才能作为预测模型进行预测。

5. 确定预测值

利用回归预测模型计算预测值，并对预测值进行综合分析，确定最后的预测值。

思　考　题

学完本章的统计方法后请思考如何在今后的工作中使用这些方法。

练　习　题

1. 填空题

（1）统计分组兼有分与合两方面的含义：将总体区分为性质＿＿＿＿＿的若干部分；将性质＿＿＿＿＿的许多个体合成一个小组。

（2）常见的统计图主要有直方图、＿＿＿＿＿、曲线图、＿＿＿＿＿、饼状图和＿＿＿＿＿。

（3）回归分析按照自变量的多少，可分为＿＿＿＿＿回归分析和＿＿＿＿＿回归分析。

（4）离散系数也称为变异系数，它是一组数据的＿＿＿＿＿与其相应的平均数之比。

2. 选择题

（1）对企业先按经济类型分组，再按企业规模分组，这样的分组属于（　　）。

A. 简单分组　　B. 平行分组　　C. 复合分组　　D. 分组体系

（2）下列分组中按品质标志分组的是（　　）。

A. 人口按年龄分组　　B. 产品按质量优劣分组

C. 企业按固定资产原值分组　　D. 乡镇按工业产值分组

（3）统计分组的关键问题是（　　）。

A. 正确选择分组标志　　B. 确定组距和组数

C. 确定组距和组中值　　D. 确定全距和组距

（4）现象之间相互依存关系的程度越低，则相关系数（　　）。

A. 越远离 0　　B. 越接近 −1　　C. 越接近 1　　D. 越接近 0

3. 名词解释

统计分组　品质标志　数量标志　单项式分组　组距式分组　统计图

4. 简答题

（1）简述绘制统计图的步骤。

（2）简述相关分析的分类。

（3）方差分析的原理是什么？

（4）简述回归分析的主要步骤。

5. 论述题

相关分析与回归分析的联系和区别是什么？

第十一章

企业生产经营统计分析

第一节 生产经营统计分析概述

生产经营统计分析是指运用计划统计方法与分析对象有关知识，运用定量与定性相结合的分析方法进行研究活动。就公共交通计划统计工作过程而言，它是继制订计划、监控计划的执行情况、统计数据整理之后的一项十分重要的工作，是在前几个时期或阶段工作的基础上，通过分析达到对研究生产经营状况更为深刻的认识。

企业经营状况的好坏，是经营决策正确与否的反映，直接影响企业的生存和发展。企业的生产经营分析，就是要以生产经营中的各种指标和计划为依据，以统计资料为基础，利用多种定量分析方法对大量的统计指标进行分析研究，对企业经营目标、经营效益、经营状况进行综合评价，从质和量的统一中揭示生产经营发展前景和规律性，从而认识经营过程中各种矛盾及各种指标之间的内在联系。

一、生产经营统计分析的特点

在工作中，生产经营统计分析的特点具有重要性、数量性、总体性、科学性、灵活性、创造性。

1. 重要性

生产经营统计分析是计划统计工作的重要组成部分。生产经营统计分析是计划统计整体工作的最后一个阶段，其完成的好坏直接影响工作的质量。在企业计划统计管理中，只有作好生产经营分析工作，才能更好地发挥计划统计的作用，为领导和各部门提供有数据、有分析、有结论和建议的资料，为制订计划和进行科学决策提供依据。生产经营统计分析的最终目的是对生产完成情况进行评价，达到对企业经营状况的理性认识。

2. 数量性

生产经营统计分析是建立在指标完成情况基础上，从数量方面入手认识企业经营状况好坏的，因而数量性是其基本特点。不论是计划工作、统计活动，还是统计资料都离不开指标这个中心。可以说，没有指标、没有数量就没有生产分析。当然，生产分析反映的并不是抽象的纯数量和某些指标，而是具体的、密切联系生产实际的指标进度和程度。

3. 总体性

总体性是指生产分析是从整体上反映和分析生产指标的数量特征，而不是着眼或纠缠在个别指标上。因为企业的生产经营活动和发展规律只有从整体上观察，才能做出正确的判断。个别指标由于会受到某些偶然因素的影响，其完成情况有时并不能代表普遍情况。

4. 科学性

生产分析中所应用的各种分析方法，大部分是建立在数学、概率、数理统计、图形及数学模型的基础上的，各种方法都有其理论依据，因此是科学的。但是，每种分析方法都有其应用条件，只有在正确的应用条件下，所使用的各种分析方法才能得出科学的结论。

5. 灵活性

生产分析无论从切入的角度，或是所依据的指标，还是时间的容余度上都有较大的灵活性。它既可以对当前完成情况进行常规性的宏观评价，也可以就某一项指标进行深入探讨。它既可以依据现在整理的资料进行，也可以依据过去整理过的历史资料进行。另外，它虽然有很强的实效性，但并没有严格的时间进度要求，对一些完成进度不好判断的指标，可以过一段时间再进行分析。

6. 创造性

生产经营情况分析是比较复杂的一项活动。从一般的工作过程看，生产分析属于创造性思维，每一项指标分析即使与过去同一指标比较，也都会在方法、思路和结论上有明显的差异，因此具有创新性。

二、生产经营统计分析的作用

生产经营统计分析作为计划统计工作的重要组成部分，在以下方面具有重要作用。

1. 对企业生产经营现状的分析、评价与监控

生产经营统计分析可以对企业经营现实状况和存在的问题进行分析研究。如在整体上对企业经营效益的分析，对政策和计划执行情况的检查和监督，对企业发展状况的分析等；在局部上对某些指标的分析，对生产经营质量的分析等。这些分析的目的是对企业现实的经营情况做出判断，发现问题，分析原因，提出解决问题的办法或建议。它有助于直接改进企业经营管理，促进企业经营活动的正常运行和发展。通过现状分析，还可以评价下属单位之间指标的优劣、完成进度的快慢、是否正常以及排名等，并对指标的波动进行监测与预警。

2. 规律性分析

在整体宏观上完成的分析，可以根据大量的长期积累的历史资料，分析、研究指标完成情况在进度上的一般规律，相互关系上的一般规律，质量互变的节点等。从数量上、总体上对指标进行认识，找出内在规律，既是企业管理的需要，又可以避免以偏概全，从而获得对指标规律性的认识，如季节的变化对客运量的影响、线路和车型的不同对油耗的影响、节假日的投入与产出的关系、地铁的发展对地面公共交通的影响等。

3. 预测分析

生产经营统计预测分析是在对指标总体大量的历史及现实数据的规律性分析的基础上，着重于对生产经营状况的数量规律性进行推算预测。预测分析把数据、情况、走势等融为一体，既有定量，又有定性，相比于一般的统计资料数据，能更集中、更系统、更清楚地反映客观实际，便于运用，是发挥计划统计职能的主要手段。预测分析是生产经营统计分析的重

要内容。

4. 决策分析

决策是领导层的重要职能。在生产经营统计分析中，对指标现状的分析、对一般规律的认识和对未来生产发展趋势的科学预测都有助于领导层的决策。企业领导者不仅要求计划统计部门提供统计资料，而且要求加强对生产指标的分析研究，提供建议，以便为企业阶段性的讲评、为管理工作的决策提供依据。同时，决策分析可以运用各种方法对若干方案（也包括计划的制订）进行比较研究，以决定取舍。总之，决策分析能够为领导的决策提供依据，会提高决策的准确性，有利于企业生产经营活动。

5. 生产经营统计分析是发挥计划统计职能的重要手段

在企业中，受各种因素的影响，一些人缺乏统计意识，轻视统计，认为统计只是加加减减、填写报表的工作，甚至认为统计可有可无。要改变这种状态的措施有：一方面，要加强宣传，提高人们的认识；另一方面，要提高计划统计工作的水平，努力写好生产经营分析报告，更好地发挥信息、咨询、监督、预警的整体功能，使企业领导增进对计划统计工作的了解，进而认识计划统计工作的重要性。

由于生产经营统计分析具有这些优点，使生产分析在企业管理活动中发挥着非常重要的作用。因此，企业中应成立独立负责生产经营统计分析的部门，提高统计人员的能力，增强企业分析水平，为领导决策提供数据支持。

三、生产经营统计分析的种类

生产经营统计分析的内容十分广泛，为了正确地理解生产经营分析，更好地服务经营工作，按照一定的特征对生产经营统计分析加以分类是非常必要的。

1. 综合分析和专题分析

从生产经营统计分析所涉及问题的广泛程度来看，可以分为综合分析和专题分析两种。

综合分析是指把研究生产经营总体中各方面的指标和完成情况联系起来作为一个整体进行分析，以便做出全面的评价，掌握其总体完成和发展的规律。综合分析通常分为两方面内容：第一是综合平衡分析，主要有投入与产出分析、客流变化趋势的分析等；第二是各种主要指标的综合平衡与相互联系分析，如公里投入与收入（人次）之间关联的百公里收入（人次）分析、市区线路与郊区线路收入（人次）变化的分析等。

专题分析是指对某一专门问题或某一指标的分析研究。如车辆利用率、中途故障率、劳动生产率、燃料消耗、服务规范执行率、事故类型等的分析。

2. 宏观分析和微观分析

在生产经营分析中，从所分析问题的范围来看，又可以分为宏观分析和微观分析。宏观分析是指分析的对象为宏观领域，例如公共交通发展的相关政策、法律法规的研究，在整个城市公共交通领域内对公共电汽车发展或进行调整的分析，或在集团公司层面上的分析。微观分析是指分析对象为微观领域，例如对某些线路经营的分析，关于某项新技术对公交车辆设施的改进或完善的分析等。对公共交通生产经营的分析往往是既有宏观分析又有微观分析，应根据分析的目的和分析的对象，按照侧重面加以区别和应用。

3. 状态分析、规律分析和前景分析

各项生产经营分析活动，尽管具体的对象和目的都不尽相同，但从对分析对象的认识来看，都无非是对经营指标的状态、规律和前景进行的分析与研究。

从统计意义上分析，客观现象的状态是指一定时间地点条件下的规模、水平、速度及各种关系；规律是指指标之间客观存在的必然的数量关系，以及在较长一段时间内指标发展变化的模式；前景是指一些生产经营指标未来的状态。

生产经营分析对状态、规律和发展前景的认识是相互关联的，体现了认识上的三个由浅入深的层次。对现状的分析认识是最基本的，只有在此基础上才有可能揭示指标发展的规律，也只有循着所揭示的规律，才有可能推测其经营的未来前景。当然，一项具体的分析可以有所侧重，不见得每篇分析均要发挥以上三个层次的作用，那也是不现实的，但这三个层次是分析人员努力的方向。

4. 静态分析和动态分析

根据生产经营分析在时间上的着眼点不同来划分，有静态分析和动态分析。静态分析侧重于指标某一时点（或时期）的分析，而动态分析侧重于指标不同时期发展变化的分析。在绝大多数生产经营分析中，静态分析和动态分析经常是结合在一起使用的。

四、生产经营统计分析的步骤

从一项完整的生产经营统计分析活动看，总是包含着两个相互联系的过程。一是研究分析过程，即运用统计方法对反映的指标数量特征的数据进行判断和推理，并由此得出结论的过程；二是叙述过程，即将研究过程的内容进行文字上的加工，撰写分析报告的过程。分析报告是整个分析研究工作的最终成果。

研究分析过程和叙述过程各有特点。研究分析过程应用的主要是统计方法和各种分析手段，而叙述过程主要是应用有关修辞、语法和语言逻辑等方面的知识来对研究内容进行文字表述。

研究分析过程和叙述过程密切联系。一是对于生产分析而言，两个过程都是重要的。研究分析过程是否正确直接关系分析报告结论的正确性，叙述过程是否合理、层次是否清晰、语言表达是否完备关系着对论点论据的表达。二是在实际的生产分析中，两个过程的操作很难截然分开，通常都是边研究边叙述，交织在一起。

生产经营分析从选题到分析研究直至写出报告，大致经过以下步骤。

1. 选择并确定分析题目

生产分析要有针对性，这是进行分析首先需要考虑解决的问题，它也集中体现在分析的题目上，因为它对有针对性地搞好分析具有十分重要的意义。题目体现着分析目的和所要分析的问题，选择与确定是否恰当直接影响生产分析的效果。选题恰当可以提高生产分析的价值，并可以为以后取材、构思和表达打下一个良好的基础。根据计划统计工作的经验，一般应围绕以下重点来选择题目。

（1）选择具有现实意义的题目，或是与企业中心工作、全局性工作有密切联系的题目。

（2）选择企业经营发展过程中一些带有苗头性、动向性、突发性的题目。

（3）选择企业发展中出现的新情况、新问题。

（4）选择各部门有争论、有不同意见的重大问题。

（5）选择配合企业中心工作，为讲评、为重要会议提供材料的议题。

另外，生产分析的选题应遵循以下原则：

（1）实事求是原则。选择题目必须从实际出发，而不能凭想象、凭个人兴趣，或为了分析而分析。

（2）价值原则。题目要考虑企业的实际需要，有助于解决实际问题。生产分析必须要有实用价值，要能够在表达数据、交流看法方面起到一定的作用。价值原则还表现为时效性。要注意抓住数据显露出的苗头和生产中出现的新矛盾，善于捕捉时机，做到既对路、又适时。

（3）可行性原则。选题不仅要考虑“价值”，还要考虑“可能”，即主观上和客观上是否具备一定的条件。主观上讲，可行性就是量力而行。客观上讲，可行性就是要有操作的条件和空间。

生产分析的题目大致可以分为三种：

（1）任务题：即领导交办或上级部门布置的题目。

（2）固定题：即结合日常工作或统计报表制度进行的定期分析等。

（3）自选题：即作者自选的题材。一般的选题主要针对的是自选题。

2. 分析内容的设计

选择并确定题目之后，接着就要设计内容。概括起来一般包括：进行本次分析的目的、要求；分析的必要性和可行性；进行分析时的指导思想、理论、政策和依据；分析的内容纲目；分析所需的数据是否充分等。以上所说，就是将分析内容具体化。对于某些简单的生产分析，可以只就一个或两三个统计数据进行，例如收入分析、公里使用分析等。但生产分析更多的是对较复杂的问题进行分析，这时就需要用多个指标的数据来比较全面地把握分析对象。因此，需要充分把握指标的内在联系与运用的合理性。

3. 采集、积累与鉴别所需的统计资料

生产经营分析是以统计数据资料为基础的，因此，在选定题目并进行了内容设计之后，就要有足够丰富和充分可靠的数据资料。由于在日常工作中有了计划指标体系和统计指标体系，并且有各种生产统计报表的数据来源，在指标口径、计算方法、准确程度等方面一般不会有差别，只是对数据进行一般的审核评价即可，然后根据需要进行取舍。如果需要运用外来的数据，则要进行质量评价与鉴别，并要进行调整、估算和换算，然后根据题目设计的要求，进一步加工整理，使其真实可靠、系统完整，以成为分析材料中的依据。关于这一点，需要特别引起注意，判断不准的，或不是权威材料中的数据，最好不用。

4. 运用各种方法进行系统周密的分析

方法是达到目的的手段，了解并掌握每种方法的作用、应用条件和实施过程，对搞好综合生产分析十分重要。生产经营分析要借助于一些统计分析方法才能达到预期的目的。一般从具体应用的角度看，可划分为两类：经验方法和数学方法（数理统计方法）。

经验方法是指一些与初等数学知识和人们的经验相关联的方法。如：在分析中常用的分组分析法、指标对比分析法、数量分析法等。经验方法的运用，不需要较高的数学知识，而更多的是凭经验。在生产经营分析中，由于这一类方法简单、实用且约束条件少，因此，应用的十分广泛。

数学方法又称为数理统计方法，是以数学理论，特别是概率论为基础对大量指标进行研究与分析预测的方法。对这种方法加以正确运用，可以大大提高生产经营分析的科学性。但是，由于公交的指标特点和行业性质以及相关部门、人员重视程度不够，现代统计分析方法在国内公交行业很少运用。随着人们观念的转变和大数据时代的到来，大数据、云计算等数据采集应用和分析方法理论，在越来越多的领域被广泛应用，现代统计分析方法在未来公交的发展中将发挥不可替代的重要作用。

在具体的经营分析中，以上两类分析方法最好结合使用，从实际出发，理论联系实际，做到理论支持，经验指导，使分析的结果更加准确。

在运用各种分析方法时，需注意从以下五个方面入手：

（1）要根据所利用的指标的特点和所要达到的分析的目的来选用恰当有效的方法，它既可以是几种方法的有机结合，也可以是多种方法的综合运用。

（2）要从不同方法的特点出发，灵活运用比较与对照，既可进行纵向对比，也可进行横向比较。在分析比较错综复杂的现象并进行对比时，要注意比得合理、比得恰当、比得有效。

（3）要从生产经营分析所要完成的任务出发，深刻认识事物的本质和指标完成的规律性，把比较法、剖析法、分解法结合起来运用。为认识所分析问题的本质，对指标要进行比较对照，层层剖析，细细分解，以便找到矛盾，抓住结症。

（4）运用各种分析方法进行逻辑推理和判断时，要准确分清一般与个别，正确划分正常与非正常、主要与次要、必然与偶然、系统与非系统的关系，进行综合概括，得出正确的结论。

（5）在运用统计分析方法进行分析时，切忌单纯用统计方法反复计算纷繁的数字，就数字论数字，而应将数字与情况结合，定量与定性结合，实事求是地得出结论。

5. 得出结论，提出建议

这是生产分析中的深化过程，也是运用各种方法分析判断后的结果。这一过程并非凭空臆想，而是以实际材料为依据，将丰富的感性材料加以去粗取精、去伪存真、由此及彼、由表及里的制作过程，形成结论性的观点，从感性认识到理性认识的过程。在这个环节中一定注意抓住主要矛盾，找出问题出现的主要原因，透过现象看本质，通过数据的变化看趋势，得出结论，提出积极建议。

6. 根据分析结果形成分析报告

这是分析的最后程序，也是此项工作成果的集中表现。生产分析中，应根据分析报告的目的和内容，采用灵活多样的形式来表现，以供领导或有关部门使用并参考。可以说，搞好生产分析的关键是要有真实丰富的材料、完整的内容和正确的观点，但恰当的表现形式也是生产分析发挥作用的重要方面。生产经营分析结果的表现形式有多种，其中分析报告是主要的。可以从以下四个方面衡量分析报告的基本质量：

（1）选题准确，能紧密结合生产形势，配合企业中心工作，反映企业生产发展、计划执行的情况，对下一步工作能起到积极的作用。

（2）数据可靠，观点鲜明，分析深刻，提出一定见解。

（3）实效性强，反映情况及时。

（4）主题突出，结构严谨，条理清晰，文字简洁。

第二节　生产经营统计分析报告

一、生产经营统计分析报告的写作特点

生产经营统计分析报告是生产经营分析的最终成果，是对研究过程进行表述的文章。其特点主要有以下两点：

1. 以数据为语言

生产经营统计分析报告以统计数据为主要语言，并辅以统计表和统计图，来清晰明确地表述事物之间的各种复杂联系。一篇好的分析报告所使用的统计数据不是个别的、简单的和杂乱无章的，而应是相互联系的、反映事物深刻特征的、系统的文章。

需要强调的是，这些统计数据应该是准确可靠的。如果统计资料的质量没有保证，势必会使统计分析偏离科学的轨道，从而使统计分析报告的论据产生谬误。

2. 具有独特的表达方式和结构特点

生产经营统计分析报告是一种说明文，它的基本表达方式是以事实来叙述，让数字来说话，在展开中议论，在议论中分析。因此，在表述时，不宜

使用那些夸张、华丽、虚伪和想象等文学手法。它要求用最少的文字来表达其丰富的内涵，做到言简意赅，精练准确。生产经营统计分析报告这种独特的表达方式与其他文体有着明显的区别。

第一，分析报告以大量的统计调查材料为基础，既有数字，又有分析；既提出问题，又有解决问题的措施，相比总结报告更加深刻，提炼的更精确。

第二，分析报告要求从更宽的面上交代背景，用较多的篇幅系统而集中地阐述问题、解析矛盾，比新闻报道更全面、更具体。

第三，分析报告必须运用大量的数据材料去揭示事物的规律性，在论证观点、阐述看法时，比学术论文更侧重用数据、事实来说话，就事论理，深入浅出，虚实结合。

第四，分析报告是以事实阐述道理、说明问题的。这就要求高度概括，不需要用过多的笔墨去着意渲染或艺术夸张，也不能像文艺作品那样去描绘周围环境和刻画人物的内心世界。

另外，从生产经营统计分析报告的结构来看，其特点突出表现为脉络清晰，层次分明。一般是先摆数据、事实，在进行各种科学的分析基础上，针对问题，亮出观点，最后提出建议、办法和措施。

生产经营统计分析报告的行文举例，一般是先后有序，主次分明，详略得当，联系紧密。做到统计资料与基本观点的统一，结构形式与文章内容的统一。

二、生产经营统计分析报告的写作原则

1. 言之有物，不尚空谈

“言”是思想的表现，“物”是客观的存在。“言”和“物”的关系就是思想和客观存在的关系。这就是说，无论写什么种类的分析报告，都不能使用一些空洞的概念和形容词，而要从客观存在的实际情况出发，坚持以事实和数字为基础，以事实和数字来说明观点。但是，并不是任何不经选择的事实和数字都可以写入分析报告。要选用那些经过概括的，能够反映事物本质

的事实和数字，才能使文章有说服力。

分析报告要避免空话连篇，言之无物。造成分析报告空洞的原因主要有两个：一是资料搜集整理得不完备，就急急忙忙地写出来；二是有了材料却不会写，不会运用正确的理论、方法对材料进行分析，不能将观点和材料有机地结合。

2. 实事求是，恰当裁剪

强调实事求是，并不是不要对事实进行恰当的剪裁。恰恰相反，不经过剪裁的分析报告是不能揭示事物的本质和主流的。所谓剪裁，就是把整理好的统计数字和了解到的有关情况加以去粗取精、去伪存真、由此及彼、由表及里的加工制作。选用那些最能体现事物本质的事实和数字，集中、鲜明地说明一种观点和思想。即使是选好了材料，也还要进行认真研究，直到能够真实地反映事物的本质为止。

3. 根据需要，简单明了

生产经营统计分析报告主要是写给领导的，对领导，就需要了解领导需要什么，不需要什么。许多“道理”不必多讲，只要把情况说清楚，把问题摆明白，把建议提出来就可以了。要使看报告的人思路清晰，首先报告写得就要思路清晰，语言简洁。

4. 鲜明生动，准确有力

语言鲜明，就是不要拐弯抹角，而要直截了当；不要态度暧昧，而要旗帜鲜明。语言生动，就是要具有生气勃勃的活力，能吸引人、打动人。

语言准确有力，就是要如实地、贴切地、恰如其分地反映客观事物。语言只有准确，才能有力。一些分析报告中的语言不准确，大致有两个原因：一是词语搭配不当，在语句中产生歧义，使人看了费解，或给人模棱两可的感觉；二是言过其实，过分渲染，造成浮夸，破坏了语言的准确性。如在生产经营统计分析报告中，经常会用到说明数量变化的形容词，形容经济增长，有“迅速增长”“显著增长”“大幅度增长”“较快增长”“有所增长”和“基本持平”等提法，究竟用哪一种，要同有关情况联系起来，不能互相矛盾。

三、生产经营统计分析报告的写作技巧

1. 拟定写作提纲

拟定提纲，并不是写作分析报告必经的步骤，有些短小的分析报告可不必有提纲。但对于大型的综合性较强的分析报告的写作和初次撰写分析报告的人来说，提纲是很重要的。

第一，拟定提纲是作者在分析研究之后，对研究对象进行的再思考和再构思，是进一步搞好整篇文章的布局，落实合理的写作结构的基础。

第二，提纲是取舍写作材料，确定题材的标准；拟定提纲后，就会使写作有针对性。

第三，有了提纲，也便于在写作之前进一步求教于同行、专家和领导。

第四，有了提纲，写作中就可以“按图施工”“有的放矢”，避免遗漏。

随着写作的进行，生产经营统计分析报告不断展开，作者的分析和认识不断加深，在具体的分析中，也常会出现新的问题，有新的发现。因此，在具体的写作中，根据不同的情况，要随时补充新的资料和新的观点，论证新的发现。所以提纲不是写作的框架，作者也不能受写作前拟定的提纲的约束。一般来讲，最后完成的分析报告，总会与提纲有不同程度的差别。

2. 标题的拟定

（1）标题的作用。标题也称为题目，是一篇文章的篇名。人们阅读文章，第一眼是看标题。标题可以反映文章的基本思想，在文章的结构中占有重要的地位。一篇生产经营统计分析报告有了好的标题，可以对读者产生强烈的吸引力，为分析报告增色许多。相反，一篇分析报告也会因标题写得较差而逊色几分。

（2）标题的常见毛病。在生产经营统计分析报告的写作中，有相当多的人不重视标题。有些标题虽然如实反映了生产经营分析报告的内容，但缺乏新意，引不起人们的兴趣。一般有以下两种通病。一是提法雷同。很多生产经营统计分析报告，一般都冠以“对比分析”“几点看法”“几个问题”“情况”和“调查”等标题。这样的标题，大家可用，年年可用，毫无特色，显

得呆板，千篇一律。虽然标题基本上反映了分析报告的内容，但吸引不了人，使人看了不想再读下去。二是标题与内容不一致。一般来说，文不对题的情况较少，但标题与内容不一致的情况则时有发生，有的题义过宽，有的题义过窄，这是需要认真考虑的问题。拟定提纲，要力求避免以上提到的通病，使标题贴切、新颖、有吸引力。

（3）标题的基本要求。拟定好标题，首先要了解标题方面的一些知识，如新闻的标题，从中得到一些启示和借鉴。就生产经营分析而言，好的标题应做到确切、简洁、新颖。

①确切。确切就是标题要准确概括分析报告的内容，做到标题与内容相符。文切题旨，宽窄合拍，恰如其分。

②简洁。简洁就是标题要精练、扼要，用尽可能少的文字来概括全文的内容，使读者看了标题就能了解全文的内容而又不冗赘。至于标题要简洁到什么程度，是没有固定尺度的。不过有一点可以说，那就是当你仔细推敲之后，觉得所拟定的标题已是“增一字嫌多，减一字嫌少”时，那就算简洁了。

简洁的第二层意思是通俗易懂。尽量不使用生僻的字词，艰涩的术语、行话、方言入题，不给读者设置阅读障碍。

③新颖。新颖就是要求生产经营分析报告的标题不落俗套，另辟蹊径，具有鲜明观点和独特的风格，最好将主副标题虚实结合，具有吸引力和感染力。

3. 结束语的撰写

结束语就是分析报告的结尾。好的结尾，可以帮助读者明确题旨、加深认识，又可引起读者的联想和思考。生产经营分析报告结尾的写法，也是多种多样的，常见的有以下几种：

（1）总括全文。生产经营统计分析报告在分析指标发展变化的主客观原因，论证多层次观点后，在结束全文时予以归纳总结，加强基本观点，突出中心思想，这种结尾方法就叫总括全文。

总括全文式结尾的文章一般都有明显“总起—分说—总结”的结构特点。且结尾的起始句多使用“综上所述”“总之”和“总而言之”等概括性词语，然后再把文章前面叙述的内容进行简要回顾概括，使读者进一步明确全文中心思想。

（2）提出建议。生产经营统计分析报告以建议结束全篇的居多，并且形式各异。归纳起来主要有两大类：一是没有结尾段，以最后一个层次的若干条建议来收笔；二是专门有个建议结尾段，用简练的语言把建议内容概括在终篇段内。

（3）首尾呼应。有的生产经营分析报告在导语提出问题，通过分析归纳，在结尾时给予回答，这种结尾方法叫作首尾呼应式。

（4）篇末点题。这种类型的生产经营分析报告，在开头不亮出基本观点，经过一系列分析、论证，最后才在文章的收笔处照应题旨，点明题意。所谓“点”，就是用笔极少，但却含义深邃，富有概括力、表现力。

生产经营统计分析报告的结尾除以上几种外，还可以以提问的形式结尾，意在引起人们进一步的思索；或补充、强调导语和正文中未提到的问题，以使分析报告更加全面系统；有的还以饱满的热情，有力的语言来完成全篇分析报告。

四、生产经营统计分析报告的篇章结构

生产经营统计分析报告的正文是它的文体。正文要求结构严谨、层次分明、条理清晰。这就要求对内容的先后次序，展开的步骤，详略的安排从全局出发进行合理的组织。生产经营分析报告的结构一般有以下三种：

1. 递进结构

递进结构即各层意思之间是一层进一层，层层深入地联系。一般又可分为按照事物之间的因果关系展开，即按照事物逻辑层次展开的递进结构。

2. 并列结构

并列结构即各层次意思之间是并列关系。一般是将所要表述的情况分成并列的几部分并横向展开。如在分析企业生产经营发展状况时，按照不同指标或不同单位一部分一部分地进行叙述。

3. 序时结构

序时结构即按事物发展的经过和时间的先后次序安排层次。这种结构多用于反映客观事物随着时间的变化而变化的生产经营分析。要合理安排分析报告的内容，使之具有一个适当的结构。不仅要明了有什么样的结构，而且要清楚如何使分析研究的成果适合于哪种结构，在立体结构确定后，各层次的内容怎样前后呼应，怎样突出分析的主题等一些问题。

思　考　题

请结合实际工作研究生产经营统计分析报告在本单位的设计和使用。

练　习　题

1. 填空题

（1）生产经营统计分析是指运用__________方法与分析对象有关知识，运用__________与定性相结合的分析方法进行研究活动。

（2）生产经营统计分析根据生产经营分析在时间上的着眼点不同可以划分为__________分析和__________分析。

（3）一项完整的生产经营统计分析活动，总是包含着__________和__________两个相互联系的过程。

（4）生产经营分析报告的结构一般有__________、__________和__________三种。

2. 选择题

（1）企业经营状况的好坏，是（　　）正确与否的反映。

A. 生产计划　　B. 管理者管理　　C. 经营决策　　D. 财务核算

（2）生产经营统计分析报告的篇章结构不包括（　　）。

A. 递进结构　　B. 并列结构　　C. 序时结构　　D. 总分结构

（3）结束语的常用写法不包括（　　）。

A. 总括全文　　B. 提出建议　　C. 首尾呼应　　D. 开篇点题

（4）生产经营分析报告主要是写给（　　）的。

A. 领导　　B. 职工　　C. 会计所　　D. 统计局

3. 名词解释

生产经营统计分析　综合分析　专题分析　宏观分析　微观分析　静态分析　动态分析　生产经营统计分析报告

4. 简答题

(1) 简述生产经营统计分析报告的写作原则。

(2) 简述生产经营统计分析报告的写作技巧。

5. 论述题

试论述如何充分发挥生产经营统计分析在公交企业运营中的作用?

第十二章

信息化在企业统计分析中的应用

第一节 信息化概述

信息化的概念起源于20世纪60年代的日本，首先是由日本学者梅棹忠夫提出来的，而后被译成英文传播到西方，西方社会普遍使用“信息社会”和“信息化”的概念是在20世纪70年代后期。

关于信息化的定义，目前为止社会上比较认可的有以下三种说法：

（1）日本学者Tadao Umesao在题为《论信息产业》的文章中，提出“信息化是指通信现代化、计算机化和行为合理化的总称。”他认为，社会计算机化的程度是衡量社会是否进入信息化的一个重要标志。

（2）林毅夫等学者指出：“所谓信息化，是指建立在IT产业发展与IT在社会经济各部门扩散的基础之上，运用IT改造传统的经济、社会结构的过程”。

（3）赵苹等学者给信息化所下的定义则是“信息化是指人们对现代信息技术的应用达到较高的程度，在全社会范围内实现信息资源的高度共享，推动人的智能潜力和社会物质资源潜力充分发挥，使社会经济向高效、优质方向发展的历史进程”。

综合以上学者对信息化定义的看法，我们得出关于信息化的定义：信息化代表了一种信息技术被高度应用，信息资源被高度共享，从而使得人的智能潜力以及社会物质资源潜力被充分发挥，个人行为、组织决策和社会运行趋于合理化的理想状态。同时信息化也是IT产业发展与IT在社会经济各部门扩散的基础之上的，不断运用IT改造传统的经济、社会结构，从而通往如前所述的理想状态的一段持续的过程。

第二节　信息化相关先进技术理论与系统

当今时代，人类社会步入了一个科技创新不断涌现的重要时期，新科技革命及其带来的科学技术的重大发现发明和广泛应用，推动世界范围内生产力、生产方式、生活方式和经济社会发展观发生了前所未有的深刻变革。其中信息科技将进一步成为推动经济增长和知识传播应用进程的重要引擎，为人类认知客观规律、推动技术和经济发展做出突破，展现新的前景。在此我们分别对大数据、云计算、物联网、ERP、GIS、GPS 等当前信息化相关先进技术进行简单介绍。

一、技术理论

1. 大数据（Big Data）

大数据技术，或称巨量资料，指的是所涉及的数据规模巨大到无法通过目前主流软件工具，在合理时间内达到撷取、管理、处理，并整理成为帮助企业经营决策更积极目的的资讯。大数据的特点可以概括为 4V，即大量（Volume）、高速（Velocity）、多样（Variety）、价值（Value）。

大数据最核心的价值是对于海量数据进行存储和分析。相比现有的其他技术而言，大数据的“廉价、迅速、优化”这三方面的综合成本是最优的。

2. 云计算（Cloud Computing）

对云计算的定义有多种说法，现阶段广为接受的是美国国家标准与技术研究院（NIST）定义：云计算是一种按使用量付费的模式，这种模式提供可用的、便捷的、按需的网络访问，进入可配置的计算资源共享池（资源包括网络、服务器、存储、应用软件、服务），这些资源能够被快速提供，只需投入很少的管理工作，或与服务供应商进行很少的交互。

云计算技术具有超大规模、虚拟化、高可靠性、通用性、高可扩展性、按需服务、极其廉价、潜在的危险性八大特性。

云计算技术的核心价值体现在“稳定的质量、贴心的服务、完善的生态”三个方面。

3. 物联网（Internet of Things）

物联网是指通过各种信息传感设备，实时采集任何需要监控、连接、互动的物体或过程等各种需要的信息，与互联网结合形成的一个巨大网络。

物联网主要特点是解决物品与物品、人与物品、人与人之间的互联，因为互联网并没有考虑到对于任何物品连接的问题，故我们使用物联网来解决这个传统意义上的问题。物联网，顾名思义就是连接物品的网络。

物联网技术由应用技术、网络技术和感知技术三个层面构成。应用技术包括数据存储、并行计算、数据挖掘、平台服务、信息呈现技术；网络技术包括低速低功耗近距离无线、IPV6、广域无线接入增强、网关技术、AD HOC 网络、区域宽带无线接入、广域核心网络增强、节点技术；感知技术包括传感器、执行器、RFID 标签、二维条码技术。其中物联网技术最为核心的是无线传感网络（WSN）和射频识别（RFID）技术。

二、技术系统

1. ERP（Enterprise Resource Planning）

ERP，即企业资源计划系统，是指建立在信息技术基础上，以系统化的管理思想，为企业决策层及员工提供决策运行手段的管理平台。

ERP 系统主要有以下六项特性：

（1）面向销售，能够对市场快速响应。

（2）更强调企业流程与工作流，支持企业过程重组。

（3）纳入了产品数据管理功能，增加了对设计数据与过程的管理。

（4）更多地强调财务管理，具有较完善的企业财务管理体系。

（5）较多地考虑人的因素作为资源在生产经营规划中的作用。

（6）支持多种生产方式（离散制造、连续流程制造等）的管理模式。

ERP 的核心价值体现在集成性、先进性、统一性、完整性、开放性五个方面。

2. GIS（Geographic Information System）

GIS，即地理信息系统，是在计算机硬、软件系统支持下，对整个或部分地球表层空间中的有关地理分布数据进行采集、储存、管理、运算、分析、显示和描述的技术系统。

GIS 的特点如下：

（1）基于公共的地理定位基础。

（2）具有采集、管理、分析和输出多种地理空间信息的能力。

（3）系统以分析模型驱动，具有极强的空间综合分析和动态预测能力，并能产生高层次的地理信息。

（4）以地理研究和地理决策为目的，是一个人机交互式的空间决策支持系统。

GIS 技术的核心价值在于，把地图这种独特的视觉化效果和地理分析功能与一般的数据库操作（例如查询和统计分析等）集成在一起，从而为用户活动提供信息支持与服务。

3. GPS（Global Positioning System）

GPS，即全球定位系统，是利用 GPS 定位卫星，在全球范围内实时进行定位、导航的系统，全称为全球卫星定位系统。

GPS 是由美国国防部研制建立的一种具有全方位、全天候、全时段、高精度的卫星导航系统，能为全球用户提供低成本、高精度的三维位置、速度和精确定时等导航信息，是卫星通信技术在导航领域的应用典范，它极大地提高了地球社会的信息化水平，有力地推动了数字经济的发展。

GPS 可以提供车辆定位、防盗、反劫、行驶路线监控及呼叫指挥等功能，要实现以上所有功能必须具备 GPS 终端、传输网络和监控平台三个要素。

第三节　企业信息化的趋势特征

随着大数据、云计算、物联网和社交网络时代的来临，企业信息化也将进入一个全新的阶段。这一阶段，企业信息化的发展趋势将主要呈现出五大特征：

一、以人为本的社交化

传统管理软件以业务为中心，侧重对于“财和物”的资源管理，基于“流程+信息记录”的模式，实际上却忽视了人在企业运营中所起的重要作用。

随着知识型经济浪潮的兴起，越来越多的企业开始向“以人为本”转变。人的知识技能、创新求变、沟通交流等活动，是知识型企业最宝贵的资源。以人为本的信息化建设，注重提高员工效率和团队效率，强调以企业内人与人之间的关系为主线，充分发挥“人”的主观能动性，重视其在业务操作和价值实现过程中的关键作用，关注企业不同部门和不同组织的协同需求，增加信息分享的速度，提高企业的综合生产力。企业社交网络作为企业私密的社交平台，其信息流通实现了从“一点到多点”向“多点对多点”传播方式的转变，打破了传统的传播瓶颈；可以为企业提供信息交互的竞争优势，使需要协作的员工更方便、有效地进行交流与分享，降低企业沟通成本，提高工作效率，凝聚专业知识工作者和远程同事。

二、更强大的供应链协同能力

瞬息万变的市场使企业间的竞争已演变成供应链的竞争。而供应链取胜的关键是“协同”。在激烈的市场竞争中，准确把握客户需求、迅速推出新的产品、实现柔性快速交货，已经成为企业赖以生存的基础。

集成了电子商务、社交网络的供应链系统，将为企业打造更加强大的协同能力；让企业能更方便地与客户、制造商、供应商、运输商及其他相关方进行无边界的沟通与协作。在这种新的趋势下，企业能更好地利用社交网络和客户进行沟通，收集客户意见和售后服务，并通过电子商务和电子支付的整合及其信息的分解与共享、利用社交网络和供应链相关方的互动沟通，达到对整个供应链上的信息流、物流、资金流、业务流和价值流的有效规划和控制，从而将供应链各环节集成一个完整的网状结构。

新的供应链协同趋势，依赖信息技术。信息技术主要包括自动识别技术、电子数据交换技术（EDI）/XML、GIS 与 GPS 技术、电子订货系统（EOS）、电子支付等，还有一些发展起来的协同运作技术，包括虚拟电子链（VEC）技术和多智能体技术，以及社交网络技术。

三、集成化、智能化程度更高

RFID（无线射频）、GPS（全球定位系统）、电子支付等技术广泛应用，使信息采集更为方便，将这些信息有效整合在企业 ERP 系统中，使集成化程度更高。在物流环节通过 RFID、GPS 等技术的使用，自动化地采集这些信息，使物料在各个环节更容易跟踪，实现对供应链整个环节物流的即时、动态监控；避免了过去人工扫描信息的种种弊端（效率低、易出错、即时性差等）。

在集成化程度提高的同时，通过商业智能（BI）软件进一步辅助商业决策，提高其智能化程度。商业智能包括绩效管理、计划、报告、查询、分析、在线分析处理、运营系统集成、预测分析等。其价值链可划分为：原始数据→数据集成→情报→透视→决策，其目的是要管理数据、理解数据和基于数据决策。大数据成为 BI 发展的首要发展趋势。越来越多的企业会利用自身庞大的数据来获益，而内存分析技术、列式存储数据库技术等提升 BI 处理数据性能的技术成为应对大数据的关键。

四、移动信息化，让管理触手可及

在企业信息化领域，借助于移动信息化模块，实现通过手机等智能终端对诸多业务的移动管理，正成为一个显著趋势。云计算和移动信息化的结合，使管理者突破过去办公场所、上网条件等限制，让管理随时随地触手可及。目前企业移动信息化在流程审批、报表查询、销售支持、商业智能、库存查阅等领域应用最多；而且，基于不同行业差异化细分的移动商务模块也越来越多。

五、按需使用的信息化服务

对于许多企业而言，没有足够的资金也并非都需要使用全套的 ERP 等流程复杂的管理软件，只需要解决一些分散的棘手问题来提高运营效率。因此，提供碎片化但有易于扩展的信息化产品，使广大企业能根据自身需要，进行弹性配置，即插即用，满足其个性化需求，是当前企业信息化发展的重要趋势。

云计算为企业按需使用的信息化服务提供了良好的技术基础，并进一步促进此类需求的发酵。云计算依托强大的高性能计算基础结构，能够同时满足大量个人和商业需求。“云”中的资源可以无限扩展的，随时获取，按需使用，按使用付费。

第四节　公交企业的信息化发展

公交企业是城市文明服务的一个重要窗口，其服务水平的高低，不仅从一个层面上反映出城市的文明程度和管理水平，而且关系到企业自身的生存和发展。尤其是在市场经济的条件下，公交市场的竞争主要表现在服务水平上。如何利用信息化这一先进的手段提高公交企业的服务水平和科学决策力、提升核心竞争力，是公交企业一直努力解决的重大问题。

在信息化高度发达的今天，信息技术对企业的影响是无所不在的，为了适应多变的环境，越来越多的公交企业认识到了信息化管理的重要性。公交企业信息化建设的每个阶段中，都可能会出现缺乏经验、成本过高和协调不一致等诸多问题，但只要把握住信息化管理的正确理念和方向，公交企业的信息化管理将得到顺利发展。

一、公交企业信息化建设的阶段性

公交企业进行信息化建设，可以分为三个阶段：信息化基础建设阶段、企业数据资源整合阶段和系统集成协同化阶段。

1. 信息化基础建设阶段

一是加大信息系统建设力度，加强信息应用管理和队伍建设，加强网络信息安全监管；二是完善相关制度和标准，实现各系统之间配套衔接和整合，加强全方位数据管理；三是完成车辆 GPS 全覆盖和视频系统安装，提升物联网、云计算和大数据等新技术应用水平，为建设“智慧公交”提供强大的信息化保障。

2. 企业数据资源整合阶段

全面提高企业信息管理水平，加快推进管理智能化、信息化建设和应用。整合企业数据资源，增加大数据提供和管理服务，加强全方位数据管理，实现信息共享和决策支持。

3. 系统集成协同化阶段

建成统一集成的信息系统，实现企业信息化向集成、共享、协同转变；建立组织健全、制度配套、业务协同的企业信息化管理体系；基本实现信息化与企业管理深度融合；企业主营业务信息化达到国内领先、世界先进的水平，实现“智慧公交”。

二、北京公交集团的信息化建设

通过这三个阶段逐级递进，最终实现“基础网络立体化、信息安全体系化、运营调度智能化、乘客信息服务多样化、安全防范可视化、经营管理电子化、管理控制一体化”七项信息化目标。

在此我们以北京公交集团的信息化建设为例，来具体说明如何实现这七项信息化目标：

1. 基础网络立体化

在北京公交集团内，这项目标表现在完善中心网络基础设施，重点推进基层车队、场站、车辆网络建设，建设立体化网络系统；同时对企业基础平台引入虚拟化技术，构建虚拟化平台，实现服务器整合和共享，提高整体使用效率，保障应用系统稳定运行。

2. 信息安全体系化

在北京公交集团内，随着信息系统建设，进行了包括物理安全、系统安全、网络安全、应用安全、信息管理安全等内容的信息安全体系建设及推广；同时集团公司成立信息安全等级保护领导小组，完善组织机构体系和管理体系，开展对已定级的系统进行安全评测、整改咨询及整改工作。这里重点要提一下北京公交集团正在升级的本地备份和异地灾备系统。目前，该系统已实现了数据库本地的全库、增量备份，故障情况下可快速地数据恢复；还实现了本地备份数据通过远程复制技术复制到异地存储系统中，升级后将能实现重要信息系统的容灾备份，通过本地和异地相互切换，保证应用系统正常使用。

3. 运营调度智能化

北京公交集团自2010年7月1日正式全面启用三级运营组织与调度系统，范围涵盖集团公司、9个客运分公司、所有车队和线路。该系统实现了行车计划、劳动排班、实时调度、统计分析等功能，提高了宏观掌控、微观监控和实时数据获取能力，提高了公交运营组织与调度指挥水平。

同时北京公交集团正着手补充车载定位设备（包括GPS和北斗），实现车载定位全覆盖，并为所有车辆安装车载控制器、刷卡机、报站机、车内显示屏联动，支持智能调度系统。

目前北京公交集团在全市已建成并投入使用动物园、西客站南北广场、北京南站、东直门、西苑、四惠和宋家庄八座枢纽站，其中四惠、宋家庄和动物园枢纽站均实现调度指挥集中化、系统设备网络化、沟通交流可视化、系统功能人性化，提高了枢纽站运营管理效率。

4. 乘客信息服务多样化

公交出行信息服务系统的建立有赖于大量基础数据支撑，特别是公交

GPS 数据、运营调度数据和地理信息数据的支持，因此建立强大的公交数据处理与发布平台是公交出行信息服务的关键，是确保乘客信息服务一致和准确的基础。在此基础之上，北京公交集团通过电子站牌提供实时到站预报服务、配备公交车辆无线接入系统（TDFi 系统）提升服务质量、开通手机网站等一系列措施。

此外，北京公交集团还依托公交网站，提供精准化服务：一是深入分析网站访问日志，了解网民需求，不断完善网站，提供线路查询、公交换乘、实时公交信息查询等服务；二是搭载公交网站平台完善定制公交系统，满足多样化需求。

5. 安全防范可视化

在北京公交集团内，此项目标体现在图像信息管理平台、车辆状态监控平台、危险品监控平台和报警平台四个系统的建设完成。图像信息管理平台实现了对运营车辆图像、场站图像和中途站图像的管理；车辆状态监控平台实现了车辆定位、车辆技术参数实时监测和车辆电池状态实时监测；危险品监控平台实现了车辆危险品监测、场站危险品监测和人员携带危险品检测；报警平台实现了车辆报警、场站报警、场站巡更和周界检测。

其中重点提一下图像信息管理系统。该系统目前已实现 1377 辆车辆安装，实现所有已安装车辆视频全覆盖，单机车 4 摄像头、通道车 6 摄像头；随着车辆、场站中途站建设，该系统还会继续进行扩容和完善，最终实现与定位系统联动，实现与枢纽站、BRT、八方达公司、燃料和保修系统图像数据共享，实现与北京市交通委、公交总队等单位图像信息共享。

6. 经营管理电子化

在经营管理电子化方面，北京公交集团建设了集团集中管控财务管理系统，改变分散式财务管理模式，实现财务管理集中监控管理。主要功能包括总账管理、应收应付管理、固定资产管理、预算管理和财务分析等。配套建设系统运行专线网络环境、基础软硬件平台、信息安全设备。

此外，北京公交集团还完善了基于虚拟化技术的集团公司协同 OA 办公系统。技术路线采用主流平台（IBM Lotus）+二次定制开发；部署方式考虑集团公司管理实际情况采用核心层集中、总体分布式的方案；实施范围覆盖集团公驾驶员关、22 个二级单位和三级单位（含车队）；系统功能包括电子邮件、个人办公、收发公文管理、行政办公、信息管理、系统管理、移动办公、即时通信，接入已有信息化系统数据，实现协同办公。该系统还进行虚拟化技术示范应用，验证虚拟化技术路线，配合“集团公司加强和改进工作作风的实施意见”落实，健全系统内 OA 签收制度，实现集团公司收发文的全过程电子管理。

7. 管理控制一体化

为了实现管理控制一体化，北京公交集团采用面向服务体系架构（SOA 架构）对现有核心业务系统实行整合。一是进行数据整理，建立数据资源体系及企业数据中心形成数据仓库；二是开展业务流程梳理，建立业务流程体系，分析系统应用数据关联及接口，利用企业服务总线技术进行数据及业务接口服务化改造，初步实现业务协同；三是逐步对各业务模块进行服务化改造，建设松耦合业务系统，提升因业务变更引起的业务系统功能响应效率。

在此基础上，整合集团核心层及各二级公司各类业务系统，建立集运营管理、突发事件响应和处置、公众信息服务、决策分析为一体的公交运行监控中心，全面提升企业一体化管控水平。

第五节　公交企业统计分析的信息化应用

一、公交企业统计分析的信息化需求

公交企业一般具有业务综合性较强的特点，在企业经营管理过程中应当注意加强统计分析的信息化应用，推进统计信息搜集、处理、传输、共享、存储技术和统计数据库体系的现代化。根据统计分析任务的需要，可以在统计调查对象中推广使用计算机网络报送统计资料，进一步提高统计分析的科学性、准确性、及时性、全面性和使用的方便性，提高统计分析服务于企业

科学发展的能力，实现统计信息的全企业共享，并对促进公交企业统计信息的行业内交流具有十分重要的意义。

以北京公交集团为主体，列举应用信息化协助报送的统计分析数据信息。一般公交企业运营业务涉及三个方面的数据，即线、人、车。

（1）运营线路相关信息：包含与线路相关的客运量、公里、车次、收入。例如车次相关数据方面需要细化到可提供某线路、某车队、某公司或某区域线路的，某日、某周、某月或某指定时间内的全日、分时及指定时间内的车次分布情况。

（2）运营人员相关信息：可细分成运营人员基础信息和运营人员生产信息。运营人员基础信息主要包含：姓名、卡号、身份证号、性别、年龄、工龄、教育程度、技能、身份等信息。运营人员生产信息主要包含：所属线路、车辆、公里、班号、时间、地点、客运量、收入、燃料消耗等信息。例如能够提供某职工、某线路职工、某班职工、某车队职工、某公司职工的分线路、分时、分车辆的公里、人次、收入、燃料消耗的信息。数据细化到可以直接让劳人员做工资。同时获取生产人员各时间段的班工时、班公里、里程利用率、工时利用率等效率信息，也可以获得生产人员的客运量、收入、计划完成情况等效益信息。

（3）运营车辆相关信息：可细分成运营车辆基础信息、运营车辆生产信息和运营车辆技术状态信息。运营车辆基础信息包含：自编号、牌照号、生产日期、车辆型号、燃料类型、外观类型（单、通、双）。运营车辆生产信息包含：所属线路、公里、时间、客运量、收入、车次、燃料消耗。运营车辆技术状态信息包含：车辆技术完好状态，各次维修保养的地点、进出场时间、等级，维修项目，待料项目等。例如可以综合利用上述信息，分析车辆类型统计生产情况，同一车型在不同线路、不同公司、不同区域的燃料消耗、车日行程、单车收入、工作车率、完好车率等，了解各公司整体车辆新旧状态、整体技术状态，监控保修、维修、保养能力水平，监控车辆利用程度等。

二、北京公交集团统计信息化标准

正是基于以上的统计分析需求实例，北京公交集团对信息化在统计分析方面的应用提出了相应的标准。

（1）信息系统要满足统计数据精细性的要求，力求所有数据能保持最小粒度，达到一个数据能同时有多个维度的信息。

（2）信息系统要满足统计数据的海量性的需求，不仅之前提到的相关数据，其他各专业的指标数据都要能够便利提取与应用。

（3）信息系统要满足统计数据准确性的需求，即各数据的统计口径要一致，多渠道获取的同一信息要确定优先级。例如公里是以 GPS 设备采集，或者调度发车方案，还是行车记录仪数据为准。

（4）信息系统要满足统计数据提取及时性的需求，必须确保统计数据在相应的统计期间内成功传送。

（5）信息系统要满足统计分析手段丰富性的需求。如添加公式驱动器的功能，利用所能提供的数据由分析人员自由钻取各类数据，进行发散性的分析。

思 考 题

请根据自身实际工作情况思考下一步北京公交集团的信息化与统计分析结合的重点在哪些方面？

练 习 题

1. 填空题

（1）信息化代表了一种__________技术被高度应用，__________资源被高度共享，从而使得人的智能潜力以及社会物质资源潜力被充分发挥，个人行为、组织决策和社会运行趋于合理化的理想状态。

（2）公交企业进行信息化建设，可以分为三个阶段，即信息化__________阶段、__________资源整合阶段和__________同化阶段。

（3）一般公交企业运营业务涉及__________、__________和__________三个方面的数据。

（4）大数据的特点可以概括为 4V，即大量、__________、__________

和__________。

2. 选择题

(1)( ) 为企业按需使用的信息化服务提供了良好的技术基础。

A. 云计算 B. 大数据 C. 物联网 D. GPS

(2) 信息系统要满足统计分析手段( ) 的需求。

A. 智能性 B. 丰富性 C. 高端性 D. 多样性

(3) 信息化的概念起源于20 世纪( ) 年代的日本, 首先是由日本学者梅棹忠夫提出来的。

A. 40 B. 50 C. 60 D. 70

(4) 大数据最核心的价值是对于( ) 进行存储和分析。

A. 函数数据 B. 时间序列数据 C. 参数数据 D. 海量数据

3. 简答题

(1) 什么叫云计算?

(2) 企业信息化的趋势特征有哪些?

(3) 公交企业进行信息化建设有哪几个阶段?

4. 论述题

试论述什么是大数据。

第十三章

统计法律基础

依法统计，是我国《统计法》一个非常重要的基本要求，是统计事业发展的重要前提和保障。统计法规是由国家制定的关于统计活动的行为准则，是统计工作的基础，是整个统计工作的指针。统计人员应当掌握必要的统计法律法规知识，提高自身的法律意识和法律素质，从而保障统计数据的质量和统计工作的顺利开展。

第一节　统计法基础

一、基本含义

统计法是调整统计部门在管理统计工作、进行统计活动过程中与其他相关方面发生的社会关系的行为规范的总称。它是由国家制定的关于统计活动的行为准则。具体地说，统计法规定了统计的组织实施机关及其工作人员以及国家机关、企业事业单位和其他组织、个体工商户、个人等统计调查对象在统计活动、统计管理工作中所形成的社会关系，包括统计行政机关的职权、职责，统计调查者的职权、职责，统计调查对象的权利、义务，违反统计法的规定或不履行义务、职责应承担的法律责任等。

统计法有广义和狭义之分。狭义的统计法仅指《中华人民共和国统计法》（以下简称《统计法》）。广义的统计法则包含了所有规范统计活动的统计法律、法规、规章及规范性文件。统计法不是统计法律、行政法规、地方性法规、规章等的简单罗列，而是一个有机的体系。统计法作为我国行政法的一个组成部分，有自己特定的调整对象、原则、特点和作用，是一门独立的分支学科。

二、基本原则

统计法的基本原则，是统计法基本精神的体现，是统计法所调整的统计法律关系的集中反映，是对整个统计法律规范和各项统计法律制度起统率作用的准则。它反映的是统计活动最基本的要求，对各种统计活动均具有重要的指导意义，它是统计法的基础，又是统计法区别于其他法律部门的依据。

（一）保障统计工作统一性原则

保障统计工作统一性原则包括以下三个方面的内容：

1. 国家建立统一的统计管理体制

统计管理体制的集中统一，是指由中央统计机构组织实施国家基本的统计调查制度，并对全国统计工作实行统一的领导、管理和协调。统计管理体制的集中统一，是保障统计工作统一性的关键。《统计法》第三条、第二十七条规定："国家建立集中统一的统计体系，实行统一领导、分级负责的统计管理体制"；"国务院设立国家统计局，依法组织领导和协调全国的统计工作。"

2. 统计调查制度和统计标准应当是统一的

统计工作的统一性，必须从统计调查制度和统计标准方面来予以规范和保障。如果没有统计调查制度和统计标准的统一，各类统计调查就会陷入无序状态，统计调查中采用的统计指标、指标含义、计算方法、计量单位、调查范围、调查内容、分类目录、调查表式等就会不一致，统计数据就无法进行必要的加工、汇总和整理，统计工作就难以顺利开展，各类综合性的宏观统计数据就难以取得，统计就失去了其反映客观实际、为国民经济和社会发展服务的意义。

3. 统计资料应当依法统一管理和公布

政府统计调查获得的统计资料，属于一种社会公共产品，是国家和社会的重要信息资源。统计工作的统一性，要求统计资料进行统一管理和公布。

统计资料的统一管理和公布，是指通过国家统计调查、部门统计调查和地方统计调查得到的有关统计资料，应当由对该资料具有管理权限的有关统计机构统一管理和公布，以保障统计资料公平、公正的对外公布，提高统计资料的利用。

（二）统计机构依法履行职责原则

统计机构依法履行职责原则对于统计机构正确行使自己的职权，履行法定的义务，维护统计行政管理相对人的合法权益，保障统计工作的顺利进行，促进统计工作的健康发展，具有十分重要的意义。从《统计法》的规定来看，统计机构依法履行职责原则主要包含以下三个方面的内容：

1. 统计机构的职责是法定的

统计机构的职责是由统计法律法规来确定的，或者说统计机构具有法定的职责。从我国统计工作看，县级以上人民政府统计机构及有关部门统计机构的基本职责是通过统计法律、统计行政法规或行政规章加以规定的。

2. 统计机构应当依法履行其职权，既不能放弃职权，更不能超越职权、滥用职权

首先，统计机构的职权是统计法律法规赋予统计机构的神圣职责，统计机构不能放弃。统计机构如果不依法积极履行其法定职权，就是失职，就应当承担失职的法律责任。其次，统计机构应当在统计法律法规规定的职权范围内行事，既不能超越职权，更不能滥用职权。最后，统计机构在行使职权时，不仅应遵循统计法律、统计行政法规、地方统计法规、统计规章等实体法的规定，还应该严格遵守法定的程序，遵循《中华人民共和国行政许可法》《中华人民共和国行政处罚法》《中华人民共和国行政复议法》《中华人民共和国行政诉讼法》等程序法的规定。

3. 统计机构依法独立行使职权，不受任何机关、社会团体和个人的非法干涉

统计机构在依法行使其法定职权时，其地位是相对独立的，其他任何行政机关、社会团体和个人，都不得利用职权、地位等进行非法干预、影响，甚至阻挠和侵犯统计机构依法行使职权。

（三）统计调查对象依法履行义务原则

依法履行义务，主要是指统计调查对象应当依照统计法和国家有关规定履行在统计调查活动中的各种义务。统计调查对象依法履行义务原则包括以下两方面的含义：

1. 统计调查对象的义务是法定的

即统计调查对象应当履行的统计义务的种类、频率、方式等要求是由统计法律规定的。在实践中，关于统计义务的这类具体要求一般是由依法制定的统计调查制度规定的，其中重要的，如人口普查、经济普查、农业普查，由行政法规予以规范。

2. 统计调查对象必须依法履行义务

即统计调查对象在履行其法定义务时，要严格按照统计法律的规定执行。不仅要真实、准确、完整、及时，而且要按照法定的程序履行义务。

（四）维护统计调查对象合法权益原则

根据统计法律、法规的有关规定，维护统计调查对象的合法权益原则主要体现在以下三个方面：

1. 统计调查对象报送的资料受法律保护

《统计法》第二十五条规定："统计调查中获得的能够识别或者推断单个统计调查对象身份的资料，任何单位和个人不得对外提供、泄露，不得用于统计以外的目的。"否则，将会承担相应的法律责任。这是在统计工作中维护统计调查对象合法权益原则的重要内容和基本要求。保护统计调查对象报送的单项调查资料，有利于维护统计调查对象的个人隐私、商业秘密，防止资料泄露可能带来的伤害，更重要的是能消除统计调查对象的后顾之忧，增进其对政府统计调查的信任、配合，从而如实、及时地提供统计资料。

2. 尽可能减轻统计调查对象的负担

第一，在不影响统计数据准确性的前提下，应尽量缩小统计调查对象的范围，减少统计调查对象的数量。

第二，对发往基层单位的全面定期统计报表，必须严格控制。凡通过抽样调查、重点调查、行政记录能取得统计数据的，不得制发全面定期统计报表。

第三，在已经批准实施的各种统计调查中能搜集到资料的，不得重复调查；一次性调查即可满足需要的，不得进行经常性统计；按年统计即可满足需要的，不得按季统计；按季统计即可满足需要的，不得按月统计；月以下的进度统计必须从严控制。

第四，部门统计调查、地方统计调查不得与国家统计调查相重复。

3. 对非法定统计义务，统计调查对象有权拒绝履行

统计调查对象对各种法定的统计义务，必须予以履行。但对于其他非法定义务，则有权予以拒绝。比如，对于违反统计法和国家规定编制发布的统计调查表，统计调查对象有权拒绝填报；各种民间统计调查，均属于自愿性统计调查的范畴，统计调查对象可依自己的意愿决定是否填报。

（五）保障统计信息社会共享原则

统计信息社会共享，是指统计调查者对所收集到的统计资料，除依法保密的部分外，都要及时向社会公布，以充分发挥统计信息的作用。在统计工作实践中，统计信息社会共享原则具体表现在以下三个方面：

1. 建立定期公布统计资料的制度

县级以上人民政府统计机构和有关部门对通过统计调查获得的各类统计资料，除依法保密的部分外，都要依照法定的程序和要求，及时向社会公布。

2. 采取多样化的统计资料公布方式和手段

统计资料的公布应当通过统计公报、统计年鉴、统计月报等多种方式，充分利用电视、网络、广播、报刊、杂志、书籍等多种手段，便于用户获知、查找和使用统计信息。

3. 积极做好统计信息咨询服务工作

统计信息咨询服务，是各级人民政府统计机构和有关部门对统计资料进行积极管理的重要内容，其目的是更好地促进统计信息的利用，使统计资料转化为社会财富，实现统计信息的社会化，充分满足社会公众对统计信息的需求。

三、统计法的特点

统计法作为规范统计活动的法律规范，与其他法律法规相比，具有以下两个特点：

1．调整对象具有特殊性和复杂性

统计法调整对象的特殊性是与其他部门法相比而言的，这也是统计法之所以区别于其他部门法的根本所在。例如，会计法以人们在财务会计活动中所形成的社会关系为调整对象；金融法以人们在货币流通和使用活动中所发生的社会关系为调整对象；而统计法则是以统计部门在管理统计工作、进行统计活动的过程中形成的社会关系为调整对象。统计法调整对象的复杂性是指，统计法所调整的社会关系既有纵向的管理关系，也有横向的指导关系；既有统计机构内部的管理关系，也有统计机构对调查对象的管理关系，还有对民间调查的管理关系。因为统计工作覆盖面广，涉及社会生活的各个领域，从而使统计活动中产生的社会关系也十分复杂。

2．规范的内容具有专业性

统计法规范内容的专业性是指统计法律制度中包含着大量关于统计工作的技术性规范，如统计调查制度、统计标准等。这些规范由有关机关以办法、规定等形式发布实施，是统计法律制度的重要组成部分。

四、统计法的表现形式

根据法律规范效力的不同，我国现行统计法律规范的表现形式主要包括以下四种：

1．统计法律

这里的法律是指“狭义”的法律，专指由全国人民代表大会及其常委会制定颁布的规范性法律文件，其效力仅次于宪法。

统计法律，即指由全国人大常委会制定的关于统计活动的行为规范。目前我国唯一的一部统计法律是《中华人民共和国统计法》，于 1983 年 12 月 8 日经第六届全国人民代表大会常务委员会第三次会议通过，于 1996 年 5 月 15

日第八届全国人民代表大会常务委员会第十九次会议进行了修正。2009年6月27日十一届全国人民代表大会常务委员会第九次会议对其再次进行了修订，新修订的《中华人民共和国统计法》，自2010年1月1日起实施。

统计法律具有以下两个特点：

一是统计法律所规定的内容是统计工作中一些根本性问题。包括统计管理体制，统计机构和统计人员的设置、职责，统计调查管理，统计资料管理和公布等。

二是统计法律在统计法律制度中具有最高的法律效力，是制定统计行政法规、地方性统计法规、统计规章的依据，统计行政法规、地方性统计法规及统计规章均不得与统计法律相抵触。

2．统计行政法规

行政法规是国家最高行政机关国务院制定的有关国家行政管理的规范性法律文件，其法律地位和效力仅次于宪法和法律。统计行政法规是由国务院制定的有关统计活动的规范性法律文件，如《中华人民共和国统计法实施细则》。该行政法规于1987年1月19日经国务院批准，1987年2月15日由国家统计局发布实施；2000年6月2日经国务院批准做出第一次修订，2000年6月15日由国家统计局发布实施；2005年12月16日国务院做出《关于修改〈中华人民共和国统计法实施细则〉的决定》，再次对其作了修改。目前，我国现行有效的统计行政法规还有《全国经济普查条例》《全国农业普查条例》《全国人口普查条例》《关于工资总额组成的规定》等。此外，由国务院发布的一些决定和命令，如1984年国务院发布的《关于加强统计工作的决定》，与行政法规具有同等效力。在整个统计法律制度中，统计行政法规的法律效力低于法律，高于地方性统计法规和统计规章。

3．地方性统计法规

根据《中华人民共和国宪法》《中华人民共和国地方各级人民代表大会和各级人民政府组织法》《中华人民共和国立法法》的有关规定，省、自治区、直辖市人民代表大会及其常委会在不与宪法、法律、行政法规相抵触的前提下，可以制定地方性法规；省、自治区人民政府所在地的市、经济特区所在地的市和经国务院批准的较大的市的人民代表大会及其常委会根据本市的具体情况和实际需要，在不与宪法、法律、行政法规和本省、自治区的地方性法规相抵触的前提下可以制定地方性法规。

地方性统计法规，是由上述有地方立法权的地方人民代表大会及其常委会制定和发布、并于本地实施的统计行为规范。目前，北京市仅有的一部地方性统计法规《北京市统计管理条例》是 1994 年 8 月经北京市第十届人民代表大会常务委员会第十二次会议审议通过，并于 1997 年 7 月 4 日和 2001 年 10 月 16 日进行过两次修订。地方性统计法规的效力低于统计法律和统计行政法规。

4. 统计行政规章

统计行政规章，是指国务院各部门和各省、自治区、直辖市人民政府及省、自治区人民政府所在地的市、经济特区政府所在地的市和经国务院批准的较大的市的人民政府所制定的有关统计的规范性文件。统计行政规章分为两类：一是政府规章，即各省、自治区、直辖市人民政府及省、自治区人民政府所在地的市、经济特区政府所在地的市和经国务院批准的较大的市的人民政府所制定的统计行政规章；二是部门规章，即由国务院各级部委和具有行政管理权的国务院直属机构制定的统计行政规章。目前，国家统计局制定或与有关部门联合制定的统计行政规章主要有：《统计违法违纪行为处分规定》《统计调查证管理办法》《统计从业资格认定办法》《统计执法检查规定》《涉外调查管理办法》《部门调查项目管理暂行办法》等。统计行政规章的效力低于统计法律和统计行政法规。

五、统计法的作用

统计法的作用主要表现在以下两个方面：

1. 有效地、科学地组织统计工作，推进统计工作的现代化进程

第一，《统计法》第三条确定了国家建立集中统一的统计系统，实行统一领导、分级负责的统计管理体制；明确了政府统计机构设置及其职能人员配置的要求，以法律的形式为统计工作的现代化从体制上、组织上提供了保障。

第二，《统计法》为统计标准的科学化提供了法律依据。目前，我国的统计分类目录、指标含义、计算方法、统计表式和统计编码等，还存在一些不科学、不统一、不规范的问题。根据《统计法》第十七条规定，国家制定统一的统计标准，保障统计调查采用的指标含义、计算方法、分类目录、调查表式和统计编码等的标准化；国家统计标准由国家统计局制定，或者由国家统计局和国务院标准化主管部门共同制定。这样就保证了统计调查中采用的指标含义、计算方法、分类目录、调查表式和统计编码等方面的标准化，为提高统计数据的统一性和可比性创造条件。

第三，为统计信息化建设提供了保障。《统计法》第五条第二款明确规定，国家有计划地加强统计信息化建议，推进统计信息搜集、处理、传输、共享、存储技术和统计数据库体系的现代化。《统计法》第十八条规定，县级以上人民政府统计机构根据统计任务的需要，可以在统计调查对象中推广使用计算机网络报送统计资料。国家统计信息工程的实施，对于加速我国统计现代化的进程，全面实现统计信息处理和管理的现代化，进一步提高统计信息的真实性、准确性、完整性、及时性和统计资料的管理和使用水平，提高统计对国民经济宏观决策的快速支持能力，实现统计信息的全社会共享，促进统计信息的国际交流具有十分重要的意义。

第四，为建设一支具备现代化统计专业知识的队伍提出了明确要求。现代化统计工作，没有渊博的学识和多方面的业务技能是不能胜任的，每一个统计人员都要有真才实学。为适应这一要求，《统计法》第三十一条明确规定，统计人员应当具备与其从事的统计工作相适应的专业知识和业务能力，有关部门和单位应当依照国家规定，评定统计人员的技术职称，保证有技术职称的统计人员的稳定性。对不具备专业知识的统计人员，要加以系统培训。

2. 保障统计资料的真实性、准确性、完整性和及时性

统计数据的真实性、准确性、完整性和及时性是整个统计工作的灵魂。统计数据的真实性，是指统计数据要能够反映社会经济现象的客观实际情况，也不存在人为的故意提供虚假数字的现象。统计数据的准确性，是指统计数据在生产过程中符合科学要求，不存在趋势性的技术差错。统计数据的完整

性，是指统计数据的收集要全面，调查对象不得漏报，统计数据的公布要全面，对统计数据的解读要明晰。统计数据的及时性，是指要按统计法和统计调查制度规定的时间，及时地上报统计数据，不得拒报、迟报。为了保证统计数据的准确性、及时性，统计法从以下三个方面做出了规范：

首先，明确要求统计对象要依法申报统计资料。所谓依法申报统计资料，是指一切统计调查对象都必须依照统计法和国家有关规定，如实、及时地提供政府统计调查所需的资料。这是政府统计活动能够顺利开展的重要前提和基本保障。《统计法》第七条明确要求，国家机关、企业事业单位和其他组织以及个体工商户和个人等统计调查对象，必须依法真实、准确、完整、及时地提供统计资料，不得提供不真实或者不完整的统计资料，不得迟报、拒报统计资料。

其次，明确要求统计机构、统计人员要依法履行职责，完成统计工作任务，保证统计数据质量。《统计法》第二十九条明确要求，统计机构、统计人员应当依法履行职责，如实搜集、报送统计资料，不得伪造、篡改统计资料，不得以任何方式要求任何单位和个人提供不真实的统计资料，并对其负责搜集、审核、录入的统计资料与统计调查对象报送的统计资料的一致性负责。

最后，赋予统计人员一定的职权，以保证及时获得真实、完整的统计资料。《统计法》第三十条明确要求，统计人员进行统计调查时，有权就与统计有关的问题询问有关人员，要求其如实提供有关情况、资料，并改正不真实、不准确的资料。

第二节　统计机构和统计人员

统计机构和统计人员是完成统计任务的组织保障。《统计法》第四条规定："国务院和地方各级人民政府、各有关部门应当加强对统计工作的组织领导，为统计工作提供必要的保障。"这就为我国统计工作的组织建设和队伍建设提供了法律依据。

一、统计机构的设置及职责

统计机构是指从事统计调查、统计数据加工整理、统计分析预测、统计信息咨询和统计协调管理等活动的组织。

我国《统计法》规定设立的统计机构是指政府统计机构，可分为两种：政府综合统计机构和部门统计机构。政府综合统计机构和部门统计机构是完成国家、部门、地方统计任务最为重要的两支力量，构成了政府统计系统的两大支柱。

（一）政府综合统计机构的设置及职责

政府综合统计机构是指国务院和地方各级人民政府独立设置的统计职能机构，包括国务院设立的国家统计局及其派出的调查机构和县级以上地方各级人民政府设立的统计机构。

1. 国家统计局

《统计法》第二十七条规定，国务院设立国家统计局，依法组织领导和协调全国的统计工作。

2. 国家统计局派出的调查机构

为了完成国家统计调查任务，全面准确地了解经济社会发展情况，国家统计局需要设立相应的统计调查机构。国家统计局各级调查队是国家统计局的派出机构，独立于地方人民政府，其主要职责是依法承担国家统计局布置的统计调查任务，向国家统计局直接上报统计调查结果，并负责查处其组织实施的统计调查活动中发生的违法违规行为。目前，国家统计局在全国31个省、自治区、直辖市以及新疆生产建设兵团、15个副省级城市、318个市（地、州、盟）以及887个县（市、区、旗）设有派出的调查队。

3. 县级以上地方各级人民政府统计机构

为了保障统计工作的独立性，《统计法》第二十七条规定，县级以上地方人民政府应当设立独立的统计机构，依法管理、开展统计工作，实施统计调查。根据这一要求，县级以上地方各级人民政府必须设立专门的独立行驶职权的统计机构，不得随意撤并，不能将统计机构作为其他部门的内设机构，或者接受其他部门的领导。目前，全国31个省、自治区、直辖市以及新疆生产建设兵团都设立了独立的统计局，地市级和县级政府绝大部分也设立了独立的统计机构。县级以上地方各级人民政府统计机构受本级人民政府和上级人民政府统计机构的双重领导，在统计业务上以上级人民政府统计机构的领导为主。

《统计法》特别规定，县级以上地方各级人民政府设立独立的统计机构。"独立的统计机构"的主要标志是：第一，在县级以上地方人民政府的组织系统中，政府综合统计机构是单设的职能机构；第二，政府综合统计机构独立行使统计工作职权，独立履行统计工作职责；第三，在国家法律、法规和政策规定的范围内，政府综合统计机构独立支配、使用和管理人、财、物。做出上述规定，是为了保证统计工作的客观、公正，也是吸取历史经验教训和借鉴国际惯例的结果。具体表现在：一是统计工作的专业技术性较强，需要由具有专业技术知识的人员独立进行；二是统计数据与各级行政领导的政绩密切相关，容易受到干扰。县级以上地方各级人民政府设立独立的政府综合统计机构，是保障其独立行使统计职权的基础和前提。只有通过立法规定，设立独立的政府综合统计机构，并确认其相应的法律地位，才可能使其独立行使职权、履行职责。如果政府综合统计机构附设于政府其他职能部门，在实行行政首长负责制的行政管理体制下，统计数据跟各级领导的政绩挂钩，容易受到行政干扰，统计机构要独立地组织领导和协调统计工作、行使统计职权是不现实的。

4. 乡镇统计工作岗位

考虑到乡、镇人民政府的人员编制和经费有限，《统计法》第二十七条第三款规定，乡、镇人民政府应当设置统计工作岗位，即要安排从事统计工作的人员，但具体是配备专职还是兼职统计人员，可以由乡、镇政府根据本地区经济发展的实际情况以及统计工作的任务量确定。

《统计法》规定，乡镇人民政府应当设置统计工作岗位，配备专职或兼职的统计人员。实际上，有些统计任务较多的乡镇也设置了统计机构。这些机构和人员是政府综合统计机构的延伸，负责依法管理、开展统计工作，实施统计调查。党的十一届三中全会以来，我国农村经济有了很大的发展，目前乡镇经济规模一般已经超过二十世纪五六十年代县级经济规模的几倍、几十倍，甚至几百倍，乡镇一级的统计工作任务很重，难度很大，理所当然应该在乡镇设置专职统计人员。有条件的地方，特别是经济发达的地方，还应该设立统计机构，并把有关单位的统计人员组织起来，建立乡镇统计站（室）、统计科（股），健全乡镇统计信息网络。乡镇统计人员在统计业务上受县级人民政府统计机构的领导。村的统计工作，由村民委员会指定专人负责，其在统计业务上受乡镇统计人员的领导。

（二）部门统计机构或者统计负责人的设置及职责

县级以上人民政府有关部门的统计工作是我国政府统计的重要组成部分。在政府管理工作中，一些部门为了实际工作的需要，设立统计机构或者设置统计人员来依法组织、管理本部门职责范围内的统计工作，为本部门工作服务。部门统计机构，是指国务院和地方各级人民政府各业务主管部门，根据国家和部门统计任务的需要而专门设置的统计职能机构。由于各部门的实际情况不同，《统计法》第二十八条对此作了灵活性规定，即规定县级以上人民政府有关部门可以设立专门的统计机构，也可以不设统计机构而在有关机构中设置统计人员，并指定统计负责人。具体的机构、人员设置由政府部门根据统计任务的需要来确定。统计信息需求量大的部门，可以设立专门的统计机构；统计信息需求量小的部门，可以在有关局处或者科室设置统计人员。其中，政府部门在有关机构中设置统计人员的，根据本条规定，应当指定统计负责人，以明确部门统计工作的首要责任人。统计负责人，是指代表本部门或者本单位履行《统计法》规定职责的主要责任人员。不设统计机构的，一般应当由具备相当统计专业技术职务条件的人员担任统计负责人。

为了保证部门统计工作与政府统计机构的统计工作相协调，保障国家统计标准的贯彻执行，从而保障统计资料的科学性和准确性，《统计法》明确规定，政府有关部门在统计业务上受本级人民政府统计机构的指导。

各级政府业务主管部门大体可以分为两类：一类是专业性业务主管部门，

是政府分别管理和指导专门产业（事业）的行政职能部门，如农业、林业、建筑业、交通运输业、邮电通信业、教育事业、卫生事业、文化事业等部门；另一类是综合性业务主管部门，是政府分管某方面事务的行政职能部门，如人事、劳动、计划、财政、金融、科技等部门。相应地，部门统计机构也分为这两类。

国务院和地方人民政府的各部门要履行经济调节、市场监管、公共管理和社会服务的职能，应当掌握大量准确的统计数据。正因为如此，《统计法》规定，各部门应当设置统计机构，配备统计人员，以完成统计任务，为部门或行业管理服务。各级政府应当贯彻落实《统计法》的这项规定。同时，由于部门统计是一项行政职能，部门统计机构一般应该作为行政职能机构单独设置，或者设在部门内的某个行政职能机构之中，不宜作为事业单位加以设置。

二、统计人员

（一）统计人员的概念

《统计法》所称的统计人员，是指从事统计活动的专职或兼职的工作人员，包括各级人民政府综合统计机构、部门统计机构的负责人和工作人员，以及在不设统计机构的部门、乡镇（街道办事处）、行政村或其他组织中从事统计工作的人员和指定的统计负责人。

（二）统计人员的职权

统计人员的职权，是指统计人员为了完成统计任务而由统计法规定拥有的权力。根据《统计法》规定，统计人员具有以下职权：

1. 统计人员具有独立行使统计调查、统计报告、统计监督的职权

统计调查权是指统计人员有权调查、搜集有关资料，召开有关调查会议，检查与统计资料有关的各种原始记录和凭证。被调查单位、人员必须提供真实资料和情况，不得拒绝、推诿，不得虚报和瞒报。统计报告权是指统计人员有权将统计调查所得资料和情况加以整理、分析，向上级领导机关和有关部门提出统计报告。任何单位和个人不得阻挠和扣压统计报告，不得篡改统

计资料。统计监督权是指统计人员有权根据统计调查和统计分析，对国民经济和社会发展情况进行统计监督，检查国家政策和计划的实施，考核经济效益、社会效益和工作成绩，检查和揭露存在的问题，检查虚报、瞒报统计资料的行为，提出改进工作的建议。有关部门对统计机构、统计人员反映揭露的问题和提出的建议应当及时处理，作出答复。

做出这样的规定，实质上是要保证统计机构、统计人员依法行使职权，不受干扰，能够独立、客观、公正地进行统计调查，提出统计报告，实行统计监督。如果统计机构和统计人员不具有这种独立的职权，即使其他方面有相当优越的条件，也很难做到客观、公正。做出这样的规定，也考虑到在实践中，一些组织和个人，特别是个别领导干部法制观念淡薄，为了个人利益、局部利益非法干涉统计工作，干扰统计机构和统计人员独立行使“三权”，甚至打击报复坚持原则的统计人员。这些行为将严重影响统计工作的正常进行，必须坚决加以制止。

2. 统计人员进行统计调查时，有权就与统计有关的问题询问有关人员

这里所指的“有关人员”，是《统计法》第七条规定的，具有上报统计资料义务的有关统计调查对象，如国家机关、企业事业单位和其他组织以及个体工商户和个人等，既包括统计调查对象本身，也包括有些统计调查对象的内部员工。“与统计有关的问题询问有关人员”，是指统计人员为了核实统计调查对象提供的资料是否真实、准确、完整，有权向有关人员提出问题，进行询问。

3. 统计人员有权要求有关人员如实提供有关情况、资料

统计人员有权要求有关人员根据实际情况，实事求是地填报统计调查表并提供有关情况，不得欺骗、隐瞒。

4. 统计人员有权要求有关人员改正不真实、不准确的资料

当有关人员提供的统计资料不真实、不准确时，统计人员有权要求其改正，有关人员应当如实改正。

此外，统计人员有学习专业知识的权利。《统计法》第三十一条规定，县级以上人民政府统计机构和有关部门应当加强对统计人员的专业培训和职业

道德教育。这一规定，一方面是为了使统计人员具备完成统计工作任务所必需的基本知识和技能，保证统计工作质量，特别是统计数据的准确性；另一方面是为了使统计人员不断更新知识，提高技能，以适应社会发展和统计工作现代化的需要。

（三）统计人员的职责

统计人员的职责，是指统计人员在一定的机构担负统计工作，为了完成统计任务而由《统计法》规定所应承担的义务，统计人员的职责必须依法履行，不履行是失职行为。根据《统计法》规定，统计人员主要有以下职责：

（1）统计人员应当依法履行职责，如实搜集、报送统计资料，不得伪造、篡改统计资料，不得以任何方式要求任何单位和个人提供不真实的统计资料，不得有其他违反《统计法》规定的行为。

“依法履行职责”，是对统计机构、统计人员的原则要求，即统计机构、统计人员应当依照法律、行政法规等规定的职责权限、程序、行为准则履行职责，不得有超越职权、滥用职权、违反程序、违背职业准则的行为。“如实搜集、报送统计资料”，是对统计机构、统计人员的基本职责要求，即统计机构和统计人员应当搜集、报送真实、准确反映客观情况和事实的资料，并对所报送的统计资料的真实性负责。“不得伪造、篡改统计资料”和“不得以任何方式要求任何单位和个人提供不真实的统计资料”，是对“如实搜集、报送统计资料”的补充，即统计机构和统计人员自身不得凭空捏造虚假的统计资料，也不得对汇总统计资料或者统计调查对象提供的统计资料进行缺乏法律根据的修改，对领导人强令或者授意篡改统计资料或者编造虚假数据的行为，应当拒绝、抵制；同时也不得以暗示、授意、强令、胁迫等任何方式要求任何单位和个人提供与客观情况不符的统计资料。“不得有其他违反本法规定的行为”，是对统计机构、统计人员其他法定职责的概括，如不得泄露统计工作中知悉的国家秘密、商业秘密和个人信息，不得对外提供、泄露统计调查中获得的能够识别或者推断单个统计调查对象身份的资料，不得违反法定程序公布统计资料等。

（2）统计人员应当坚持实事求是，恪守职业道德，对其负责搜集、审核、录入的统计资料与统计调查对象报送的统计资料的一致性负责。

统计是一门严谨的科学。统计人员应当始终坚持实事求是的精神，在统计工作的各个环节坚持以统计调查对象的真实情况和资料为依据；要爱岗敬业，以严格的职业道德标准要求自己，认真做好本职工作，坚持原则，坚决抵制弄虚作假等统计违法行为，切实保证统计资料的真实性、准确性。此外，为进一步明确统计工作中的相关责任人员，《统计法》还规定：统计人员应当对其负责搜集、审核、录入的统计资料与统计调查对象报送的统计资料的一致性负责。

（3）统计人员进行统计调查时，必须依法出示工作证件。

统计人员进行统计调查时，应当出示县级以上人民政府统计机构或者有关部门颁发的工作证件，向统计调查对象表明身份。开展政府统计调查活动，是国家赋予统计人员的一项重要职权，是一种公务行为，必须依法进行。统计人员行使统计调查权，尤其是入户调查时，出示证件，表明身份，可以保证统计调查的合法性，维护统计调查的严肃性，增强被调查者的信任度和安全感，使之自觉与统计人员合作，从而提高统计调查质量。在近几年的统计实践中，社会上出现了一些单位和个人假冒统计人员进行非法调查等情况，损害了统计调查对象的权益，干扰了正常的统计调查活动，因此统计人员出示工作证件是维护统计调查对象合法权益的需要。如果统计人员在进行调查时没有依法出示工作证件，统计调查对象有权拒绝调查。

（四）统计人员的职业道德和专业素质要求

1. 统计人员应当恪守职业道德

职业道德是社会道德标准和要求在各个职业领域的体现并具体化，是从事一定职业的人在特定工作中行为规范的核心要求。统计职业道德是统计工作领域中的道德标准和职业规范要求。统计职业道德规范的基本内容包括：忠诚统计，乐于奉献；实事求是，不出假数；依法统计，严守秘密；公正透明，服务社会。

（1）忠诚统计，乐于奉献

忠诚统计是统计人员做到求真务实、优质服务、乐于奉献的基础，乐于奉献是统计人员践行对统计事业忠诚的内在要求。忠诚统计、乐于奉献要求统计人员必须树立崇高的职业荣誉感，热爱统计工作，献身统计事业，有高度的使命感和责任感，有“不唯上、不唯书、只唯实”的求实精神。其次，还要求统计人员树立正确的世界观、人生观和价值观，具有不图名利、无私奉献的道德品质，正确处理好个人、集体、国家三者的关系，安心统计工作，克服任务繁重、条件艰苦、生活清贫等困难，勤勤恳恳，任劳任怨，把握好数据质量、搞好统计服务作为自己的天职，在平凡的工作岗位上做出自己的贡献。

（2）实事求是，不出假数

实事求是、不出假数是统计职业道德的核心内容。统计数据的准确性是统计工作的生命，对国家实行科学决策和现代化管理，保障国民经济和社会持续、稳定、健康发展至关重要。各级统计人员必须以对国家、对人民高度负责的精神，把实事求是、不出假数作为职业责任的最基本要求，自觉抵制各种以权扰数、以数谋私的不正之风，坚决反对和制止统计上的弄虚作假，认真把好数字质量关，报实数，讲实情，办实事，求实效，有一说一，有二说二，有喜报喜，有忧报忧，不随波逐流，不看眼色行事。这就需要统计人员有心底无私的职业良心，有无私无畏的职业作风，有严谨求实的职业态度。如果统计人员在统计工作中夹杂着个人私心杂念，为满足自己的私利去迎合某些人的私欲需求，那么，弄虚作假、虚报浮夸等就在所难免，也就背离了实事求是、不出假数这一最基本的统计职业道德规范。

（3）依法统计，严守秘密

依法统计、严守秘密是依法行政在统计工作中的具体要求，也是统计人员做好统计工作必须具有的基本理念。统计人员应当做到以下几点：首先，要坚持依法统计，正确行使职权，严格履行统计工作义务，坚持有法必依，执法必严，违法必究。其次，要增强遵守统计道德规范的自觉性，把统计职业道德渗透到统计工作的各个环节，融于统计工作的全过程。第三，要严格保守国家、企业和个人的秘密，自觉维护国家和人民的利益。特别是在市场竞争加剧、各种利益关系错综复杂的情况下，统计人员只有严格遵守统计法，养成遵纪守法、严守秘密的良好职业道德，才能使被调查者有安全感，才能赢得被调查者的信任与支持，才能保障统计调查的顺利实施和统计数据的真实可靠。

（4）公正透明，服务社会

公正透明是追求公平公正、促进社会和谐的普遍要求，也是统计工作规范运作的客观保证。公正透明要求我们的统计活动规范公正，统计目的、统计方法、统计制度、统计标准，以及统计工作的全过程该公开的要公开，把统计活动变成一个“阳光工程”，增加透明度，主动接受全社会的监督。我国已经加入国际货币基金组织推行的数据公布通用系统（即 GDDS），被称为“统计入世”，公正透明也是我国统计工作实现国际化的要求。优质服务是统计人员的基本职责，也是统计职业道德追求的最终目标。统计工作只有在为各级党政领导和社会服务中才能显示出价值和重要性，否则就会失去存在的意义。统计人员只有不断强化服务社会意识，拓宽服务领域，在服务的实效、质量、内容和形式上多下功夫，不断创新，为社会各界提供“准确、及时、全面、方便”的服务，才能全面履行统计“信息、咨询、监督”的职能。因此，公正透明、服务社会理应成为统计职业道德的基本内容。

2. 统计人员应当具备较高的专业素质

统计人员的专业素质直接关系到政府统计工作的质量和水平。为了保障统计工作的顺利开展，需要有一支业务水平过硬的统计队伍。《统计法》第三十一条主要从以下三个方面对提高统计人员的专业素质作了规定：

一是国家实行统计专业技术职务资格考试、评聘制度。根据国家有关规定，统计专业技术职务资格实行全国统一考试制度。统计专业技术职务资格考试由人力资源和社会保障部、国家统计局共同负责。统计专业技术职务资格考试设初级资格、中级资格和高级资格三个级别。统计专业技术职务包括高级统计师、统计师、助理统计师、统计员。统计员和助理统计师为初级资格，统计师为中级资格，高级统计师为高级资格。

通过全国统一考试取得统计专业初、中级资格的人员，用人单位可以根据工作需要和取得资格人员的业务能力决定其职务。取得全国统一组织的高级统计师考试合格证的人员，还应当进行高级统计师资格评审，评审合格后获得高级统计师任职资格，用人单位根据工作需要和取得资格人员的业务能力决定聘任其职务。国家实行统计专业技术职务资格考试、评聘制度，有利于提高统计人员的专业素质，保障统计队伍的稳定性。

二是统计人员应当具备与其从事的统计工作相适应的专业知识和业务能力。为了保障统计工作的顺利开展，提高统计工作的质量，《统计法》明确规定了统计人员应当具备与其从事的统计工作相适应的专业知识和业务能力。统计人员的专业知识涉及经济、统计、计算机、法律、外语等多个方面；统计人员的业务能力包括设计统计调查方案的能力、组织开展统计调查的能力、整理和分析统计资料的能力、提出统计咨询意见的能力、查处统计违法行为的能力等。每个统计人员都应该努力成为自己专业的专家。

三是县级以上人民政府统计机构应当加强对统计人员的专业培训和职业道德教育，以提高统计人员的专业素质、业务能力和职业道德水平。统计人员作为统计资料的填报者、搜集者、整理者，其专业素质、业务能力、职业道德水平直接关系到统计数据的真实、准确、完整、及时，而县级以上人民政府统计机构是组织和管理我国统计工作的政府职能部门，有义务保障统计数据的质量，维护统计工作正常秩序。因此，统计机构应当根据具体情况，采取各种方式来开展统计人员的专业培训和职业道德教育，如举办统计知识宣传，举办培训班、专题讲座等。

当今世界，科技发展日新月异，新发明、新理论层出不穷，知识更新异常迅速。无论是哪一方面的专业人才，甚至行家里手，都有很多不熟悉、不了解的东西，因此需要不断学习，不断更新知识结构，不断适应新形势。同时，统计工作越来越复杂，越来越需要各种各样的知识。统计事业的发展比以往任何时候都更加迫切需要大批的复合型人才。因此，每个统计人员除了要掌握一门专业知识，还要尽可能多地掌握与自己工作相关的各种知识。只有这样，才能适应未来统计工作的需要。

练　习　题

1. 判断题

（1）国家统计局制定的《统计从业资格认定办法》是统计行政规章。（　　）

（2）在我国，政府统计调查具有强制性，统计调查对象对乙方批准的统计报表有义务填报。（　　）

（3）县级以上人民政府有关部门根据统计任务的需要设立统计机构，或者在有关机构中设置统计人员，并指定统计负责人。这些统计机构和统计负责人在统计业务上受本级人民政府统计机构的指导。（　　）

（4）统计人员应当依法履行职责，如实搜集、报送统计资料，不得伪造、篡改统计资料，不得以任何方式要求任何单位和个人提供不真实的统计资料，对认为错误的统计资料要予以修正。（　　）

2. 选择题

（1）2009 年 6 月 27 日修订的《统计法》的施行时间为（　　）。

A. 2009 年 12 月 8 日　　B. 2010 年 1 月 1 日

C. 2009 年 10 月 1 日　　D. 2009 年 6 月 27 日

（2）制定《统计法》的目的是为了科学、有效地组织统计工作，保障统计资料的真实性、准确性、及时性和（　　）。

A. 独立性　　B. 完整性

C. 统一性　　D. 合法性

（3）统计职业道德的核心内容是（　　）。

A. 实事求是，不出假数　　B. 保守国家秘密统计资料

C. 为领导决策服务　　D. 进行统计调查时出示工作证件

（4）统计机构和统计人员依照统计法规定，独立行使的职权为（　　）。

A. 统计调查、统计报告、统计监督

B. 统计调查、统计分析、统计报告

C. 统计调查、统计分析、统计监督

D. 统计调查、统计咨询、统计监督

3. 多选题

(1) 根据《统计法》规定，下列属于统计调查对象的有（　　）。

A. 国家机关　　B. 涉外调查机构　　C. 企业事业单位

D. 个体工商户　　E. 个人

(2) 统计调查对象提供统计资料时必须（　　）。

A. 准确　　B. 真实　　C. 有效　　D. 完整　　E. 及时

(3) 统计人员有权（　　）。

A. 对违反统计法的政府机关进行罚款

B. 要求统计调查对象改正不真实、不准确的统计资料

C. 要求有关人员依照国家规定，如实提供统计资料

D. 对违反统计法的个人进行罚款

E. 向统计调查对象提出问题，询问与统计有关的情况

(4) 下列各项正确的是（　　）。

A. 统计人员应当搜集、报送真实、准确地反映客观情况和事实的资料，并对所报送的统计资料的真实性负责

B. 统计机构可以随时公布其汇总的统计资料

C. 统计人员负责保守在统计工作中知悉的国家秘密、商业秘密和个人信息

D. 统计人员在入户调查时必须出示工作证件，在其他统计调查中可以不出示工作证件

E. 统计人员应当对其负责搜集、审核、录入的统计资料与统计调查对象报送的统计资料的一致性负责

4. 简答题

(1) 统计法的概念、特点及作用是什么？

(2) 统计法的基本原则是什么？对我们做好统计工作有何指导意义？

(3) 统计人员的概念、职权及职责是什么？

5. 论述题

统计人员应具有什么样的职业道德和专业素质要求？

第十四章

统计违法行为与执法检查

第一节　统计违法行为

一、统计违法行为的概念及特征

（一）统计违法行为的概念

违法是指不符合现行法律所要求的或超出现行法律所允许的范围、具有社会危害性的行为。违法有广义和狭义之分：广义的违法指包括犯罪在内的一切违法；狭义的违法指除犯罪以外的一般违法。

统计违法行为是指行为人在统计活动中违反统计法和统计制度的规定，对统计法所保护的社会关系形成侵害的行为。这里讲的行为人，包括公民、法人和其他组织。具体来讲，既包括统计调查者，又包括被调查者；既包括统计资料公布和提供者，又包括统计资料使用者；既包括统计行政管理机关，又包括统计行政管理相对人；既包括个人，又包括法人和其他组织。

（二）统计违法行为的特征

1. 统计违法行为是具有社会危害性的行为

具有社会危害性是包括统计违法在内的一切违法最本质的、有决定意义的特征。没有社会危害性的行为不能认为是违法行为。在统计工作中，统计违法行为虽然不能直接导致损害人身关系、财产关系的危害后果，但这并不意味着统计违法行为不具有社会危害性。实际上，统计违法行为不仅会危及统计数据的准确性和及时性，破坏正常的统计工作管理秩序，损害国家利益和统计调查对象的合法权益，影响统计机构和统计人员依法履行职责，还可能从宏观上导致决策失误，政策和措施失效，监督失偏，危及国家的宏观管理和决策，危及我国的社会主义现代化建设事业。

2. 统计违法行为是行为人有过错的行为

仅有客观上的危害后果，而没有主观上的过错，不能认为是违法行为。只有行为人在主观上有过错，并且因为这种过错给正常的统计活动带来了一定的危害，其行为才能成为统计违法行为。过错，是指行为人对其所实施的行为所持的思想态度、心理状态，分为故意和过失两种。故意，是指明知自己的行为会发生危害社会的后果，并且希望或者放任这种结果发生的一种心理状态。过失，是指应当预见自己的行为会发生危害社会的后果，由于疏忽大意而没有预见，或者已经预见而轻信能够避免的一种心理状态。

3. 统计违法行为是违反统计法律规范的行为

这是统计违法行为的法律特征。需要指出，与统计有关的具有社会危害性的行为很多，但这些行为并不都属于统计违法行为，只有当其违反统计法律规范时，才构成统计违法行为。比如利用统计数据进行乱评比、乱排序的行为，虽然具有一定的社会危害性，但因为目前的统计法律、法规尚未对此做出相关规定，所以不属于统计违法行为。

二、统计违法行为的种类

根据统计法律、法规和规章的规定，主要有以下二十七类统计违法行为：

1. 提供不真实或者不完整的统计资料

提供不真实统计资料是指统计调查对象违反统计法律、法规、规章和统计制度的规定，在统计调查过程中，故意或者过失提供与实际情况不一致的统计资料的行为。该行为的基本特点是“与实际情况不一致”。如：①甲企业为逃避上级监管，掩盖超额发放工资的问题，在上报某年劳动报酬生活费指标时，故意将部分人员工资剔除，未予上报；②乙企业统计人员由于粗心大意，在上报某年劳动报酬生活费指标时，误将部分人员工资遗漏，未予上报。

提供不完整统计资料是指统计调查对象违反统计法律、法规、规章和统计制度的规定，故意或者过失提供不完整的统计资料的行为。如：①甲企业为掩盖耗能情况，在上报能源报表时，故意不提供汽油、柴油等消耗数据，仅提供水电消耗数据；②乙企业统计人员由于粗心大意，在上报 2009 年能源报表时，只提供了合计项数据，未提供若干其中项数据。

需要强调的是，提供不真实或者不完整统计资料违法行为并不以主观故意为必要条件，只要行为人在主观上有故意或者过失的过错，并因为这种过错导致提供的统计资料不真实或者不完整，就可以认定其已构成提供不真实或者不完整统计资料的违法行为。同时要说明，尽管主观过错不影响对违法行为的定性，但在具体处理过程中，主观过错类型是做出处理决定的重要依据。

2. 拒绝提供统计资料或者经催报后仍未按时提供统计资料

拒绝提供统计资料是指统计调查对象拒绝履行依法提供统计资料法定义务的行为。构成此项违法行为的前提是提供统计资料的要求必须是政府统计机构的合法要求。在实践中，提供统计资料的要求包括但不限于常规年定报、重大国情国力普查、临时性调查等法定义务。

催报是政府统计机构向逾期未报送统计资料的统计调查对象发出的、要求其在限定期限内补报统计资料的一种统计法律程序。催报不是必经的法律程序。催报可以采用多种方式进行，比较常用的有电话催报、网络催报等。

经催报后仍未按时提供统计资料是指统计调查对象未按照统计制度的要求在规定的上报期限内提供统计资料，经政府统计机构催报后，仍未按催报要求在补报期限内提供统计资料的行为。构成本行为应该满足两次未按时提供统计资料的条件，并且在第一次未按时提供之后，政府统计机构必须进行催报。催报的内容应当明确具体，同时应当告知补报期限。

需要注意的是，政府统计机构在上报期限届满前对统计调查对象进行的善意提醒不属于催报行为，不构成“催报”。

3. 拒绝答复或者不如实答复《统计检查查询书》

不如实答复《统计检查查询书》是指被查询对象虽然在规定期限内对所

查询问题进行了答复，但答复内容与实际情况不符的行为。行为人主观过错类型不影响对此项违法行为的定性，即无论行为人是基于何种原因故意不如实答复或者过失造成不如实答复均可构成此项违法行为。

4. 拒绝、阻碍统计调查、统计检查

统计调查是指为满足特定的需求和目的，采取科学的调查方法，有目的、有计划、有组织地及时搜集各项反映社会经济活动和科学试验成果的原始资料的过程。

统计检查是指县级以上政府统计机构为保障统计法律、法规、规章的履行，依照法定的程序和权限范围，对统计违法行为进行调查核实的过程。

拒绝、阻碍统计调查、统计检查是指统计调查对象在政府统计机构进行合法统计调查或者对统计违法行为进行统计检查的过程中，拒绝履行调查义务、拒绝配合统计检查，或者使用暴力、威胁等方式阻挠、抗拒统计调查、统计检查的行为。拒绝非政府统计调查，如一般商业调查，不构成此项违法行为。

5. 转移、隐匿、篡改、毁弃或者拒绝提供原始记录和凭证、统计台账、统计调查表及其他相关证明和资料

本项是指在统计数据核查或统计检查过程中，核查或检查对象不但不积极配合，反而为掩盖事实、逃避追究而转移、隐匿、篡改、毁弃及拒绝提供核查、检查所需的相关证明和资料的行为。

相关证明和资料包括但不限于统计原始记录和凭证、统计台账、统计报表，只要是核查、检查所需的，如会计资料、人事资料、生产运行资料等，均不得转移、隐匿、篡改、毁弃，不得拒绝提供。

6. 迟报统计资料

迟报统计资料是指统计调查对象晚于统计制度规定期限报送统计资料的行为。构成此项行为必须同时满足已上报和上报时间晚于统计制度规定期限这两个条件。

统计资料的上报期限以统计制度中的规定为准，除此之外，任何机构的口头和书面要求均不得对抗上述规定期限。

实践中，迟报统计资料存在两类情况：一是上报期限届满后，调查对象主动上报统计资料；二是上报期限届满后，经政府统计机构催报，调查对象在催报期限内上报统计资料。在政府统计机构催报后，如果调查对象在催报期限内仍未上报，则构成上文第二项“经催报后仍未按时提供统计资料”的违法行为。

例如，某单位某项报表的 8 月月报上报期限为 9 月 2 日，该单位逾期未报。9 月 3 日，县统计局向其送达了《统计报表催报通知书》，要求其在 9 月 5 日前补报。如该单位在 9 月 5 日前成功报送该报表，则构成迟报统计资料的违法行为；如仍未在 9 月 5 日前报送，不论之后是否报送，均构成经催报后仍未按时提供统计资料的违法行为。

7. 未按照国家有关规定设置原始记录、统计台账

原始记录是由统计调查对象自行制作或第三方提供的，记载统计调查所需要的源头数据的载体。它不必专门为统计调查所设立，但可以提供统计调查所需要的源头数据。如：能源使用记录、会计原始凭证、A 事档案等。

统计台账是根据统计调查的要求，为准确、全面、快捷地填写统计调查表而设置的一种过渡记录。它是连接原始记录和统计报表的桥梁，是体现统计数据加工过程的重要记录。

统计调查对象应当按照《统计法》第二十一条的要求，设置符合规定的原始记录、统计台账。设置各类原始记录、统计台账，应该按照部门规章、国家统计调查制度、地方统计调查制度、其他各类规范性文件的要求进行。没有上述各类规定，应当根据统计调查需要，自行设计制作。

例如，某企业为做好能源报表填报工作，应定期收集整理水、电、汽油、柴油等相关统计原始记录，如水电缴费单据、加油发票等，并将其中有用的统计信息登记在官方推荐或自行设计的统计台账上，便于填报统计报表时使用。

8. 利用虚假统计资料骗取荣誉称号、物质利益或者职务晋升

政府统计机构搜集、整理统计资料的重要目的在于为政府管理经济社会事务服务。同时，统计资料也在一定程度上反映了某个地方部门、单位的工

作成绩。在实践中，有的单位和个人往往为了本地区、本部门、本单位的局部利益、短期利益，甚至为个人私利，通过编造或者要求他人编造虚假统计资料等方式骗取荣誉称号、物质利益或者职务晋升。

本项违法行为的主体为单位或个人，但本行为的主体并不一定是制作虚假统计资料的主体。要求他人编造虚假统计资料骗取荣誉称号、物质利益或职务晋升的，也可以构成本项违法行为。

需要说明的是，编造的虚假统计资料与荣誉称号、物质利益或者职务晋升必须有因果关系，前者必须是后者的原因或原因之一。反之，如果行为主体获得荣誉称号、物质利益，或者职务晋升与虚假的统计资料无任何关联，则不能构成此项违法行为。

9. 自行修改统计资料

地方各级人民政府、政府统计机构和有关部门、单位的负责人，对本地方、本部门、本单位的统计工作负有领导责任。一方面，地方、部门单位的负责人，无论是作为统计活动组织实施主体的负责人，还是作为统计调查对象的负责人，都应加强对统计工作的领导，为统计工作的顺利开展给予支持，提供保障，并应当加强对统计法执行情况的监督，保证统计工作的质量；另一方面，地方、部门、单位的负责人对统计工作的领导应在法定范围内进行，不得干预，统计机构、统计人员应依法独立行使统计调查、统计报告、统计监督的职权。

针对地方人民政府、政府统计机构或者有关部门、单位的负责人在统计上应当负有的责任，《统计法》第三十七条对地方人民政府、政府统计机构或者有关部门、单位的负责人的统计违法行为进行了规定，自行修改统计资料就是其中的一种，具体的表现是指违法行为主体违反规定的权限、程序和要求，擅自修改统计资料的行为。

10. 编造虚假统计数据

根据《统计法》第三十七条的规定，编造虚假统计数据的违法行为主体是地方人民政府、政府统计机构或者有关部门、单位的负责人。编造虚假统计数据的客观表现是，没有事实根据，凭主观臆测捏造不真实的统计数据的行为。

11. 要求统计机构、统计人员或者其他机构、人员伪造、篡改统计资料

要求统计机构、统计人员或者其他机构、人员伪造、篡改统计资料，是指地方人民政府、政府统计机构或者有关部门、单位的负责人以强令、授意、胁迫等方式要求有关单位或个人伪造、篡改统计资料的行为。

例如，某市辖区副区长为保证该区年固定资产投资增长率达标，多次授意有关企事业单位通过编造虚假固定资产投资项目、篡改投资项目完成额等方式确保固定资产投资增长。该副区长的行为严重违反了统计法规定，构成了“要求有关单位伪造、篡改统计资料”的违法行为。

12. 打击报复依法履行职责或者拒绝、抵制统计违法行为的统计人员

统计法律、法规保障统计人员依法履行统计调查、统计报告、统计监督的职权，拒绝和抵制各种统计违法行为。如果地方人民政府、政府统计机构或者有关部门、单位的负责人凭借手中的职权，对统计工作和统计人员进行行政干预，不依法保障统计人员依法履行职责，甚至对依法履行职责或者拒绝、抵制统计违法行为的统计人员进行打击报复，就要承担法律责任。《统计法》第三十七条规定的“打击报复统计人员”，是指利用权力，对依法履职或拒绝、抵制统计违法行为的统计人员采取撤职、降级、调离岗位、经济处罚等方式进行打击、迫害的行为。

13. 对本地方、本部门、本单位发生的严重统计违法行为失察

修订后《统计法》的一个重要特点，就是实施了统计行政问责制，强化了领导人员在统计上的法律义务。为了维护统计数据质量，保障统计工作的顺利开展，统计法规定了地方人民政府、政府统计机构或者有关部门、单位的负责人对严重统计违法行为的失察责任。地方人民政府、政府统计机构或者有关部门、单位的负责人对本地方、本部门、本单位的统计活动负有督查职责，当本地方、本部门、本单位发生严重的统计违法行为时，若由于有关负责人工作上的疏失没有发现，或者发现后未立即予以纠正，而是听之任之，造成不良的后果，就构成了《统计法》第三十七条规定的违法行为。

例如，某省统计局对所辖某县工业统计数据进行巡查，发现该县许多工

业企业存在虚报数据情况，工业统计数据质量整体严重失实。该县分管统计工作的县领导对全县统计活动有督查职责，但并未发现上述严重的统计数据质量问题或发现后不予纠正，构成了对本地方发生的严重统计违法行为失察的统计违法行为。

14. 未经批准擅自组织实施统计调查或未经批准擅自变更统计调查制度内容

县级以上人民政府统计机构和有关部门及其统计人员是统计调查活动的组织实施者，其依法独立行使统计调查的职权，受法律保护。同时，政府统计机构和有关部门及其统计人员应当依法履行职责，遵守国家统计调查制度。

本条违法行为的主体是特定主体，即县级以上人民政府统计机构或者有关部门及其统计人员。违法行为的表现为，违法行为主体违反统计法、国家有关制度的规定，违反法定程序擅自组织实施统计调查，或者未经有关部门审批或备案，擅自变更已有的统计调查制度。

15. 伪造、篡改统计资料

修订后的《统计法》中，伪造篡改统计资料的违法行为主体是特定主体，即县级以上人民政府统计机构或者有关部门及其统计人员。伪造统计资料，是指行为人没有任何客观事实根据，主观地编造虚假统计数据或者统计资料并报送的行为。伪造统计资料的行为，其最基本的特征是凭空捏造，无中生有。篡改统计资料是指，行为人利用某种职务上或工作上的便利条件，擅自修改已有的统计资料并报送的行为。其最基本的特征是在已有的统计资料的基础上进行非法修改。非法修改主要表现为两种方式，一是程序不合法，即修改统计资料未按统计法和统计制度规定的程序进行；二是内容不合法，即不管统计资料是否真实，而是出于种种目的和原因，擅自对依法提供的统计资料进行修改。

16. 要求统计调查对象或者其他机构、人员提供不真实的统计资料

要求统计调查对象或者其他机构、人员提供不真实的统计资料，是指县级以上人民政府统计机构或者有关部门及其统计人员以强令、授意、胁迫、诱导等任何方式，要求任何单位和个人提供不真实的统计资料的行为。

17. 未按照统计调查制度的规定报送有关资料

根据《统计法》第三十八条的规定，县级以上人民政府统计机构或者有关部门及其统计人员，如果不按照统计调查制度的规定，不如实、不及时、不完整或者拒绝报送统计资料或者其他有关资料，构成未按照统计调查制度的规定报送有关资料的统计违法行为。

18. 违法公布统计资料

依照《统计法》的规定，县级以上人民政府统计机构和有关部门及其统计人员应当按照国家有关规定公布统计资料，对于依法应当公布的，应当按照国家规定的权限和程序予以公布。如果县级以上人民政府统计机构和有关部门及其统计人员不按照同家规定的权限和程序公布统计资料，依照《统计法》第三十九条规定，构成违法公布统计资料的行为。

19. 泄露调查对象的商业秘密、个人信息或者提供、泄露在统计调查中获得的能够识别或者推断单个统计调查对象身份的资料

所谓商业秘密，是指不为公众所知悉，能为权利人带来经济利益，具有实用性并经权利人采取保错措施的技术信息和经营信息。泄露商业秘密，将对权利人的利益造成损害。

所谓个人信息，是指与个人有关的并能够识别特定个人身份的所有信息，如个人的身份信息、财产信息、行为特征信息等。公民的个人信息反映公民的个人特征和情况，如果泄露为公众所知晓，可能侵害公民的隐私等法定权利，也可能给公民造成很大不便，或者为他人利用公民个人信息从事侵害公民合法权益的活动提供便利条件。

县级以上人民政府统计机构和有关部门在依法实施统计调查时，能够知悉统计调查对象的商业秘密或者个人信息。对知悉的这些商业秘密和个人信息，政府统计机构和有关部门有义务予以保密，不得对外泄露或者公布。

按照《统计法》的规定，政府统计机构和有关部门及其统计人员，还应当对在统计调查中获得的能够识别或者推断单个统计调查对象身份的资料予以保护。如果政府统计机构和有关部门及其统计人员对外提供或者泄露能够识别或者推断单个统计调查对象身份的资料，就相当于在事实上对外提供或

者公开具体调查对象的资料，有可能侵犯调查对象的权利，给调查对象造成顾虑，进而影响统计调查的顺利实施，最终影响统计数据质量。

根据《统计法》第三十九条的规定，政府统计机构和有关部门及其统计人员泄露调查对象的商业秘密、个人信息或者提供、泄露在统计调查中获得的能够识别或者推断单个统计调查对象身份的资料，构成统计违法行为。

20. 违反国家有关规定，造成统计资料毁损、灭失

为了加强统计基础工作，保障统计资料来源的真实性、准确性、完整性和及时性，县级以上人民政府统计机构或者有关部门，应当建立健全统计资料交接、归档制度，以保障统计工作的延续性，保障统计资料的安全性，并防止统计资料的毁损、灭失。如果县级以上人民政府统计机构或者有关部门不按照国家规定管理统计资料，造成统计资料毁损、灭失的，根据《统计法》第三十九条的规定，构成造成统计资料毁损、灭失的统计违法行为。

21. 泄露国家秘密

所谓国家秘密，是指关系国家安全和利益，依照法定程序确定，在一定时间内只限于一定范围的人员知悉的事项，包括绝密级国家秘密、机密级国家秘密和秘密级国家秘密。

《中华人民共和国保守国家秘密法》第八条规定，一切国家机关、武装力量、政党、社会团体、企业事业单位和公民都有保守国家秘密的义务。统计机构、统计人员对于在统计工作中知悉的国家秘密同样应当予以严格保密，不得泄露。统计机构、统计人员不论以何种方式泄露了在统计工作中知悉的国家秘密，均构成统计违法行为。

22. 违反重大国情国力普查法规

重大国情国力普查，是国家专门组织的、全国性的、对全体统计调查对象进行的统计调查。目前，我国实行的重大国情国力普查主要包括人口普查、经济普查、农业普查等。特别是人口普查，需要得到全体公民的支持配合。

如果个人在重大国情国力普查活动中拒绝、阻碍统计调查，或者不如实、不完整地提供普查资料，会对普查工作的开展和普查数据的质量造成不良影响，因此，《统计法》第四十四条对个人在重大国情国力普查活动中的统计违

法行为进行了规定。

《全国经济普查条例》《全国人口普查条例》和《全国农业普查条例》对《统计法》进行了重要补充。对于在经济普查、人口普查或农业普查过程中发生的拒绝或者妨碍接受普查机构、普查人员依法进行调查的，提供虚假或者不完整的普查资料的，未按时提供与普查有关的资料，及经催报后仍未提供有关资料等的统计违法行为，应当按照普查条例的相关规定予以查处。

23. 违反《统计违法违纪行为处分规定》

《统计违法违纪行为处分规定》，是由监察部、人力资源和社会保障部、国家统计局共同颁布的联合部门规章，自 2009 年 5 月 1 日开始施行。

《统计违法违纪行为处分规定》是对《统计法》的重要补充。《统计违法违纪行为处分规定》补充规定了以下违法行为：地方、部门以及企业、事业单位、社会固体的领导人员，对本地区、本部门、本单位严重失实的统计数据，应当发现而未发现或者发现后不予纠正，造成不良后果的；各级人民政府统计机构、有关部门及其工作人员故意拖延或者拒绝报送统计资料的；明知统计数据不实，不履行职责调查核实，造成不良后果的。

24. 违反《统计从业资格认定办法》

这类统计违法行为，是指聘请、任用未按规定取得统计从业资格的人员从事统计工作或者在《统计从业资格证书》的申请与受理、审查与处理、使用与管理过程中，违反《统计从业资格认定办法》的行为。

25. 违反《统计执法检查规定》

这类统计违法行为，是指在统计执法检查活动中，统计执法检查机关，地方、部门、单位的领导人和被检查对象，违反《统计执法检查规定》的有关规定，影响统计执法检查正常开展的行为。这些违法行为包括：统计执法检查机关瞒案不报，压案不查，包庇、纵容统计违法行为；不按法定权限、程序和要求执行公务，造成不利后果；违反保密规定，泄露举报人或案情；滥用职权，徇私舞弊等；地方、部门、单位的领导人及其他责任人员不接受或不按规定组织实施统计执法检查：造成本地区、本部门、本单位重要统计数据失实等。

26. 违反《国家统计调查证管理办法》

这类统计违法行为，是指依法持有国家统计调查证的统计调查人员，违反《国家统计调查证管理办法》有关规定的行为。

27. 违反《涉外调查管理办法》

这类统计违法行为，是指进行涉外调查活动的机构和人员在进行涉外调查活动过程中，违反《涉外调查管理办法》有关规定的行为。

三、统计法律责任

（一）统计法律责任的概念及特征

1. 统计法律责任的概念

法律责任有广义和狭义之分。广义的法律责任与法律义务意思相同。狭义的法律责任，又称违法责任，是专指法律关系中的主体由于其行为违法，按照法律规定必须承担的消极法律后果。我们通常所说的法律责任，是指狭义的法律责任。

统计法律责任，是指行为人对其违反统计法律规范的行为所应承担的惩罚性法律后果。

2. 统计法律责任的特征

（1）统计法律责任的承担者，必须是具有统计违法行为的公民、法人和其他组织。

这就是说，统计法律责任与统计违法行为有不可分的联系，统计违法行为是承担统计法律责任的前提和基础。只有某种统计违法行为存在，才能追究行为人的法律责任。如果行为人未实施统计违法行为，则不能追究其统计法律责任。

（2）统计法律责任的内容是由法律规范明确规定的。

即法律责任的大小、范围、种类、追诉期限、性质等，都是由法律、法规和规章明确规定的，对什么样的统计违法行为应追究什么样的统计法律责任，在统计法律规范中有明确、具体的规定。

（3）统计法律责任的认定和追究，必须由专门机关通过法定程序来进行，其他任何组织和个人均无此权力。

（4）统计法律责任具有国家强制性。

统计法律责任由国家司法机关和法律授权的国家行政机关对统计违法行为依法追究，由国家强制力保证其执行。

由于统计违法行为的性质和危害程度不同，统计违法者所承担的统计法律责任也不同。根据《统计法》的规定，统计法律责任可以分为行政法律责任和刑事法律责任两种。

（二）行政法律责任

统计行政法律责任主要包括统计行政处罚和统计违法违纪行为处分两种形式。另外，取消荣誉称号、追缴获得的物质利益和撤销晋升的职务也属于行政法律责任的形式。通报、批评教育一般也可列入行政法律责任的范畴。

1. 统计行政处罚

（1）统计行政处罚的概念及特征

统计行政处罚，是指各级统计监督检查机关依法对违反统计法律规范的行为给予的行政处罚。它是统计法律责任制度的重要组成部分。

统计行政处罚作为一种具体的统计行政行为，具有以下四个特点：

①实施统计行政处罚的主体只能是各级统计监督检查机关。对行为人的统计违法行为，只能由国家统计局及其派出的调查队和地方各级人民政府统计机构在法定职责和权限范围内按照法定程序给予统计行政处罚，其他任何机关和组织均不具有此权力。

②被处罚的行为是违反统计法律规范的行为。即统计行政处罚的做出是以统计行政管理相对人的统计违法行为为前提的。

③统计行政处罚属于行政制裁范畴，只适用于统计行政违法，不适用于民事违法和统计犯罪，不同于民事处罚和刑事处罚。

④被处罚的对象是实施了统计违法行为的统计违法行为人。

（2）统计行政处罚的原则

统计行政处罚的原则，是指由法律规定、设定并在实施统计行政处罚时必须遵守的准则。主要有：

①统计行政处罚法定原则。统计行政处罚影响被处罚者的权益，应当采取法定原则。统计行政处罚的法定原则，主要包括以下三个方面：

一是统计行政处罚的依据必须是法定的，无明文规定不处罚。公民、法人或者其他组织的行为，只有在统计法律、法规和规章明确规定应处罚、给予何种处罚时，才受统计法律规范规定的统计行政处罚；没有规定的，不受处罚。例如，在全国人口普查中，公民甲因心存顾虑而未配合普查登记，甲居住地的统计机构遂对其做出罚款的行政处罚。此案中，统计机构由于缺乏法律依据，无权对甲进行罚款。甲既可以依法申请行政复议，也可以直接去统计机构所在地的基层人民法院提起行政诉讼。

二是实施统计行政处罚的主体及其职权是法定的。在我国，行政处罚权是一项特定的行政权力，只有具有行政处罚权的行政机关，法律、法规授权的具有管理公共事务职能的组织或者行政机关依照法律、法规、规章的规定委托的组织，才能行使行政处罚权，其他任何机关、组织和个人均无权行使。

三是统计行政处罚的程序是法定的。统计行政处罚法定原则，不仅要求实体合法，也要求程序合法。程序合法是实体合法的保障。统计监督检查机关在实施统计行政处罚时，如果不严格履行法定的程序，统计行政处罚是违法的、无效的。

②公正、公开的原则。所谓公正，就其词义来说，是指公平正直、没有偏私。所谓公开，是指不加隐蔽。公正原则，是指在实施统计行政处罚时，要以事实为根据，以法律为准绳。要查明统计违法事实，以事实为根据，没有违法事实的，不得给予统计行政处罚。给予什么统计行政处罚，要以统计法为准绳，与统计违法行为的事实、性质、情节以及社会危害程度相当，不得滥罚。公开原则，是指做出统计行政处罚的规定要公开，要让全体人民周知，它是合法原则、公正原则的外在表现形式。统计行政处罚的全过程也应当是公开的、开放的。要坚持统计行政处罚公正、公开原则，除要求各级统计执法检查机关对被处罚者公平对待，一视同仁，建立完善的回避制度、听证制度、办案公开制度等相关制度外，最重要、最关键的是正确行使统计行政处罚的自由裁量权。

③统计行政处罚与统计违法行为相适应的原则，即“过罚相当”的原则。在统计法律规范中，都明确规定了与统计违法行为相适应的处罚种类。统计监督检查机关在实施统计行政处罚时，应严格按照统计法律规范的规定执行，既不能对轻微的统计违法行为给予很重的或者较重的统计行政处罚，也不能对社会危害相当大的统计违法行为给予较轻的统计行政处罚或者不予处罚。

（3）统计行政处罚的种类

《中华人民共和国行政处罚法》第八条规定的行政处罚种类有七种：警告；罚款；没收违法所得、没收非法财物；责令停产停业；暂扣或者吊销许可证、暂扣或者吊销执照；行政拘留；法律、行政法规规定的其他行政处罚。

《统计法》规定的统计行政处罚的种类有：

①警告（属申诫罚的一种），是指行政机关对公民、法人或者其他组织违反行政管理法律规范行为的谴责和警示，其目的是通过对违法行为人一种精神上的惩戒，以申明其有违法行为，并使其以后不再违法，否则就要受到更严厉的处罚。

在统计法律规范中，警告主要适用于以下情况：

a. 违反《统计法》的行为：作为统计调查对象的国家机关、企业事业单位或者其他组织、个体工商户提供不真实或者不完整的统计资料；拒绝提供统计资料或者经催报后仍未按时提供统计资料；拒绝答复或者不如实答复《统计检查查询书》；拒绝、阻碍统计调查、统计检查；转移、隐匿、篡改、毁弃或者拒绝提供原始记录和凭证、统计台账、统计调查表及其他相关证明和资料；迟报统计资料；未按照国家有关规定设置原始记录、统计台账。

b. 违反《全国经济普查条例》的行为：企业事业组织、个体经营户拒绝或妨碍经济普查机构、经济普查人员依法进行调查；提供虚假或者不完整的经济普查资料；未按时提供与经济普查有关的资料，经催报后仍未提供。

c. 违反《全国农业普查条例》的行为：农业生产经营单位、农业生产经营户拒绝或者妨碍普查办公室、普查人员依法进行调查；提供虚假或者不完整的农业普查资料；未按时提供与农业普查有关的资料，经催报后仍未提供；拒绝、推诿和阻挠依法进行的农业普查执法检查；在接受农业普查执法检查时，转移、隐匿、篡改、毁弃原始记录、统计台账、普查表、会计资料及其他相关资料。

此外，警告还适用于违反《统计执法检查规定》第三十八条、《统计从业资格认定办法》第二十五条和第二十八条、《统计调查证管理办法》第十二条以及《涉外调查管理办法》第三十三条的行为。

②罚款（属财产罚的一种），是指行政机关强迫违法行为人缴纳一定数额的货币，从而依法损害或者剥夺行为人某些财产权的一种处罚。罚款就是依法对行为人财产权的剥夺，不管行为人是否侵犯了他人的财产权利，只要违反了法律、法规，危害了行政管理秩序，就可以依法予以罚款。

罚款针对作为调查对象的企业事业单位、其他组织、个体经营户适用，除主要适用于以上警告适用的三种情况之外，还适用于违反《统计执法检查规定》第三十八条、《统计从业资格认定办法》第二十五条、《涉外调查管理办法》第三十一条至第三十三条的行为。

2. 统计违法违纪行为处分

（1）处分的概念及特征

处分，是行政机关对本机关违法的工作人员，或行政监察机关对国家工作人员施行的行政制裁措施。根据《中华人民共和国公务员法》（以下简称《公务员法》）的规定，对国家公务员的行政处分分为六种：警告、记过、记大过、降级、撤职、开除。处分的主要特征是：

①处分的适用对象只能是国家工作人员，包括：行政机关公务员；法律、法规授权的具有公共事务管理职能的事业单位中经批准参照《公务员法》管理的工作人员；行政机关依法委托的组织中除工勤人员以外的工作人员；企业事业单位、社会团体中由行政机关任命的人员。

②处分的适用，一般以上下级的隶属关系为前提。隶属关系，又称领导与被领导关系，它的直接形式是对干部或职工的管理权限。但是，处分的适用，也有法律规定的例外情况。例如，根据《行政监察法》的规定，监察机关对国家各类公务员的违法或失职行为，可以直接给予撤职以下的行政处分。

③处分是一种内部具体行政行为。当事人对所受行政处分不服的，既不

能要求行政复议，也不能提起行政诉讼，只能通过申诉程序解决。

（2）统计违法违纪行为处分

统计违法违纪行为处分，是指任免机关或监察机关对实施统计违法违纪行为的有关行政领导或者责任人员给予的行政制裁措施。统计违法违纪行为处分是统计法律责任中一种主要的行政制裁方式，在整个统计法律责任制度中占有非常重要的地位。《统计违法违纪行为处分规定》是我国第一部关于统计违法违纪行为处分方面的部门规章，对地方、部门、单位的领导人员，各级人民政府统计机构、有关部门及其工作人员，统计调查对象的各类统计违法违纪行为及量纪标准作了明确规定。

①统计违法违纪行为处分的适用。根据《统计违法违纪行为处分规定》，处分适用于：

a. 地方、部门以及企业、事业单位、社会团体的领导人员自行修改统计资料、编造虚假数据的；强令授意本地区、本部门、本单位统计机构、统计人员或者其他有关机构、人员拒报、虚报、瞒报或者篡改统计资料、编造虚假数据的；对拒绝、抵制篡改统计资料或者对拒绝、抵制编造虚假数据的人员进行打击报复的；对揭发、检举统计违法违纪行为的人员进行打击报复的；对本地区、本部门、本单位严重失实的统计数据，应当发现而未发现或者发现后不予纠正，造成不良或严重后果的。

b. 各级人民政府统计机构、有关部门及其工作人员在实施统计调查活动中强令、授意统计调查对象虚报、瞒报或者伪造、篡改统计资料的；参与篡改统计资料、编造虚假数据的；故意拖延或者拒报统计资料的行为；在实施统计调查活动中明知统计数据不实，不履行职责调查核实，造成不良后果的；违反国家规定的权限和程序公布统计资料造成不良后果的；泄露属于国家秘密的统计资料造成不良后果的；泄露统计调查对象个人、家庭资料和商业秘密，造成不良后果的；违反国家有关规定，造成统计资料损毁、灭失的。

c. 作为统计调查对象中的国家机关、企业事业单位或者其他组织，有下列违法行为，其直接负责的主管人员和直接责任人员，属于国家工作人员的，可以给予处分：虚报、瞒报统计资料的；伪造、篡改统计资料的；拒报统计资料的；屡次迟报统计资料的；拒绝提供情况、提供虚假情况或者转移、隐匿、毁弃原始统计记录、统计台账、统计报表以及与统计有关的其他资料的。

此外，还有一种违法违纪行为，针对的是不特定的主体，即包庇、纵容统计违法违纪行为的行为。

②统计违法违纪行为处分的决定机关。根据国家有关法律和干部管理权限，处分的最终决定机关是违法行为人的任免机关或者是监察机关。根据《统计法》的规定，统计监督检查机关对本机关违反统计法律规范的有关人员可以依法直接给予处分。县级以上人民政府统计机构查处统计违法行为时，认为对本机关以外的有关国家工作人员依法应当给予处分的，应当提出给予处分的建议；该国家工作人员的任免机关或者监察机关应当依法及时做出决定，并将结果书通知县级以上人民政府统计机构。

（3）通报

①通报是《统计法》规定的一种行政法律责任形式，具有如下特征：

a. 由人民政府或县级以上人民政府统计机构依法行使。

b. 通报适用的对象比较广泛，既包括有统计违法行为的地方人民政府、政府统计机构或有关部门，又包括县级以上人民政府统计机构，还包括作为统计调查对象的国家机关、企业、事业单位或者其他组织。

②通报主要适用于以下统计违法行为：

a. 地方人民政府、政府统计机构或者有关部门、单位的负责人自行修改统计资料、编造虚假统计数据的；要求统计机构、统计人员或者其他机构、人员伪造、篡改统计资料的；对依法履行职责或者拒绝、抵制统计违法行为的统计人员打击报复的；对本地方、本部门、本单位发生的严重统计违法行为失察的。

b. 县级以上人民政府统计机构或者有关部门未经批准擅自组织实施统计调查的；未经批准擅自变更统计检查制度内容的；伪造、篡改统计资料的；要求统计调查对象或者其他机构、人员提供不真实的统计资料的；未按照统计调查制度的规定报送有关资料的；违法公布统计资料的；泄露统计调查对象的商业秘密、个人信息或者提供、泄露在统计调查中获得的能够识别或者推断单个统计调查对象身份的资料的；违反国家有关规定，造成统计资料毁损、灭失的。

c. 作为统计调查对象的国家机关、企业事业单位或者其他组织拒绝提供统计资料或者经催报后仍未按时提供统计资料的；提供不真实或者不完整的统计资料的；拒绝答复或者不如实答复统计检查查询书的；拒绝、阻碍统计调查、统计检查的；转移、隐匿、篡改、毁弃或者拒绝提供原始记录和凭证、统计台账、统计调查表及其他相关证明和资料的。

d. 普查对象违反《全国经济普查条例》《全国农业普查条例》情况的。

e. 违反《统计执法检查规定》第三十八条和第三十九条规定的。

f. 违反《统计从业资格认定办法》第二十五条和第二十八条等项规定的。

（4）取消荣誉称号、追缴获得的物质利益和撤销晋升的职务

取消荣誉称号、追缴获得的物质利益和撤销晋升的职务属于统计行政法律责任的范畴，也是统计法律责任体系中一种较具特色的法律责任方式。根据《统计法》的规定，对于利用虚假统计资料骗取荣誉称号、物质利益或者职务晋升的，除对其编造虚假统计资料或者要求他人编造虚假统计资料的行为依法追究法律责任外，由做出有关决定的单位或者其上级单位、监察机关取消其荣誉称号，追缴获得的物质利益，撤销晋升的职务。

应当指出的是，行使取消荣誉称号、追缴获得的物质利益和撤销晋升的职务这种权力的主体，并不是各级统计行政机关，而是做出授予荣誉称号、给予物质奖励和予以晋升职务的单位或者其上级机关、监察机关。其中，对于骗取晋升职务的，还应当按照选举、任免、聘任权限的不同，分别由选举产生该违法当事人的机关和任命、聘任该违法当事人的机关处理。与统计违法违纪行为处分一样，对于非本机关的工作人员，各级政府统计机构只有取消荣誉称号、追缴获得的物质利益和撤销晋升的职务的建议权，而没有直接处理权。

（5）批评教育

根据《统计法》第四十四条的规定：作为统计调查对象的个人在重大国

情国力普查活动中拒绝、阻碍统计调查，或者提供不真实或者不完整的普查资料的，由县级以上人民政府统计机构责令改正，予以批评教育。这里的批评教育不是一般意义上对错误行为提出意见和教育指导，而是一种具有训诫性质的统计行政法律责任形式，其适用对象是特定的，即在重大国情国力普查活动中拒绝、阻碍统计调查，或者提供不真实或者不完整的普查资料的个人；其实施机关也是特定的，即县级以上人民政府统计机构；适用的目的是消除和惩戒调查对象在重大国情国力普查活动中拒绝、阻碍统计调查，或者提供不真实或者不完整的普查资料的违法行为，教育警示调查对象，使调查对象支持和配合重大国情国力普查活动。

（三）刑事法律责任

刑事法律责任是指具有刑事责任能力的人实施了国家刑事法律规定的犯罪行为所应承担的法律后果。

《统计法》第四十七条是关于依法追究统计违法行为刑事责任的规定。《中华人民共和国刑法》（以下简称《刑法》）对构成犯罪的行为及其刑事责任作了具体规定。因此，《统计法》对刑事责任只作了衔接性规定。对违反《统计法》规定的行为，符合我国《刑法》规定的犯罪构成要件的，应当依照《刑法》的规定追究刑事责任。主要包括以下五种情况：

第一，《统计法》第三十七条所规定的地方人民政府、政府统计机构或者有关部门、单位的负责人对依法履行职责或者拒绝、抵制统计违法行为的统计人员打击报复的统计违法行为，情节严重，构成犯罪的，对应《刑法》条款为第二百五十五条。根据该条规定，公司、企业、事业单位、机关、团体的领导人，对依法履行职责、抵制违反《中华人民共和国会计法》《统计法》行为的会计、统计人员实行打击报复，情节恶劣的，处三年以下有期徒刑或者拘役。

第二，《统计法》第三十九条第一款第二项所规定的泄露统计调查对象的商业秘密、个人信息或者提供、泄露在统计调查中获得的能够识别或者推断单个统计调查对象身份的资料的统计违法行为，情节严重，构成犯罪的，对应《刑法》第二百五十三条的规定。根据该条规定，国家机关或者金融、电信、交通、教育、医疗等单位的工作人员，违反国家规定，将本单位在履行职责或者提供服务过程中获得的公民个人信息，出售或者非法提供给他人，情节严重的，处三年以下有期徒刑或者拘役，并处或者单处罚金。窃取或者以其他方法非法获取上述信息，情节严重的，依照前款的规定处罚。单位犯前两款罪名的，对单位判处罚金，并对其直接负责的主管人员和其他直接责任人员，依照各该款的规定处罚。

第三，《统计法》第四十条规定的统计机构、统计人员泄露国家秘密的违法行为，对应《刑法》第三百九十八条。根据该条规定，国家机关工作人员违反保守国家秘密法的规定，故意或者过失泄露国家秘密，情节严重的，处三年以下有期徒刑或者拘役；情节特别严重的，处三年以上七年以下有期徒刑。

第四，《统计法》第四十一条第一款第四项所规定的拒绝、阻碍统计调查、统计检查的统计违法行为，情节严重，构成犯罪的，对应《刑法》第二百七十七条第一款。根据该条规定，以暴力、威胁方法阻碍国家机关工作人员依法执行职务的，处三年以下有期徒刑、拘役、管制或者罚金。

第五，《统计法》第四十九条第三款规定的利用统计调查危害国家安全、损害社会公共利益或者进行欺诈活动的违法行为，构成犯罪的，对应《刑法》中危害国家安全罪和危害公共安全罪的规定依法追究刑事责任。

第二节　统计执法检查

一、统计执法检查的基本含义

（一）统计执法检查的概念

统计执法检查是指统计执法检查机关，依照法定的权限、程序和方式，对公民、法人和其他组织在统计活动中贯彻执行统计法律法规和统计制度的情况进行监督检查，以及对统计违法行为进行查处等各种活动的总称。统计执法检查是使统计法律法规和统计制度得以实现的重要保证，是实现依法统计、确保统计数据质量的重要手段。

（二）统计执法检查的特征

统计执法检查具有四个基本特征：

1. 统计执法检查是由国家依法授权的机关进行的

《统计法》第三十三条规定："国家统计局组织管理全国统计工作的监督检查，查处重大统计违法行为。县级以上地方人民政府统计机构依照本法规定查处统计违法行为。国家统计局派出的调查机构组织实施的统计调查活动中发生的统计违法行为，由组织实施该项统计调查的调查机构负责查处。"可见，国家统计局及其派出的调查队、县级以上地方各级人民政府统计机构是国家依法授权的统计执法检查机关，依法具有统计执法检查权。但是，根据该条第三款的规定，法律、行政法规对查处统计违法行为的部门另有规定的，从其规定。

2. 统计执法检查是一种行政执法活动，具有严肃性、权威性和国家强制性

一方面，各级统计执法检查机关要忠于职守，正确地履行职责，认真做好对统计法规和统计制度贯彻执行情况的监督检查，不得随意放弃对各种统计违法行为的查处权。另一方面，各级统计执法检查机关在行使检查职权时，被检查单位和个人必须予以配合，不得干涉、阻挠或者拒绝检查。

3. 统计执法检查是按照一定的权限、程序和方式进行的

首先，为了防止滥用检查权，保障被检查对象的合法权益，统计执法检查是按照一定的权限进行的。《统计法》第三十三条第二款对县级以上地方各级人民政府统计机构国家统计局派出的调查队在统计违法行为的权限上作了如下划分：县级以上地方人民政府统计机构依照本法规定查处统计违法行为。国家统计局派出的调查机构组织实施的统计调查活动中发生的统计违法行为，由组织实施该项统计调查的调查机构负责查处。

其次，各级统计执法检查机关必须严格按照法律法规规定的程序、方式

进行执法检查，不能自行其是。

4. 统计执法检查具有主动性

统计机构要通过开展统计调查、统计分析以及统计监督，完成《统计法》所规定的各项任务，需要通过执法检查创造良好的外部环境，保障统计工作科学有序地进行。这就决定了统计执法检查应该是积极的、主动的活动。统计执法检查，不仅要对已经发生的统计违法行业进行严肃查处，还要主动做好防患于未然的工作，通过积极开展统计执法检查，查找违法隐患，纠正违法行为，提高全社会的统计法律意识，预防、减少各种统计违法行为的发生。

二、统计执法检查的对象

按照现行统计法律法规的有关规定，统计执法检查的对象主要有以下三类：

1. 有上报统计资料义务的统计调查对象

《统计法》第七条规定："国家机关、企事业单位和其他组织以及个体工商户和个人等统计调查对象，必须依照本法和国家有关规定，真实、完整、及时地提供统计调查所需的资料，不得提供不真实或者不完整的统计资料，不得迟报、拒报统计资料。"这是《统计法》对各类统计调查对象上报义务的规定，同时《统计法》第四十一条、第四十二条和第四十四条对调查对象不履行如上法律义务所要承担的法律后果作了明确规定。依据这些规定，有上报统计资料义务的统计调查对象是统计执法检查的对象，有义务接受统计执法检查机关所进行的执法检查。

2. 依法组织实施政府统计调查和管理公布统计资料的人民政府、政府统计机构和政府有关部门

根据《统计法》和《统计执法检查规定》的有关规定，县级以上人民政府及其监察机关对下级人民政府、本级人民政府统计机构和有关部门执行统计法律、法规的情况，实施监督；上级人民政府统计机构有权对下级人民政府统计机构、同级政府有关部门贯彻执行统计法律法规和统计制度的情况进

行监督检查。

3. 从事涉外调查的涉外调查机构

2004 年 10 月 13 日国家统计局公布的《涉外调查管理办法》对在我国境内从事涉外调查的涉外调查机构的资格认定和管理、涉外调查项目的管理，以及违反法律法规规章进行涉外调查所应承担的法律责任进行了详细规定。根据《统计执法检查规定》第十三条第十款的规定，是否依法进行涉外调查是统计执法检查的检查事项之一。因此，在我国境内从事涉外调查的涉外调查机构也是统计执法检查的对象之一。

三、统计执法检查的内容

统计执法检查是对现行统计法律法规执行情况的全面监督检查。根据《统计执法检查规定》第十三条的规定，统计执法检查内容主要包括以下十一个方面：

（1）是否存在侵犯统计机构和统计人员独立行使统计调查、统计报告、统计监督职权的行为。

（2）是否存在违反法定程序和统计制度修改统计数据的行为。

（3）是否存在虚报、瞒报、伪造、篡改、拒报和迟报统计资料的行为。

（4）是否依法设立统计机构或配备统计人员。

（5）是否依法设置原始记录、统计台账。

（6）统计人员是否具备统计从业资格。

（7）统计调查项目是否依据法定程序报批，是否在统计调查表的右上角标明法定标识。

（8）是否严格按照经批准的统计调查方案进行调查，有无随意改变调查内容、调查对象和调查时间等问题。

（9）统计资料的管理和公布是否符合有关规定，有无泄露国家秘密、统计调查对象的商业秘密和私人、家庭的单项调查资料的行为。

（10）是否依法进行涉外调查。

（11）法律、法规和规章规定的其他事项。

四、统计违法案件的查处

（一）统计违法案件的查处机关及基本要求

1. 统计违法案件的查处机关

《统计执法检查规定》第二十八条对统计违法案件的查处机关作了明确规定，根据该条规定，县级以上地方各级人民政府统计机构管辖发生在本行政区域内的统计违法案件。其中，在国家统计局派出的各级调查队组织实施的统计调查中发生的统计违法案件，由国家统计局派出的调查队管辖。国家统计局管辖在全国范围内有重大影响的或认为应当由其查处的统计违法案件。

如果对具体案件的管辖发生争议的，根据有关法律规定，报请共同的上一级统计行政机关指定管辖。

2. 基本要求

查处统计违法案件，应当做到事实清楚、证据确凿、定性准确、处理恰当、程序合法。上述要求在《统计执法检查规定》第三十四条中做出明确规定。

一是事实清楚。《行政处罚法》第三十条规定，违法事实不清的，不得给予行政处罚。

二是证据确凿。证据是查明案件事实、证明案件真实情况的一切客观事实依据。确凿的证据必须符合下列要求：证据必须真实，即认定案件所依据的证据都要符合客观情况；证据必须充分，要足以把案件中认定的事实证明清楚；证据必须与案件存在内在联系，证据之间不能有矛盾。

三是定性准确。定性准确就是在事实清楚、证据确凿的基础上，准确地认定案件事实的性质。它是正确处理案件的重要前提，要做到定性准确，必须以案件事实为基础，以统计法律、法规、规章为判断标准，具体问题具体分析，切不可主观臆断地确定案件的性质。

四是处理恰当。处理恰当就是依照统计法律、法规、规章的规定，给予统计违法者以轻重适度、恰如其分的裁定处理。处理是否得当，主要看是否符合统计法律、法规、规章的规定，是否是在对案件的性质、危害程度、违法情节轻重、责任大小进行全面分析的基础上所做的处理。

五是程序合法。程序合法就是查处统计违法案件必须按照法定的方法和步骤办理。查处统计违法案件既要做到实体合法，还要做到程序合法。《行政处罚法》实施后，对案件查处程序有了更加严格的规定。最基本的要求是，立案要符合法定条件，证据的收集要符合法定程序，案件的处理执行要按照法定步骤，要有法定依据等。

事实清楚、证据确凿、定性准确、处理恰当、程序合法，相辅相成、相互联系、缺一不可。其中，事实清楚是定性处理的基础，证据确凿是认定案件事实的依据，定性准确是正确处理的关键，处理恰当是办案的结果和目的，程序合法是处理恰当的前提保证。

（二）统计违法案件查处的一般程序

1. 立案

立案是指统计行政机关对涉及统计违法行为人的有关材料进行审查、分析和研究，认为确有违法事实存在并依法需要追究法律责任的，决定进行调查处理，并办理批准手续的一种工作程序。

2. 调查

调查是指统计行政机关为了查明案件事实，依法进行调查询问和收集证据的活动。在这一阶段中，统计行政机关要通过调查、取证工作，掌握大量证据，查清统计违法行为的事实，进而确定违法责任人。可见，调查是统计违法案件查处工作的一个关键环节，直接决定着对案件的定性及其处理工作。

3. 处理

处理是指案件调查工作结束后，统计执法机关在核准案件事实、审查有关证据的基础上，以事实为根据，以法律为准绳，对案件做出处理决定并依法追究法律责任的活动。主要包括以下环节：

（1）案件审理

案件审理是指案件调查工作结束后，统计行政机关在核准案件事实、审查有关证据的基础上，以事实为根据，以法律为准绳，对案件做出处理决定并依法追究法律责任的活动。办案人员要通过审阅全部案件材料，吃透案情，掌握案件全貌。这是整个统计违法案件处理工作的关键性阶段。

（2）处罚事先告知

案件审理完毕，在正式做出行政处罚决定以前，行政机关应当履行统计行政处罚事先告知义务。告知义务，是指统计行政机关在做出行政处罚决定之前，应当对统计行政相对人履行的通告义务。《行政处罚法》第三十一条规定："行政机关在做出行政处罚决定之前，应当告知当事人做出行政处罚的事实、理由及依据，并告知当事人依法享有的权利。"根据这一规定，只要是立案查处的统计违法案件，无论是案件复杂的大案要案，还是违法情节简单的一般案件，统计行政机关都要依法履行告知义务。统计行政机关履行告知义务应当在做出行政处罚决定之前。在做出行政处罚决定的同时或之后履行告知义务，均属未依法履行告知义务。

事先告知须以书面的形式做出，应载明以下内容：事先告知当事人做出行政处罚事实、理由、依据；事先告知当事人享有陈述权、申辩权，重大案件还要事先告知当事人享有听证权；事先告知当事人具有复议权和诉讼权。

（3）听取当事人的陈述、申辩

与上述行政机关应当履行告知义务相对应，在此阶段，当事人对案件的处理享有陈述权、申辩权。《行政处罚法》第六条规定："公民、法人或者其他组织对行政机关所给予的行政处罚，享有陈述权、申辩权。"该法第三十二条进一步规定："当事人有权进行陈述和申辩。"统计行政机关必须充分听取当事人的意见，对当事人提出的事实、理由和证据，应当进行复核；当事人提出的事实、理由或者证据成立的，统计行政机关应当采纳。当事人不得因申辩而被加重处罚。

如果统计行政机关及其执法人员在做出行政处罚决定之前，不依照《行政处罚法》第三十一条、第三十二条的规定向当事人告知给予统计行政处罚的事实、理由和依据，或者拒绝听取当事人的陈述、申辩，则行政处罚决定不能成立。但是，当事人放弃陈述或者申辩权利的除外。

（4）听证

《行政处罚法》第四十二条规定："行政机关做出责令停产停业、吊销许可证或者执照、较大数额罚款等行政处罚决定之前，应当告知当事人有要求举行听证的权利；当事人要求听证的，行政机关应当组织听证。”

听证制度，是《行政处罚法》确立的行政机关实施行政处罚的一项重要制度。依照《行政处罚法》的规定，对给予较大数额罚款的统计行政处罚案件，统计行政机关应当组织听证。关于组织听证的罚款额度标准，《行政处罚法》并未做出规定，留待各地根据其经济发展状况在地方性法规中予以明确。国家统计局制定的《统计执法检查规定》第三十三条规定：“统计行政机关在做出对法人或者其他组织两万元以上的罚款，对公民两千元以上的罚款的行政处罚决定前，应当告知当事人有要求举行听证的权利。当事人要求听证的，统计行政机关应当依法组织听证。”这个听证标准适用于国家统计局派出的各调查队处理的行政处罚案件，对于地方各级统计行政机关查处的案件，其听证标准须依据地方性法规、规章的规定。但是，若该省（区、市）没有规定统一的听证标准的，在统计违法案件处理中应当适用《统计执法检查规定》的相应规定。

（5）做出处理决定

根据《统计执法检查规定》第二十七条的有关规定，统计违法案件审理终结，应分别按以下情况作出处理：

①确认违反统计法律、法规、规章证据不足，或者违法事实情节轻微，依法不需要追究法律责任的，即行销案。

②确认违反统计法律、法规、规章事实清楚、证据确凿、违法情节较重，但尚未构成犯罪的，由查处机关依法做出处理；应给予行政处分的，提出行政处分建议，并填写《统计违法行为处理意见建议书》，通知有关部门落实；应给予行政处罚的，填写《统计违法行为处罚决定通知》，通知被处罚单位或人员在指定期限内缴纳罚款；一些违法案件需要公开曝光、宣传的，进行通告。

③确认违反统计法，涉嫌犯罪的，移送司法机关依法追究刑事责任。

被处罚单位在接到处罚通知后，如果既不在法定期限内申请复议或向人民法院提起诉讼，又拒不执行的，由查处机关依法提请人民法院强制执行。

（6）处罚决定的送达

根据《行政处罚法》第四十条规定，行政处罚决定书应当在宣告后当场交付当事人；当事人不在现场的，行政机关应当在七日内依照《民事诉讼法》的有关规定，将行政处罚决定书送达当事人。

根据《民事诉讼法》第七十八条~第八十条以及第八十四条的规定，以送达方式的不同，可分为直接送达、留置送达、委托送达、邮寄送达、转交送达和公告送达。在统计违法案件的查处中，常见的送达方式有直接送达、留置送达、委托送达及邮寄送达。

需要注意的是，根据《民事诉讼法》第七十七条的规定，送达诉讼文书必须有送达回证，由受送达人在送达回证上记明收到日期，签名或者盖章。

（7）处罚决定的执行

统计行政处罚决定依法做出后，当事人应当自收到行政处罚决定书之日起十五日内，到指定的银行缴纳罚款。银行应当收受罚款，并将罚款直接上缴国库。

当事人对行政处罚决定不服，申请行政复议或者提起行政诉讼的，行政处罚不停止执行，但法律另有规定的除外。

当事人确有经济困难，需要延期或者分期缴纳罚款的，经当事人申请和行政机关批准，可以暂缓或者分期缴纳。

根据《行政处罚法》第五十一条规定，如果当事人逾期不履行行政处罚决定，做出行政处罚决定的行政机关可以采取下列措施：到期不缴纳罚款的，每日按罚款数额的百分之三加处罚款；根据法律规定，将查封、扣押的财物拍卖或者将冻结的存款划拨抵缴罚款；申请人民法院强制执行。

4. 结案

结案是整个统计违法案件查处工作的最后一个环节。统计行政机关做出的处理决定执行完毕后，应当写出结案报告。结案执行内容包括：案件来源；立案审批机关；案件的调查意见；案件的主要事实、性质及处理意见；案件有关责任人的基本情况及认错态度；案件处理决定落实情况等。

对属于下列情况的违法案件，应当及时办理案件结案手续；行政处罚决定执行完毕的；免于行政处罚或不予行政处罚的；经复议机关复议决定执行完毕的；经人民法院判决或者裁定执行完毕的。

结案后，统计行政机关还应依法做好案件的立卷归档工作。

练　习　题

1. 判断题

（1）统计违法行为必须是行为人故意违反统计法律、法规的行为。（　　）

（2）要求统计机构、统计人员或者其他机构伪造、篡改统计资料的行为，其违法主体是地方人民政府、政府统计机构或者有关部门、单位的负责人。（　　）

（3）行为人未在规定的期限内对《统计检查查询书》查询的问题进行答复，但在规定的期限之后进行了答复，这属于迟报统计资料的统计违法行为。（　　）

（4）提供不真实或者不完整统计资料的违法行为的基本特点是“与实际情况不一致”。（　　）

2. 选择题

（1）某公司2013年2月份逾期未向市统计局报送劳动工资报表，市统计局遂向该单位发出了《统计报表催报通知单》，要求该单位在3日内补报。该单位在规定期限内补报了劳动工资报表，该单位的统计违法行为属于（　　）。

A. 拒绝提供统计资料　　B. 迟报统计资料

C. 拒绝统计调查　　D. 经催报后方补报统计资料

（2）某公司2013年2月份逾期未向市统计局报送劳动工资报表，市统计局遂向该单位发出了《统计报表催报通知单》，要求该单位在3日内补报。该单位在规定期限内仍然没有报送劳动工资报表，该单位的统计违法行为属于（　　）。

A. 拒绝提供统计资料　　B. 迟报统计资料

C. 拒绝统计调查　　D. 经催报后仍未按时提供统计资料

（3）在消费品价格调查中，政府统计机构采价员向商户询问规格品的实际成交价格，商户以商业秘密为由拒绝回答。此行为属于（　　）。

A. 拒绝提供统计资料　　B. 提供不完整统计资料

C. 拒绝接受统计调查　　D. 不构成统计违法行为

（4）某县长认为县统计局提供的夏粮产量数据的来源有错误，便亲自动手修改了夏粮产量的统计数据，该县长的行为属于（　　）。

A. 依法履行职务行为　　B. 行政监督行为

C. 自行修改统计资料的行为　　D. 伪造统计资料的行为

3. 多选题

（1）下列属于统计违法行为的范畴的有（　　）。

A. 伪造统计资料　　B. 迟报统计资料

C. 拒报统计资料　　D. 篡改统计资料

E. 自行修改统计资料

（2）下列属于统计行政处罚种类的有（　　）。

A. 罚款　　B. 警告

C. 没收违法所得　　D. 责令停产停业

E. 责令改正

（3）违反《统计法》规定，下列可能依法承担刑事责任的行为包括（　　）。

A. 打击报复统计人员

B. 泄露国家秘密

C. 泄露统计调查对象的商业秘密

D. 泄露统计调查对象的个人信息

E. 利用统计调查损害社会公共利益

（4）在统计执法检查中，下列属于受查单位统计违法行为的包括（　　）。

A. 隐匿电力抄表记录

B. 拒绝提供检查所需的会计凭证

C. 拒绝检查人员使用该单位的打印机

D. 统计人员以单位领导不在为名，拒绝配合执法检查

4. 简答题

(1) 统计违法行为的概念及特征是什么?

(2) 统计违法行为的种类有哪些?

(3) 统计法律责任的概念及特征是什么?

(4) 统计执法检查的概念及特征是什么?

5. 论述题

统计执法检查的内容包括哪些方面?

附录1　城市公共交通企业主要报表表样

城市（县城）公共汽电车基层表

表号：城客统2表
制定机关：交通运输部
批准机关：国家统计局
批准文号：国统制〔2014〕97号
有效期至：2016年10月

填报单位：2014年

指　　标	计量单位	代码	数量	指　　标	计量单位	代码	数量
甲	乙	丙		甲	乙	丙	
一、运营车辆	—	—		≤5米	辆	5	
运营车数	辆	1		>5米且≤7米	辆	6	
其中：空调车	辆	2		>7米且≤10米	辆	7	
其中：安装卫星定位车载终端的车辆	辆	3		>10米且≤13米	辆	8	
其中：BRT运营车辆	辆	4		>13米且≤16米	辆	9	
运营车数按车长分：	—	—		>16米且≤18米	辆	10	

续上表

指　　标	计量单位	代码	数量	指　　标	计量单位	代码	数量
甲	乙	丙		甲	乙	丙	
>18 米	辆	11		额定载客量	人	30	
双层车	辆	12		二、场站设施	—	—	
运营车数按燃料类型分：	—	—		公交调度指挥中心	个	31	
汽油车	辆	13		停保场面积	平方米	32	
乙醇汽油车	辆	14		自有面积	平方米	33	
柴油车	辆	15		租用社会面积	平方米	34	
液化石油气车	辆	16		公交车进场率	%	35	
天然气车	辆	17		三、运营线路	—	—	
双燃料车	辆	18		运营线路条数	条	36	
无轨电车	辆	19		运营线路变动条数	条	37	
纯电动车	辆	20		其中：新辟	条	38	
混合动力车	辆	21		调整	条	39	
其他	辆	22		撤销	条	40	
运营车数按排放标准分：	—	—		运营线路总长度	公里	41	
国Ⅱ及以下	辆	23		其中：BRT 线路长度	公里	42	
国Ⅲ	辆	24		无轨电车线路长度	公里	43	
国Ⅳ	辆	25		四、运营服务	—	—	
国Ⅴ及以上	辆	26		客运量	万人次	44	
标准运营车数	标台	27		其中：BRT 客运量	万人次	45	
本年新增运营车数	辆	28		其中：月票换算客运量	万人次	46	
本年报废更新运营车数	辆	29		其中：使用 IC 卡的客运量	万人次	47	

续上表

指　　标	计量单位	代码	数量	指　　标	计量单位	代码	数量
甲	乙	丙		甲	乙	丙	
运营里程	万公里	48		乘务员人数	人	57	
五、运营能耗	—	—		企业年收入总额	万元	58	
汽油消耗量	吨	49		其中：运营收入	万元	59	
乙醇汽油消耗量	吨	50		驾驶员年平均收入	元	60	
柴油消耗量	升	51		非驾驶员职工年平均收入	元	61	
液化石油气消耗量	吨	52		公交运营补贴补偿	万元	62	
天然气消耗量	公斤	53		其中：公交车辆购置与更新补贴	万元	63	
电能消耗量	千瓦时	54		七、运营安全	—	—	
六、从业人员及财务状况	—	—		行车责任事故次数	次	64	
从业人员数	人	55		行车责任事故死亡人数	人	65	
其中：驾驶员人数	人	56		行车责任事故直接经济损失	万元	66	

负责人：　　　　审核：　　　　填报：

公共电汽车运营生产综合报表

表号：统定基 02 表

制表机关：公交集团

有效期：2015 年 1 月

指标项目	计算单位	今年实际		去年实际		今年与去年同期对比（%）	
		本月	本月止累计	本月	本月止累计	本月	本月止累计
一、期末运营车数	辆						
二、运营线路条数	条						
三、运营线路长度	km						

续上表

指标项目	计算单位	今年实际		去年实际		今年与去年同期对比（%）	
		本月	本月止累计	本月	本月止累计	本月	本月止累计
四、总行程	万公里						
五、客运量	万人次						
（1）普票人次	万人次						
（2）普卡人次	万人次						
（3）短期卡	万人次						
（4）包车人次	万人次						
（5）其他人次	万人次						
（6）免费人次	万人次						
六、客运收入	万元						
（1）普票收入	万元						
（2）普卡收入	万元						
（3）短期卡	万元						
（4）包车收入	万元						
（5）其他收入	万元						
七、行车责任事故	次						
八、伤亡人数	人						
其中：死亡人数	人						
九、机械故障率	秒/百公里						

续上表

指标项目	计算单位	今年实际		去年实际		今年与去年同期对比（%）	
		本月	本月止累计	本月	本月止累计	本月	本月止累计
十、从业人员	人						
十一、工资总额	万元						
十二、营业总成本	万元						
十三、单位成本	元/百公里						
十四、财政补贴	万元						
十五、利润总额	万元						

单位负责人：　　统计负责人：　　填表人：　　联系电话：　　报出日期：201　年　月　日

2014年　月客运分公司分型资料汇总

表号：统定基03表
制表机关：公交集团
有效期：2015年1月

序号	车型	车数	总行程		燃料消耗量		燃料消耗		尿素	
			本月	累计	本月	累计	本月	累计	本月	单耗
	合计									
1	车型1									
2	车型2									
	…									
	…									
113	车型113									

单位负责人：　　统计负责人：　　填表人：　　联系电话：　　报出日期：201　年　月　日

2014 年　月客运分公司分路综合月报

表号：统定基 04 表

制表机关：公交集团

有效期：2015 年 1 月

路别										
	当月	去年	当月	去年	当月累计	去年累计	当月	去年	当月累计	去年累计
其他										
线路合计										
包车合计										
其他合计										
总计										

统计负责人：　　填表人：　　电话：　　填报日期：

2014 年　月客运分公司分路普客人次月报

表号：统定基 05 表
制表机关：公交集团
有效期：2015 年 1 月

路别	2014 年										2013 年									
	当　月					累　计					当　月					累　计				
	合计	普票	IC 卡			合计	普票	IC 卡			合计	普票	IC 卡			合计	普票	IC 卡		
			小计	成人	学生			小计	成人	学生			小计	成人	学生			小计	成人	学生
其他																				
线路合计																				
包车合计																				
其他合计																				
总计																				

负责人：　　　　填表人：　　　　电话：　　　　填报日期：

2014 年　月客运分公司分路普客收入月报

表号：统定基 06 表
制表机关：公交集团
有效期：2015 年 1 月

路别	2014 年										2013 年									
	当月					累计					当月					累计				
	合计	普票	IC 卡			合计	普票	IC 卡			合计	普票	IC 卡			合计	普票	IC 卡		
			小计	成人	学生			小计	成人	学生			小计	成人	学生			小计	成人	学生
其他																				
线路合计																				
包车合计																				
其他合计																				
总计																				

负责人：　　　　填表人：　　　　电话：　　　　填报日期：

2014 年　月客运分公司分路短期卡月报

表号：统定基 07 表
制表机关：公交集团
有效期：2015 年 1 月

路别	短期卡人次								短期卡收入							
	当月				累计				当月				累计			
	合计	3 日	7 日	15 日	合计	3 日	7 日	15 日	合计	3 日	7 日	15 日	合计	3 日	7 日	15 日
…																
其他																
线路合计																
包车合计																
其他合计																
总计																

负责人：　　填表人：　　电话：　　填报日期：

2014 年　月客运分公司分路分型公里月报

表号：统定基 08 表
制表机关：公交集团
有效期：2015 年 1 月

路别	合计	车型 1	车型 2	…	…	车型 113
其他						

续上表

路别	合计	车型 1	车型 2	…	…	车型 113
线路合计						
包车合计						
其他合计						
总计						

负责人： 填表人： 电话： 填报日期：

2014 年　月客运分公司分路分型车数月报

表号：统定基 09 表
制表机关：公交集团
有效期：2015 年 1 月

项目	合计	车型 1	车型 2	…	…	车型 113
其他						
线路合计						
包车合计						
其他合计						
总计						

负责人： 填表人： 电话： 填报日期：

2014 年　月客运分公司客位公里月报

表号：统定基 10 表
制表机关：公交集团
有效期：2015 年 1 月

序号	车型	今年实际		去年实际	
		本　月	本月止累计	本　月	本月止累计
合计					
1	车型 1				
2	车型 2				
3	车型 3				
113	车型 113				

负责人：　　填表人：　　电话：　　填报日期：

附录2　《中华人民共和国统计法》（2009年修订）

中华人民共和国统计法

（1983年12月8日第六届全国人民代表大会常务委员会第三次会议通过　根据1996年5月15日第八届全国人民代表大会常务委员会第十九次会议《关于修改〈中华人民共和国统计法〉的决定》修正　2009年6月27日第十一届全国人民代表大会常务委员会第九次会议修订）

第一章　总则

第一条　为了科学、有效地组织统计工作，保障统计资料的真实性、准确性、完整性和及时性，发挥统计在了解国情国力、服务经济社会发展中的重要作用，促进社会主义现代化建设事业发展，制定本法。

第二条　本法适用于各级人民政府、县级以上人民政府统计机构和有关部门组织实施的统计活动。

统计的基本任务是对经济社会发展情况进行统计调查、统计分析，提供统计资料和统计咨询意见，实行统计监督。

第三条　国家建立集中统一的统计系统，实行统一领导、分级负责的统计管理体制。

第四条　国务院和地方各级人民政府、各有关部门应当加强对统计工作的组织领导，为统计工作提供必要的保障。

第五条　国家加强统计科学研究，健全科学的统计指标体系，不断改进统计调查方法，提高统计的科学性。

国家有计划地加强统计信息化建设，推进统计信息搜集、处理、传输、共享、存储技术和统计数据库体系的现代化。

第六条　统计机构和统计人员依照本法规定独立行使统计调查、统计报告、统计监督的职权，不受侵犯。

地方各级人民政府、政府统计机构和有关部门以及各单位的负责人，不得自行修改统计机构和统计人员依法搜集、整理的统计资料，不得以任何方式要求统计机构、统计人员及其他机构、人员伪造、篡改统计资料，不得对依法履行职责或者拒绝、抵制统计违法行为的统计人员打击报复。

第七条 国家机关、企业事业单位和其他组织以及个体工商户和个人等统计调查对象，必须依照本法和国家有关规定，真实、准确、完整、及时地提供统计调查所需的资料，不得提供不真实或者不完整的统计资料，不得迟报、拒报统计资料。

第八条 统计工作应当接受社会公众的监督。任何单位和个人有权检举统计中弄虚作假等违法行为。对检举有功的单位和个人应当给予表彰和奖励。

第九条 统计机构和统计人员对在统计工作中知悉的国家秘密、商业秘密和个人信息，应当予以保密。

第十条 任何单位和个人不得利用虚假统计资料骗取荣誉称号、物质利益或者职务晋升。

第二章 统计调查管理

第十一条 统计调查项目包括国家统计调查项目、部门统计调查项目和地方统计调查项目。

国家统计调查项目是指全国性基本情况的统计调查项目。部门统计调查项目是指国务院有关部门的专业性统计调查项目。地方统计调查项目是指县级以上地方人民政府及其部门的地方性统计调查项目。

国家统计调查项目、部门统计调查项目、地方统计调查项目应当明确分工，互相衔接，不得重复。

第十二条 国家统计调查项目由国家统计局制定，或者由国家统计局和国务院有关部门共同制定，报国务院备案；重大的国家统计调查项目报国务院审批。

部门统计调查项目由国务院有关部门制定。统计调查对象属于本部门管辖系统的，报国家统计局备案；统计调查对象超出本部门管辖系统的，报国家统计局审批。

地方统计调查项目由县级以上地方人民政府统计机构和有关部门分别制定或者共同制定。其中，由省级人民政府统计机构单独制定或者和有关部门共同制定的，报国家统计局审批；由省级以下人民政府统计机构单独制定或者和有关部门共同制定的，报省级人民政府统计机构审批；由县级以上地方人民政府有关部门制定的，报本级人民政府统计机构审批。

第十三条　统计调查项目的审批机关应当对调查项目的必要性、可行性、科学性进行审查，对符合法定条件的，做出予以批准的书面决定，并公布；对不符合法定条件的，做出不予批准的书面决定，并说明理由。

第十四条　制定统计调查项目，应当同时制定该项目的统计调查制度，并依照本法第十二条的规定一并报经审批或者备案。

统计调查制度应当对调查目的、调查内容、调查方法、调查对象、调查组织方式、调查表式、统计资料的报送和公布等作出规定。

统计调查应当按照统计调查制度组织实施。变更统计调查制度的内容，应当报经原审批机关批准或者原备案机关备案。

第十五条　统计调查表应当标明表号、制定机关、批准或者备案文号、有效期限等标志。

对未标明前款规定的标志或者超过有效期限的统计调查表，统计调查对象有权拒绝填报；县级以上人民政府统计机构应当依法责令停止有关统计调查活动。

第十六条　搜集、整理统计资料，应当以周期性普查为基础，以经常性抽样调查为主体，综合运用全面调查、重点调查等方法，并充分利用行政记录等资料。

重大国情国力普查由国务院统一领导，国务院和地方人民政府组织统计机构和有关部门共同实施。

第十七条　国家制定统一的统计标准，保障统计调查采用的指标含义、计算方法、分类目录、调查表式和统计编码等的标准化。

国家统计标准由国家统计局制定，或者由国家统计局和国务院标准化主管部门共同制定。

国务院有关部门可以制定补充性的部门统计标准，报国家统计局审批。部门统计标准不得与国家统计标准相抵触。

第十八条　县级以上人民政府统计机构根据统计任务的需要，可以在统计调查对象中推广使用计算机网络报送统计资料。

第十九条　县级以上人民政府应当将统计工作所需经费列入财政预算。

重大国情国力普查所需经费，由国务院和地方人民政府共同负担，列入相应年度的财政预算，按时拨付，确保到位。

第三章　统计资料的管理和公布

第二十条　县级以上人民政府统计机构和有关部门以及乡、镇人民政府，应当按照国家有关规定建立统计资料的保存、管理制度，建立健全统计信息共享机制。

第二十一条　国家机关、企业事业单位和其他组织等统计调查对象，应当按照国家有关规定设置原始记录、统计台账，建立健全统计资料的审核、签署、交接、归档等管理制度。

统计资料的审核、签署人员应当对其审核、签署的统计资料的真实性、准确性和完整性负责。

第二十二条　县级以上人民政府有关部门应当及时向本级人民政府统计机构提供统计所需的行政记录资料和国民经济核算所需的财务资料、财政资料及其他资料，并按照统计调查制度的规定及时向本级人民政府统计机构报送其组织实施统计调查取得的有关资料。

县级以上人民政府统计机构应当及时向本级人民政府有关部门提供有关统计资料。

第二十三条　县级以上人民政府统计机构按照国家有关规定，定期公布统计资料。

国家统计数据以国家统计局公布的数据为准。

第二十四条　县级以上人民政府有关部门统计调查取得的统计资料，由本部门按照国家有关规定公布。

第二十五条　统计调查中获得的能够识别或者推断单个统计调查对象身份的资料，任何单位和个人不得对外提供、泄露，不得用于统计以外的目的。

第二十六条　县级以上人民政府统计机构和有关部门统计调查取得的统计资料，除依法应当保密的外，应当及时公开，供社会公众查询。

第四章　统计机构和统计人员

第二十七条　国务院设立国家统计局，依法组织领导和协调全国的统计工作。国家统计局根据工作需要设立的派出调查机构，承担国家统计局布置的统计调查等任务。

县级以上地方人民政府设立独立的统计机构，乡、镇人民政府设置统计工作岗位，配备专职或者兼职统计人员，依法管理、开展统计工作，实施统计调查。

第二十八条　县级以上人民政府有关部门根据统计任务的需要设立统计机构，或者在有关机构中设置统计人员，并指定统计负责人，依法组织、管理本部门职责范围内的统计工作，实施统计调查，在统计业务上受本级人民政府统计机构的指导。

第二十九条　统计机构、统计人员应当依法履行职责，如实搜集、报送统计资料，不得伪造、篡改统计资料，不得以任何方式要求任何单位和个人提供不真实的统计资料，不得有其他违反本法规定的行为。

统计人员应当坚持实事求是，恪守职业道德，对其负责搜集、审核、录入的统计资料与统计调查对象报送的统计资料的一致性负责。

第三十条　统计人员进行统计调查时，有权就与统计有关的问题询问有关人员，要求其如实提供有关情况、资料并改正不真实、不准确的资料。

统计人员进行统计调查时，应当出示县级以上人民政府统计机构或者有关部门颁发的工作证件；未出示的，统计调查对象有权拒绝调查。

第三十一条 国家实行统计专业技术职务资格考试、评聘制度，提高统计人员的专业素质，保障统计队伍的稳定性。

统计人员应当具备与其从事的统计工作相适应的专业知识和业务能力。

县级以上人民政府统计机构和有关部门应当加强对统计人员的专业培训和职业道德教育。

第五章 监督检查

第三十二条 县级以上人民政府及其监察机关对下级人民政府、本级人民政府统计机构和有关部门执行本法的情况，实施监督。

第三十三条 国家统计局组织管理全国统计工作的监督检查，查处重大统计违法行为。

县级以上地方人民政府统计机构依法查处本行政区域内发生的统计违法行为。但是，国家统计局派出的调查机构组织实施的统计调查活动中发生的统计违法行为，由组织实施该项统计调查的调查机构负责查处。

法律、行政法规对有关部门查处统计违法行为另有规定的，从其规定。

第三十四条 县级以上人民政府有关部门应当积极协助本级人民政府统计机构查处统计违法行为，及时向本级人民政府统计机构移送有关统计违法案件材料。

第三十五条 县级以上人民政府统计机构在调查统计违法行为或者核查统计数据时，有权采取下列措施：

（一）发出统计检查查询书，向检查对象查询有关事项；

（二）要求检查对象提供有关原始记录和凭证、统计台账、统计调查表、会计资料及其他相关证明和资料；

（三）就与检查有关的事项询问有关人员；

（四）进入检查对象的业务场所和统计数据处理信息系统进行检查、核对；

（五）经本机构负责人批准，登记保存检查对象的有关原始记录和凭证、统计台账、统计调查表、会计资料及其他相关证明和资料；

（六）对与检查事项有关的情况和资料进行记录、录音、录像、照相和复制。

县级以上人民政府统计机构进行监督检查时，监督检查人员不得少于二人，并应当出示执法证件；未出示的，有关单位和个人有权拒绝检查。

第三十六条　县级以上人民政府统计机构履行监督检查职责时，有关单位和个人应当如实反映情况，提供相关证明和资料，不得拒绝、阻碍检查，不得转移、隐匿、篡改、毁弃原始记录和凭证、统计台账、统计调查表、会计资料及其他相关证明和资料。

第六章　法律责任

第三十七条　地方人民政府、政府统计机构或者有关部门、单位的负责人有下列行为之一的，由任免机关或者监察机关依法给予处分，并由县级以上人民政府统计机构予以通报：

（一）自行修改统计资料、编造虚假统计数据的；

（二）要求统计机构、统计人员或者其他机构、人员伪造、篡改统计资料的；

（三）对依法履行职责或者拒绝、抵制统计违法行为的统计人员打击报复的；

（四）对本地方、本部门、本单位发生的严重统计违法行为失察的。

第三十八条　县级以上人民政府统计机构或者有关部门在组织实施统计调查活动中有下列行为之一的，由本级人民政府、上级人民政府统计机构或者本级人民政府统计机构责令改正，予以通报；对直接负责的主管人员和其他直接责任人员，由任免机关或者监察机关依法给予处分：

（一）未经批准擅自组织实施统计调查的；

（二）未经批准擅自变更统计调查制度的内容的；

（三）伪造、篡改统计资料的；

（四）要求统计调查对象或者其他机构、人员提供不真实的统计资料的；

（五）未按照统计调查制度的规定报送有关资料的。

统计人员有前款第三项至第五项所列行为之一的，责令改正，依法给予处分。

第三十九条 县级以上人民政府统计机构或者有关部门有下列行为之一的，对直接负责的主管人员和其他直接责任人员由任免机关或者监察机关依法给予处分：

（一）违法公布统计资料的；

（二）泄露统计调查对象的商业秘密、个人信息或者提供、泄露在统计调查中获得的能够识别或者推断单个统计调查对象身份的资料的；

（三）违反国家有关规定，造成统计资料毁损、灭失的。

统计人员有前款所列行为之一的，依法给予处分。

第四十条 统计机构、统计人员泄露国家秘密的，依法追究法律责任。

第四十一条 作为统计调查对象的国家机关、企业事业单位或者其他组织有下列行为之一的，由县级以上人民政府统计机构责令改正，给予警告，可以予以通报；其直接负责的主管人员和其他直接责任人员属于国家工作人员的，由任免机关或者监察机关依法给予处分：

（一）拒绝提供统计资料或者经催报后仍未按时提供统计资料的；

（二）提供不真实或者不完整的统计资料的；

（三）拒绝答复或者不如实答复统计检查查询书的；

（四）拒绝、阻碍统计调查、统计检查的；

（五）转移、隐匿、篡改、毁弃或者拒绝提供原始记录和凭证、统计台账、统计调查表及其他相关证明和资料的。

企业事业单位或者其他组织有前款所列行为之一的，可以并处五万元以下的罚款；情节严重的，并处五万元以上二十万元以下的罚款。

个体工商户有本条第一款所列行为之一的，由县级以上人民政府统计机构责令改正，给予警告，可以并处一万元以下的罚款。

第四十二条 作为统计调查对象的国家机关、企业事业单位或者其他组织迟报统计资料，或者未按照国家有关规定设置原始记录、统计台账的，由县级以上人民政府统计机构责令改正，给予警告。

企业事业单位或者其他组织有前款所列行为之一的，可以并处一万元以下的罚款。

个体工商户迟报统计资料的，由县级以上人民政府统计机构责令改正，给予警告，可以并处一千元以下的罚款。

第四十三条　县级以上人民政府统计机构查处统计违法行为时，认为对有关国家工作人员依法应当给予处分的，应当提出给予处分的建议；该国家工作人员的任免机关或者监察机关应当依法及时做出决定，并将结果书面通知县级以上人民政府统计机构。

第四十四条　作为统计调查对象的个人在重大国情国力普查活动中拒绝、阻碍统计调查，或者提供不真实或者不完整的普查资料的，由县级以上人民政府统计机构责令改正，予以批评教育。

第四十五条　违反本法规定，利用虚假统计资料骗取荣誉称号、物质利益或者职务晋升的，除对其编造虚假统计资料或者要求他人编造虚假统计资料的行为依法追究法律责任外，由做出有关决定的单位或者其上级单位、监察机关取消其荣誉称号，追缴获得的物质利益，撤销晋升的职务。

第四十六条　当事人对县级以上人民政府统计机构做出的行政处罚决定不服的，可以依法申请行政复议或者提起行政诉讼。其中，对国家统计局在省、自治区、直辖市派出的调查机构做出的行政处罚决定不服的，向国家统计局申请行政复议；对国家统计局派出的其他调查机构做出的行政处罚决定不服的，向国家统计局在该派出机构所在的省、自治区、直辖市派出的调查机构申请行政复议。

第四十七条　违反本法规定，构成犯罪的，依法追究刑事责任。

第七章　附则

第四十八条　本法所称县级以上人民政府统计机构，是指国家统计局及其派出的调查机构、县级以上地方人民政府统计机构。

第四十九条　民间统计调查活动的管理办法，由国务院制定。

中华人民共和国境外的组织、个人需要在中华人民共和国境内进行统计调查活动的，应当按照国务院的规定报请审批。

利用统计调查危害国家安全、损害社会公共利益或者进行欺诈活动的，依法追究法律责任。

第五十条 本法自 2010 年 1 月 1 日起施行。

附录3　《中华人民共和国统计法实施细则》

中华人民共和国统计法实施细则

（1987年1月19日国务院批准　1987年2月15日国家统计局发布　2000年6月2日国务院批准修订　2000年6月15日国家统计局发布　根据2005年12月16日《国务院关于修改〈中华人民共和国统计法实施细则〉的决定》修订）

第一章　总则

第一条　根据《中华人民共和国统计法》（以下简称《统计法》）的规定，制定本细则。

第二条　《统计法》所指的统计，是指运用各种统计方法对国民经济和社会发展情况进行统计调查、统计分析，提供统计资料和统计咨询意见，实行统计监督等活动的总称。

国民经济和社会发展的统计项目分类，由国家统计局规定、调整。

第三条　国家有计划地用现代信息技术装备各级人民政府统计机构，建立健全国家统计信息自动化系统。国务院各部门根据工作需要，有计划地用现代信息技术装备本部门及其管辖系统的统计机构。

县级以上各级人民政府应当将国家统计信息工程建设列入发展计划。国家统计信息工程建设，由国家统计局统一领导，县级以上地方各级人民政府统计机构分级负责。

第四条　统计机构和统计人员实行工作责任制，实行考核和奖惩制度，不断提高工作质量和工作效率。

统计机构和统计人员依法独立行使下列职权：

（一）统计调查权——调查、搜集有关资料，召开有关调查会议，检查与统计资料有关的原始记录和凭证。统计调查对象应当依照《统计法》和国家有关规定，如实提供统计资料和情况，不得虚报、瞒报、拒报、迟报，不得伪造、篡改。

（二）统计报告权——将统计调查取得的统计资料和情况加以整理、分析，向上级领导机关和有关部门提出统计报告。任何单位或者个人不得阻挠和扣压统计报告，不得篡改统计资料。

（三）统计监督权——根据统计调查和统计分析，对国民经济和社会发展情况进行统计监督，检查国家政策和计划的实施，考核经济效益、社会效益和工作成绩，检查和揭露存在的问题，检查虚报、瞒报、伪造、篡改统计资料的行为，提出改进工作的建议。有关部门和单位对统计机构、统计人员反映、揭露的问题和提出的建议，应当及时处理，作出答复。

第五条 县级以上地方各级人民政府、各部门、各企业事业组织，应当根据国家统计任务和本地区、本部门、本单位的需要，在下列方面加强对统计工作的领导和监督：

（一）领导和支持统计机构、统计人员和其他有关人员执行统计法规和统计制度，准确、及时地完成统计工作任务，加强统计工作现代化建设；

（二）吸收和组织统计人员参加讨论有关政策和计划、研究经济和社会发展问题的会议，发挥统计的服务和监督作用；

（三）根据国家统一部署，组织实施重大的国情国力普查；

（四）按照规定审批统计调查计划，切实解决经批准的统计调查需要的人员和经费。

第六条 国家统计局及其派出的调查队、县级以上地方各级人民政府统计机构是国家执行统计法规和统计制度的机关，负责监督检查统计法规和统计制度的实施，维护统计机构和统计人员的职权，依法查处违反统计法规和统计制度的行为。

县级以上地方各级人民政府统计机构依法查处本行政区域内发生的统计违法行为；在国家统计局派出的调查队组织实施的统计调查中发生的统计违法行为，由组织实施该项统计调查的调查队负责查处。

第二章 统计调查计划和统计制度

第七条 县级以上各级人民政府统计机构和有关部门按照下列三类情况，

分别建立统计制度，编制统计调查计划，按照规定经审查机关批准后实施：

（一）国家统计调查，是指全国性基本情况的统计调查，包括国家统计局单独拟订的和国家统计局与国务院有关部门共同拟订的统计调查项目。国家统计调查计划中新的、重大的统计调查项目，由国家统计局报国务院审批；经常性的、一般性的统计调查项目，由国家统计局审批。

各地方、各部门、各单位必须严格按照国家统计调查方案实施国家统计调查。

（二）部门统计调查，是指各部门的专业性统计调查。部门统计调查计划和统计调查方案，由该部门的统计机构组织本部门各有关职能机构编制。其中，统计调查对象属于本部门管辖系统内的，由本部门领导人审批，报国家统计局或者本级地方人民政府统计机构备案；统计调查对象超出本部门管辖系统的，报国家统计局或者本级地方人民政府统计机构审批，其中重要的，报国务院或者本级地方人民政府审批。各部门统计调查管辖系统的划分办法，由国家统计局会同国务院有关部门提出，报国务院批准后实施。

（三）地方统计调查，是指地方人民政府需要的地方性的统计调查。地方统计调查计划和统计调查方案的报批办法，由省、自治区、直辖市人民政府统计机构规定，报国家统计局备案。

第八条　部门统计调查和地方统计调查不得与国家统计调查重复、矛盾。

国家统计调查与部门统计调查、地方统计调查的分工，由国家统计局会同国务院有关部门和省、自治区、直辖市人民政府统计机构具体商定。

第九条　县级以上各级人民政府的综合协调部门需要的统计资料，应当从本级人民政府统计机构和有关部门搜集；确实需要直接进行统计调查的，应当编制统计调查计划和统计调查方案，依照《统计法》和本细则的有关规定，经批准后实施。

县级以上各级人民政府有关部门组织实施的部门统计调查，应当及时向本级人民政府统计机构报送基本统计资料或者综合统计资料。

国家统计局和县级以上地方各级人民政府统计机构，应当定期、无偿地向本级人民政府部门提供有关综合统计资料。

第十条 统计调查计划按照统计调查项目编制。统计调查项目，是指一定时期内为实现特定统计调查目的而组织实施的统计调查。统计调查项目的计划应当列明：项目名称、调查机关、调查目的、调查范围、调查对象、调查方式、调查时间、调查的主要内容。

编制统计调查计划，必须同时编制统计调查方案。统计调查方案应当包括下列内容：

（一）供统计调查对象填报用的统计调查表和说明书；

（二）供整理上报用的统计综合表和说明书；

（三）统计调查需要的人员和经费及其来源。

第十一条 县级以上各级人民政府统计机构、各部门统计机构对送审的统计调查计划和统计调查方案的必要性、可行性、科学性应当进行严格审查；对不符合本细则规定的，应当退回修改或者不予批准。编制和审查统计调查方案，应当遵循下列原则：

（一）在已经批准实施的各种统计调查中能够搜集到资料的，不得重复调查；

（二）抽样调查、重点调查或者行政记录可以满足需要的，不得制发全面统计调查表；一次性统计调查可以满足需要的，不得进行经常性统计调查；按年统计调查可以满足需要的，不得按季统计调查；按季统计调查可以满足需要的，不得按月统计调查；月以下的进度统计调查必须从严控制；

（三）编制新的统计调查方案，必须事先试点或者征求有关地方、部门和基层单位的意见，进行可行性论证，保证切实可行，注重调查效益；

（四）统计调查需要的人员和经费应当有保证。

第十二条 国家建立周期性的普查制度。周期性普查由国务院和地方各级人民政府统一领导，组织统计机构和有关部门共同实施，所需要的经费由中央和地方财政共同负担。

进行经常性抽样调查，应当通过基本统计单位普查和行政记录的方式，查明基本统计单位及其分布情况，建立科学的抽样框，按照随机原则在调查总体中选取足以代表总体的样本单位，减少抽样误差。

第十三条 按照规定程序批准的统计调查表，必须在右上角标明表号、制表机关、批准或者备案机关、批准或者备案文号、有效期限。

对未标明前款所列内容或者超过有效期限的统计调查表，有关统计调查对象有权拒绝填报，统计机构有权废止。

第十四条 统计调查方案所规定的指标含义、调查范围、计算方法、分类目录、调查表式、统计编码等，未经批准该统计调查方案的机关同意，任何单位或者个人不得修改。

第三章 统计资料的管理和公布

第十五条 各地方、各部门、各单位应当健全统计资料的审核制度，保障统计资料的准确性和及时性。

各部门、各企业事业组织提供的统计资料，由本部门、本单位领导人或者统计负责人审核、签署或者盖章后上报。有关财务统计资料由财务会计机构或者会计人员提供，并经财务会计负责人审核、签署或者盖章。县级以上各级人民政府统计机构和乡、镇统计员提供的统计资料，由本级人民政府统计机构负责人或者乡、镇统计员审核、签署或者盖章后上报。

第十六条 各级领导机关制定政策、计划，检查政策、计划执行情况，考核经济效益、社会效益和工作成绩，进行奖励和惩罚等，需要使用统计资料的，必须依照《统计法》第十三条的规定，以统计机构或者统计负责人签署或者盖章的统计资料为准。

第十七条 县级以上各级人民政府统计机构必须做好统计信息咨询服务工作，充分利用可以公开的社会经济信息为社会公众服务。

符合国家有关规定，在《统计法》和统计制度规定之外提供统计信息咨询，实行有偿服务。具体办法由国家统计局会同国务院价格主管部门制定。

第十八条 各地方、各部门、各单位必须执行国家有关统计资料保密管理的规定，加强对统计资料的保密管理。

第十九条 各地方、各部门、各单位必须建立统计资料档案制度。统计资料档案的保管、调用和移交，应当遵守国家有关档案管理的规定。

第二十条 国家建立健全统计资料定期公布制度。

国家统计局统计调查取得的统计数据，由国家统计局公布。国务院有关部门统计调查取得的统计数据，由国务院有关部门公布；其中，与国家统计局统计调查取得的统计数据有重复、交叉的，应当在同国家统计局协商后，由国务院有关部门公布。国务院有关部门公布统计数据，应当自公布之日起 10 日内报国家统计局备案。

县级以上地方各级人民政府统计机构和有关部门公布其统计调查取得的地方统计数据，比照前款规定执行。

第二十一条 国家建立健全统计数据质量监控和评估的制度，加强对各省、自治区、直辖市重要统计数据的监控和评估。

第四章 统计机构和统计人员

第二十二条 国家统计局履行下列职责：

（一）根据有关法律、行政法规和国家有关政策和计划，制定统计工作规章，制订统计工作现代化规划和国家统计调查计划，组织领导和协调全国统计工作，监督检查统计法规和统计制度的实施；

（二）健全国民经济核算制度和统计指标体系，制定全国统一的基本统计报表制度；制定或者与有关部门共同制定国家统计标准，审定部门统计标准；

（三）在国务院领导下，会同有关部门组织重大的国情国力普查，组织、协调全国社会经济抽样调查；

（四）根据国家制定政策、计划和进行管理的需要，搜集、整理、提供全国性的基本统计资料，对国民经济和社会发展情况进行统计分析、统计预测和统计监督；

（五）审查国务院各部门编制的统计调查计划和统计调查方案，管理国务院各部门制发的统计调查表；

（六）检查、审定、管理、公布、出版全国性的基本统计资料，定期发布全国国民经济和社会发展情况的统计公报；

（七）统一领导和管理国家统计局派出的调查队；

（八）组织指导全国统计科学研究、统计教育、统计干部培训和统计书刊出版工作；

（九）开展统计工作和统计科学的国际交流。

国家统计局派出的调查队承担国家统计局布置的各项调查任务，依法独立开展统计调查，独立上报统计资料。

第二十三条　县级以上地方各级人民政府统计机构履行下列职责：

（一）完成国家统计调查任务，执行国家统计标准，执行全国统一的基本统计报表制度；

（二）制订本行政区域内的统计工作现代化规划、统计调查计划和统计调查方案，统一领导和协调本行政区域内包括中央和地方单位的统计工作，监督检查统计法规和统计制度的实施；

（三）根据本行政区域内制定计划和进行管理的需要，搜集、整理、提供基本统计资料，对本行政区域内国民经济和社会发展情况进行统计分析、统计预测和统计监督；

（四）审查本行政区域内各部门的统计调查计划和统计调查方案，管理本行政区域内各部门制发的统计调查表；

（五）按照国家有关规定，检查、审定、管理、公布、出版本行政区域内的基本统计资料；省、自治区、直辖市人民政府统计机构定期发布本行政区域内国民经济和社会发展情况的统计公报；自治州、县、自治县、市、市辖区人民政府统计机构按照本级人民政府的决定，发布本行政区域内国民经济和社会发展情况的统计公报；

（六）组织指导本行政区域内各部门、各单位加强统计基础工作建设，加强统计教育、统计干部培训和统计科学研究工作；对本行政区域内人民政府统计机构干部和乡、镇统计员进行考核和奖励。

县级以上地方各级人民政府统计机构受本级人民政府和上级人民政府统计机构的双重领导，在统计业务上以上级人民政府统计机构的领导为主。

第二十四条　乡、镇统计员执行乡、镇综合统计的职能，履行下列职责：

（一）完成国家统计调查和地方统计调查任务，执行国家统计标准，执行全国统一的基本统计报表制度，执行统计法规和统计制度，监督检查统计法规和统计制度的实施；

（二）按照国家有关规定，搜集、整理、分析、提供和管理本乡、镇的基本统计资料；

（三）组织指导本乡、镇各有关单位、人员加强农村统计基础工作建设，健全本乡、镇的统计台账制度和统计档案制度，组织乡、镇以下的统计业务工作。

乡、镇人民政府应当根据《统计法》等有关规定和统计工作的需要，设置专职的或者兼职的统计员，建立健全乡、镇统计信息网络。乡、镇统计员和乡、镇统计信息网络在统计业务上受县级人民政府统计机构的领导。

村的统计工作，由村民委员会指定专人负责，其在统计业务上受乡、镇统计员的领导。

第二十五条 县级以上各级人民政府有关部门的统计机构或者统计负责人执行本部门综合统计的职能，履行下列职责：

（一）组织指导、综合协调本部门各职能机构（包括生产、供销、基建、劳动人事、财务会计等机构）的统计工作，共同完成国家统计调查、部门统计调查和地方统计调查任务，执行统计法规和统计制度，监督检查统计法规和统计制度的实施；

（二）制订本部门的统计工作现代化规划、统计调查计划和统计调查方案，组织指导本部门及其管辖系统内企业事业组织的统计工作，加强统计队伍和统计基础工作建设；

（三）按照国家有关规定，向上级领导机关和本级人民政府统计机构报送和提供本部门的基本统计资料，会同计划和其他有关职能机构对本部门执行政策、计划和经营管理效益的情况，进行统计分析、统计预测和统计监督；

（四）管理本部门制发的统计调查表和基本统计资料；

（五）会同本部门的人事教育机构，组织指导本部门的统计教育和统计干部培训；对本部门统计人员进行考核和奖励；加强本部门统计科学研究工作。

县级以上各级人民政府有关部门统计机构的设置，应当根据实际需要，本着精简、效能的原则，依照《统计法》的规定执行。

第二十六条 企业事业组织的统计机构或者统计负责人执行本单位综合统计的职能，履行下列职责：

（一）组织指导、综合协调本单位各职能机构和下属机构的统计工作，共同完成国家统计调查、部门统计调查和地方统计调查任务，制订、实施本单位的统计工作计划和统计制度，执行统计法规和统计制度，监督检查统计法规和统计制度的实施；

（二）按照国家有关规定，报送和提供统计资料，对本单位计划的执行情况和经营管理的效益，进行统计分析和统计监督；

（三）管理本单位的统计调查表和基本统计资料；

（四）会同本单位有关职能机构完善计量、检测制度，建立健全原始记录、统计台账和核算制度。

企业事业组织的统计机构或者统计负责人在统计业务上，受所在地人民政府统计机构或者乡、镇统计员的指导。

中小型企业事业组织不单设统计人员的，可以指定人员专门负责统计工作。

第二十七条 统计负责人，是指代表本部门或者本单位履行《统计法》规定职责的主要责任人员。不设统计机构的，一般应当由具备相当统计专业技术职务条件的人员担任统计负责人。

第二十八条 各地方、各部门、各单位应当根据国家有关规定和工作需要，设置统计专业技术职务。

第二十九条 具有统计专业技术职务的人员的调动，应当分别征求本地区、本部门、本单位统计机构或者统计负责人的意见；其中，具有中级以上统计专业技术职务的人员的调动，应当征得上级统计机构的同意。

县级以上地方各级人民政府统计机构主要负责人的调动，应当征得上一级人民政府统计机构的同意。乡、镇统计员的调动，应当征得县级人民政府统计机构的同意。

各部门和企业事业组织统计负责人的调动，应当征求上级主管部门和所在地人民政府统计机构的意见。

第三十条 国家统计局和县级以上地方各级人民政府统计机构，应当有计划地对统计人员进行培训，加强对统计人员的职业道德教育，提高统计人员的业务素质。

国家统计局和县级以上地方各级人民政府统计机构增加和补充统计人员，应当从具备统计专业知识的人员中选调。

第五章 奖励和惩罚

第三十一条 县级以上各级人民政府统计机构、各部门、各企业事业组织，应当依照国家或者企业事业组织的规定，对有下列表现之一的统计人员或者集体，定期评比，给予奖励：

（一）在改革和完善统计制度、统计方法等方面，做出重要贡献的；

（二）在完成规定的统计调查任务，保障统计资料的准确性、及时性方面，做出显著成绩的；

（三）在进行统计分析、统计预测和统计监督方面，有所创新，取得重要成绩的；

（四）在运用和推广现代信息技术方面，取得显著效果的；

（五）在改进统计教育和统计专业培训，进行统计科学研究，提高统计科学水平方面，做出重要贡献的；

（六）坚持实事求是，依法办事，同违反统计法规和统计制度的行为做斗争，表现突出的；

（七）揭发、检举统计违法行为有功的。

奖励分为：通令嘉奖、记功、记大功、晋级、升职、授予荣誉称号，并可以发给奖品、奖金。奖金按照国家或者企业事业组织的规定在有关经费中开支。

第三十二条 下列行为，属于《统计法》第二十七条第一款所称情节较重的违法行为：

（一）虚报、瞒报、伪造、篡改统计资料数额较大或者占应报数额的份额较多的；

（二）虚报、瞒报、伪造、篡改或者拒报统计资料，二年内再次发生的；

（三）虚报、瞒报、伪造、篡改、拒报或者屡次迟报统计资料，被责令改正而拒不改正的；

（四）虚报、瞒报、伪造、篡改、拒报或者屡次迟报统计资料，造成严重后果或者恶劣影响的；

（五）在接受统计检查时，拒绝提供情况、提供虚假情况或者转移、隐匿、毁弃原始统计记录、统计台账、统计报表以及与统计有关的其他资料的；

（六）使用暴力或者威胁的方法阻挠、抗拒统计检查的；

（七）国家统计局依法认定的其他行为。

第三十三条　企业事业组织有《统计法》第二十七条第一款所列违法行为之一的，由县级以上人民政府统计机构或者国家统计局派出的调查队予以警告，并可以处5万元以下的罚款。

个体工商户有《统计法》第二十七条第一款所列违法行为之一的，由县级以上人民政府统计机构或者国家统计局派出的调查队予以警告，并可以处1万元以下的罚款。

第三十四条　任何单位或者个人有《统计法》第二十九条第二款所列违法行为的，由县级以上人民政府统计机构责令改正，没收违法所得，并可以处违法所得1倍以上3倍以下的罚款；没有违法所得的，可以处3万元以下的罚款。

第六章　附则

第三十五条　中华人民共和国境外的组织、个人需要在中华人民共和国境内进行统计调查活动的，应当委托中华人民共和国境内具有涉外统计调查资格的机构进行。

统计调查范围限于省、自治区、直辖市行政区域内的，应当持有关证明文件和统计调查方案，向省、自治区、直辖市人民政府统计机构提出申请，由省、自治区、直辖市人民政府统计机构审批；统计调查范围跨省、自治区、直辖市行政区域的，应当持有关证明文件和统计调查方案，向国家统计局提出申请，由国家统计局审批。

第三十六条 本细则自发布之日起施行。

附录4　《北京市统计条例》

北京市统计条例

第一章　总则

第一条　为了科学、有效地组织统计工作，保障统计资料的真实性、准确性、完整性和及时性，客观反映本市经济社会发展状况，发挥统计在服务经济社会发展和城市建设管理中的重要作用，根据《中华人民共和国统计法》，结合本市实际情况，制定本条例。

第二条　本条例适用于本市各级人民政府及其统计机构和有关部门组织实施的统计活动。

第三条　市和区、县人民政府加强对统计工作的组织领导，建立健全符合首都城市性质功能和经济社会发展规律的统计指标体系，完善统计工作方式和统计管理体制，对在统计工作中取得突出成绩的单位和个人给予表彰和奖励。

第四条　统计工作应当遵循职责独立、制度严谨、数据真实、结果公开的原则，充分发挥统计的信息、咨询、监督、监测和评价等作用，为政府决策和社会公众提供服务。

第五条　本市加强统计基础工作和统计信息化建设，完善统计信用制度，实施统计数据质量管理，对统计活动各环节进行质量控制。

第六条　国家机关、企业事业单位和其他组织以及个体工商户和个人等统计调查对象，应当依照法律法规和统计调查制度的规定，真实、准确、完整、及时地提供统计调查所需资料。

对未经依法批准的统计调查项目，统计调查对象有权予以拒绝。

第七条　本市鼓励统计社会服务机构和行业协会发展，为统计工作提供服务。统计社会服务机构和行业协会应当依法成立，接受政府有关部门的监督。

第八条 市和区、县人民政府统计机构负责本行政区域内统计工作的组织、协调、指导和监督。

区、县人民政府统计机构在乡、镇人民政府和街道办事处派出统计机构，负责本地区统计工作；村和社区的统计工作站点负责相关统计工作。

市和区、县人民政府有关部门应当明确具体负责统计工作的机构或者人员，依法开展和管理本部门职责范围内的统计工作。

第二章 统计调查

第九条 本市建立统计调查对象基本情况调查制度。国家机关、企业事业单位和其他组织以及个体工商户等统计调查对象应当自设立之日起 30 个工作日内向市或者区、县人民政府统计机构报送基本情况统计资料。

市和区、县人民政府统计机构应当在政务服务场所为统计调查对象报送基本情况统计资料提供指导服务。

市和区、县人民政府应当加强政务服务场所建设，通过整合系统、优化流程等手段推进统一报送工作。

第十条 市人民政府应当统筹整合政府有关部门信息资源，建设全市统一的统计调查对象名录系统。统计、工商行政、民政、质量技术监督、税务等部门应当按照有关规定及时向统计调查对象名录系统提供所需资料。

统计调查对象名录系统供政府有关部门查询和使用。

第十一条 制定地方统计调查项目，应当体现精简效能原则，科学设置统计指标和设计调查方案，并按照国家要求进行可行性测试。能够通过已有统计资料和行政记录取得所需资料的，不得制定地方统计调查项目。

人民政府统计机构、有关部门申请地方统计调查项目，应当向具有法定审批权限的统计机构提交申请表、制定依据、统计调查制度、经费保障等材料。

第十二条 市或者区、县人民政府统计机构应当对地方统计调查项目的必要性、可行性、科学性进行审查。

对与国家或者部门统计调查项目重复的，不予批准；对调查对象、调查内容相同或者相近的，应当合并。

第十三条　市或者区、县人民政府统计机构应当自受理申请之日起20个工作日内，对符合法定条件的，作出批准决定；对不符合法定条件的，不予批准并说明理由。

地方统计调查项目未经批准的，不得开展统计调查活动。

为应对突发事件等开展的应急地方统计调查项目，市和区、县人民政府统计机构应当按照国家有关法律法规的要求，予以受理和审批。

第十四条　市和区、县人民政府统计机构应当自批准之日起10个工作日内，向社会公布地方统计调查项目的名称、组织实施机关和统计调查制度等相关信息。

地方统计调查项目组织实施机关应当通过公告等方式向统计调查对象告知统计调查制度。

地方统计调查项目可以采取购买服务的方式实施。

第十五条　组织实施地方统计调查项目应当执行国家统计标准和部门统计标准；没有国家统计标准和部门统计标准的，应当执行本市统计标准化指导性技术文件。

本市统计标准化指导性技术文件由市人民政府统计机构制定并公示。

第十六条　地方统计调查项目组织实施机关应当在项目完成之日起30个工作日内，将调查结果和相关资料报送地方统计调查项目审批机关。

第十七条　市和区、县人民政府统计机构及有关部门应当制定年度统计调查计划，并于每年年底前公布下一年度拟开展的统计调查项目。

第十八条　企业事业单位和其他组织等统计调查对象应当加强对统计工作的管理，明确相关人员负责统计事项。

第三章　统计资料

第十九条　国家机关、企业事业单位和其他组织以及个体工商户等统计调查对象应当建立健全原始记录和统计台账，原始记录和统计台账的保存期限不少于2年。

统计台账的要素、内容和形式，按照统计调查制度的规定执行。

第二十条 统计调查对象应当按照统计调查制度规定的报送方式报送统计资料，并对统计资料的真实性、准确性、完整性和及时性负责。

统计调查对象可以委托统计社会服务机构报送统计资料。

第二十一条 任何单位和个人不得以任何形式指使或者授意统计人员伪造、篡改原始记录、统计台账和统计资料。

对指使或者授意伪造、篡改统计有关原始记录、统计台账和统计资料的行为，相关统计人员有权拒绝。

第二十二条 任何单位和个人公开使用市和区、县人民政府统计机构及有关部门公布的统计资料的，应当注明统计资料来源并如实使用。

第二十三条 市和区、县人民政府统计机构及有关部门在本市组织开展统计调查取得的统计资料应当共享，国家另有规定的除外。

市和区、县人民政府统计机构及有关部门通过共享取得的能够识别或者推断单个统计调查对象身份的统计资料，只能用于统计分析、统计咨询、统计监测评价等统计工作，不得对外提供、泄露。

第二十四条 市和区、县人民政府统计机构及有关部门可以根据统计工作需要，通过与社会信息资源的拥有者合作开发或者购买服务等方式，获取社会信息资源，但不得损害社会信息资源涉及的第三方权益。鼓励和支持社会信息资源的拥有者参与合作开发。

第二十五条 本市建立统计资料发布制度，加强统计资料发布的统筹管理，保障发布资料的准确性和一致性。具体办法由市人民政府统计机构制定，报市人民政府批准后执行。

第二十六条 市和区、县人民政府统计机构和有关部门建立健全统计资料存储备份机制，防止统计资料毁损和灭失。

第四章 统计服务

第二十七条 市和区、县人民政府统计机构应当根据本市经济社会发展和城市建设管理的需要，加强统计分析和统计资料的利用。

市和区、县人民政府统计机构和有关部门开展统计调查取得的统计资料、统计分析报告等，应当及时向社会公开，供社会公众查询，但涉及国家秘密、商业秘密和个人隐私的除外。

第二十八条　市和区、县人民政府统计机构和有关部门应当编制年度统计资料公布计划，明确统计资料公布的时间、内容、方式、频率等。

市和区、县人民政府统计机构和有关部门应当按照计划向社会公布统计资料，并对指标含义、调查范围、调查方法、计算方法、抽样调查样本量等情况进行说明和解释。已公布的统计资料调整或者修改的，应当说明调整或者修改的具体事项和理由。

第二十九条　本市加强经济社会发展基础数据平台建设，整合各部门、各行业、各领域统计资料，实现统计资料共享，供社会公众查询。

市人民政府统计机构制定平台的指标体系、业务标准和数据来源。有关单位应当及时向平台提供本部门、本行业、本领域的统计资料。

第三十条　企业事业单位、其他组织、个体工商户和个人可以通过下列方式获取统计资料：

（一）通过经济社会发展基础数据平台查询；

（二）通过市和区、县人民政府统计机构和有关部门的门户网站查询；

（三）通过市和区、县人民政府统计机构和有关部门设置的信息查阅场所、设施查询或者索取。

通过上述方式无法获取的统计资料，企业事业单位、其他组织、个体工商户和个人可以根据自身生产、生活、科研等合理需要，依法向市和区、县人民政府统计机构和有关部门提出申请。市和区、县人民政府统计机构和有关部门应当依法作出答复或者提供相应的便利。

第三十一条　市和区、县人民政府统计机构及有关部门在组织实施统计调查过程中，应当加强对统计调查对象的业务指导，为统计调查对象报送统计资料提供服务，并优先满足其对相关统计资料的合理需求。

第三十二条　统计人员应当具备与其从事的统计工作相适应的专业知识

和业务能力，依法取得统计专业技术职务资格或者统计从业资格。

市和区、县人民政府统计机构及有关部门应当采取多种形式，加强对统计人员的业务培训和职业道德教育。有关单位应当为统计人员接受培训和教育提供便利条件。

第五章　法律责任

第三十三条　违反本条例第二十二条规定，未注明统计资料来源或者未如实使用的，由市或者区、县人民政府统计机构责令改正；逾期未改正或者造成严重后果的，可以处 5 万元以下罚款。

第三十四条　市和区、县人民政府统计机构及有关部门有下列行为之一的，由本级人民政府、上级人民政府统计机构或者本级人民政府统计机构责令改正，予以通报；对直接负责的主管人员和其他直接责任人员由任免机关或者监察机关给予处分：

（一）违反本条例第二十三条第二款规定，将统计资料用于统计以外目的，或者对外提供、泄露的；

（二）违反本条例第二十六条规定，造成统计资料毁损和灭失的；

（三）违反本条例第二十八条第二款规定，未按照计划公布统计资料，或者擅自调整、修改已公布的统计资料未说明理由的。

第三十五条　国家机关、企业事业单位和其他组织以及个体工商户等统计调查对象有下列行为之一的，由市或者区、县人民政府统计机构按照有关法律法规规定给予处罚：

（一）拒绝、阻碍统计调查或者统计检查的；

（二）拒绝、阻碍统计调查人员或者统计检查人员进入办公场所执行统计调查或者统计检查任务的；

（三）拒绝、阻碍统计调查人员或者统计检查人员调取相关资料、记录、复制、录音、录像的。

第三十六条　统计调查对象有下列行为之一的，由市或者区、县人民政府统计机构向社会公示：

（一）拒绝、阻碍统计调查或者统计检查的；

（二）拒绝提供统计资料或者经催报后仍未提供统计资料的；

（三）提供不真实、不准确、不完整统计资料的；

（四）转移、隐匿、篡改、毁弃或者拒绝提供原始记录和凭证、统计台账、统计调查表及其他相关证明和资料的；

（五）利用虚假统计资料骗取荣誉称号、物质利益的；

（六）国家规定的其他应当公示的统计违法行为。

第三十七条　对企业事业单位、其他组织、个体工商户和个人违反统计法律法规的行为，应当纳入社会信用信息系统。

第六章　附则

第三十八条　本条例所称统计调查制度，是对统计调查项目的调查目的、调查内容、调查方法、调查对象、调查组织方式、调查表式、统计资料的报送和公布等作出的规定。

第三十九条　本条例自2016年1月1日起施行。1994年9月8日北京市第十届人民代表大会常务委员会第十二次会议通过，根据1997年9月4日北京市第十届人民代表大会常务委员会第三十九次会议《关于修改〈北京市统计管理条例〉的决定》第一次修正，根据2001年10月16日北京市第十一届人民代表大会常务委员会第三十次会议《关于修改〈北京市统计管理条例〉的决定》第二次修正的《北京市统计管理条例》同时废止。

附录5 《北京公共交通控股（集团）有限公司统计工作管理办法》

北京公共交通控股（集团）有限公司统计工作管理办法

（经集团公司2014年1月15日经理办公会审议通过）

第一章 总则

第一条 为了科学、有效地组织集团公司系统统计工作，保证统计资料的准确性与及时性，发挥统计工作在企业生产经营活动中的重要作用，根据国家和北京市有关统计法律法规，结合集团公司相关文件要求，特制定本办法。

第二条 集团公司统计工作的基本任务和要求是：全面贯彻国家和北京市有关统计法律法规，系统、准确、及时地反映本单位生产经营工作的基本情况，提供统计资料，开展统计分析，发挥统计监督作用，为企业管理和发展服务。

第三条 各单位统计机构和统计人员应严格贯彻执行国家和北京市制定的统计制度和相关规定。

第二章 统计机构

第四条 集团公司规划发展部是企业统计工作的专职管理部门，下属单位要有专门负责统计工作的具体机构，并明确其职能。

第五条 各单位统计机构负责做好以下工作：

（一）负责组织、协调本单位的统计工作，制定本单位的统计工作制度，建立健全统计台账制度。

（二）搜集、整理并及时提供真实可靠的统计资料，及时编制下达本单位的生产计划。

（三）对本单位的生产经营情况进行统计分析、统计监督和统计预测，及时编写统计分析报告，为企业经营决策、生产指挥、效益考核、科学发展提供参考和依据。

（四）按时、保质地完成统计调查任务，认真管理本单位的统计调查表。

（五）认真做好本单位统计人员的业务培训和统计工作的检查监督。

（六）配合相关部门做好本单位的考核、评比工作。

（七）认真落实领导交办的各项临时任务。

第三章　统计人员

第六条　集团公司系统要建立一支完善的统计人员队伍。集团公司相关各部室要明确兼职统计人员，下属各单位要明确统计工作的具体负责人（统计负责人），明确专职统计人员，统计负责人应参加与企业生产经营有关的会议。

第七条　各单位要安排综合素质好、责任心强的人员从事统计工作岗位，支持统计人员的正常履职及业务培训等；统计人员应取得市统计局统一制发的统计从业资格证后，方可从事统计工作。

第八条　各单位应注意保持统计人员队伍的相对稳定。二级单位统计负责人的调动，应征求集团公司规划发展部的意见，其他统计人员的变动，应征得本单位统计负责人的同意。统计人员调整、调动或离职，应由能够担当规定职责的人员接替，原则上先补后调，不得因工作调动而影响统计工作的正常进行。

第九条　统计人员如因病假、事假等原因不能正常工作时，各有关单位负责人应当指定临时统计人员代理其工作，以保证统计工作正常进行。

第十条　统计人员调离工作时，应做好下列工作：

（一）将经办工作的情况全面地向接替人员交代清楚。

（二）培训接替人员的业务，使其能独立开展工作。

（三）所有统计资料（包括统计手册、统计台账、相关文件及历史资料等）与统计用具（如书刊等），应一一造出清单移交。

第十一条 统计人员应认真学习统计法律法规，严格执行统计制度，刻苦钻研统计业务，掌握统计工作技能，按照规范程序报送统计资料，按时参加业务培训，不断提高业务水平，遇有统计调查任务时，统计人员应服从整体工作安排。

第四章 统计资料

第十二条 各单位应建立健全与企业生产经营活动相适应及满足统计业务核算需要的原始记录和统计台账，做到真实、完整、连续、准确，字迹要清晰端正。

第十三条 企业统计报表主要分日报、旬报、月报、季报和年报等形式，由集团公司规划发展部负责按照国家和北京市有关规定规范企业内部统计报表的名称、格式、计算口径、报送时间和报送方式等。

第十四条 各单位在向规划发展部报送统计报表的同时，应随同报送统计分析，做到：月报有文字说明，季报、年报有分析报告。

第十五条 集团公司规划发展部负责核心层单位对外相关统计资料的报送工作；其他单位按照国家和北京市有关制度和规定对外报送有关统计资料，并报集团公司规划发展部备案。

第十六条 各单位应按有关法律法规和制度规定，真实、准确、完整、及时地提供统计资料，不得提供不真实或不完整的统计资料，不得迟报、拒报统计资料。

第十七条 各单位报送的统计资料须经本单位主管领导或统计负责人审核、签章，审核、签署人员对其真实性、准确性和完整性负责。

第十八条 各单位统计资料发出后，如发现错误，必须立即订正。接收单位发现数字错误后，应立即通知填报单位订正，填报单位不得推诿拖延。

第十九条 各单位行政领导所需的统计数字应由同级统计机构或统计人员提供。各单位向社会媒体发布的有关统计数据，应报集团公司规划发展部核准后提供，确保相同指标的口径范围及核算结果一致。

第二十条 各单位编制的统计台账和加工整理后的统计资料，应妥善保管，不得损坏和遗失，电子记录要注意定期刻录、永久保存。

第二十一条　集团公司和各单位应加强统计信息自动化系统建设，根据统计任务的需要，配备数据处理和数据传输设备，建立健全现代化统计信息管理系统。

第二十二条　各单位属于保密性质的统计资料，应按集团公司保密制度的规定执行，严格保密，严防丢失。

第五章　统计检查

第二十三条　集团公司规划发展部负责集团公驾驶员关各部门和下属各单位相关统计资料的检查、监督工作，定期或不定期对统计数据的真实性、准确性、完整性及统计分析的质量等方面开展检查。

第二十四条　集团公司规划发展部按照北京市有关规定，统一组织培训，对考核合格的人员，发给《统计检查证》，建立一支专、兼职统计检查员队伍。

第二十五条　统计检查员在执行统计检查监督任务时，应当出示《统计检查证》。各被检查单位和人员应积极协助统计检查员的工作，如实反映情况，提供相关证明和资料，不得拒绝、阻碍检查，不得转移、隐匿、篡改、弃毁原始记录和凭证、统计台账、统计调查表及其他相关证明和资料。

第二十六条　为了调动各级统计人员的积极性，提高统计工作质量，集团公司规划发展部每年在年报完成后开展一次统计工作的评比检查活动，并对评为“优秀”的单位和个人给予奖励。

第二十七条　集团公司规划发展部负责在每年度评比和检查活动中，对有问题的单位发出整改通知书，责令限期整改，并形成书面检查报告，报送集团公司主要领导。

第六章　责任追究

第二十八条　凡违反国家和北京市有关规定，因统计工作失误或失职，给企业造成不良影响的，追究涉及单位主管统计工作的领导、统计负责人和直接统计人员的责任。

第二十九条 凡单位领导强令和授意统计部门和统计人员篡改统计资料或提供不真实统计资料的，追究相关领导人员的责任。

第三十条 凡因统计人员自身失误或失职原因，造成统计资料不真实或不完整的，追究当事统计人员的责任。

第七章 附则

第三十一条 本办法适用于集团公司机关及所属各单位。

第三十二条 本办法由集团公司规划发展部负责解释。

第三十三条 本办法自发布之日起施行。原《北京公共交通控股（集团）有限公司统计工作管理办法》（公交〔2007〕86 号文件）同时废止。

第三十四条 各单位可按照本办法制定统计工作管理实施细则，报集团公司规划发展部备案。

参 考 文 献

[1] 丁家云，谭艳华. 管理学——理论、方法与实践 [M]. 合肥：中国科学技术大学出版社，2010.

[2] 周三多. 管理学 [M]. 3 版. 北京：高等教育出版社，2010.

[3] 交通运输部道路运输司. 城市公共交通管理概论 [M]. 北京：人民交通出版社，2011.

[4] 孙文生. 统计学原理 [M]. 北京：中国农业出版社，2003.

[5] Runtian Jing，Andrew H. Van de Ven. Applying Yin – Yang to Organizational Change in a Chinese Company [J]. 中国管理新视野，2014（2）.

[6] 贾俊平. 统计学 [M]. 4 版. 北京：中国人民大学出版社，2009.

[7] 高铁梅. 计量经济分析方法与建模：Eviews 应用及实例 [M]. 北京：清华大学出版社，2009.

[8] 古扎拉蒂，波特. 计量经济学基础 [M]. 北京：中国人民大学出版社，2011.

[9] 卢小广. 统计学教程 [M]. 北京：清华大学出版社，2005.

[10] 黄良文. 统计学 [M]. 2 版. 北京：中国统计出版社，2011.

[11] Mario F. Triola. 初级统计学 [M]. 8 版. 北京：清华大学出版社，2004.

[12] 肖海林. 企业战略管理 [M]. 北京：中国人民大学出版社，2008.

[13] 陈黎琴，赵恒海，高士葵. 管理学 [M]. 北京：经济管理出版社，2011.

[14] 方振邦，徐东华. 管理思想史 [M]. 北京：中国人民大学出版社，2011.

[15] 马浩. 战略管理学精要 [M]. 北京：北京大学出版社，2008.

[16] 徐国华，张德，赵平. 管理学 [M]. 北京：清华大学出版社，2011.

[17] 王吉鹏. 如何制定战略规划 [M]. 北京：企业管理出版社，2014.

[18] 希特（Hitt，M. A.）. 战略管理：竞争与全球化［M］. 6 版. 北京：机械工业出版社，2005.
[19] 王吉鹏. 集团管控［M］. 2 版. 北京：中信出版社，2008.
[20] 杨恩敬 . ANJI 集团企业发展战略研究［D］. 武汉：华中科技大学，2010.
[21] 孙洪艳 . DT 房地产开发公司战略规划研究［D］. 天津：天津大学，2010.
[22] 廖日光 . FH 公司战略管理研究［D］. 广州：华南理工大学，2013.
[23] 张家玮 . HEC 公司战略规划研究［D］. 哈尔滨：哈尔滨工程大学，2012.
[24] 程响 . S 公司战略诊断与制定［D］. 广州：华南理工大学，2013.
[25] 吴晓影 . TT 超市 2011—2015 年发展战略规划［D］. 长春：吉林大学，2010.
[26] 梁汉东 . T 集团战略管理研究［D］. 广州：华南理工大学，2012.
[27] 郭丰 . XT 公司战略规划研究［D］. 天津：天津大学，2010.
[28] 李富荣 . X 公司发展战略研究［D］. 长春：吉林大学，2013.
[29] 张佳人 . YJQ 公司业务发展规划研究［D］. 广州华南理工大学，2011.
[30] 冷明娜 . Z 水泵公司战略规划与执行研究［D］. 苏州：苏州大学，2013.
[31] 李四德. 编制企业集团中长期发展战略规划的实践与体会［C］//全国黄金（有色金属）矿山生产新技术、新产品学术交流会论文汇编 . 2007.
[32] 葛菲. 大连中小软件企业战略管理研究［D］. 大连：辽宁师范大学，2010.
[33] 中国发展战略学研究会战略管理咨询中心 . 当前企业战略管理应解决的十大难题［C］//中国发展战略学研究会战略管理咨询中心年会论文集 . 2002.
[34] 刘唐进. 房地产企业战略管理研究［D］. 武汉：武汉科技大学，2012.
[35] 刘剑. 高碳醇厂战略发展规划［D］. 长春：吉林大学，2011.

[36] 杨晓滨. 构建企业战略规划管理体系 [J]. 中国石化，2014 (1).

[37] 孙耀. 基于企业战略管理层面的人力资源规划研究 [D]. 开封：河南大学，2012.

[38] 吕昌隆. 辽宁省焊接材料行业发展规划及实施策略研究 [D]. 长春：吉林大学，2013.

[39] 陈芳. 宁波 A 厨具有限公司战略管理研究 [D]. 长沙：长沙理工大学，2013.

[40] 佟瑞鹏，陈大为. 企业安全生产发展战略编制程序和方法研究 [C] //中国职业安全健康协会学术年会论文集. 2007.

[41] 王艺. 企业发展战略研究——长春市公交集团 [D]. 长春：吉林大学，2006.

[42] 赵国志，钱凯西. 企业战略管理方法研究 [C] //贵州省科学技术优秀学术论文集. 2004.

[43] 韩江波. 企业战略规划存在的问题及对策研究 [J]. 科技与企业，2014 (12).

[44] 吴趋书. 企业战略规划之浅见 [J]. 现代经济信息，2013 (24).

[45] 韩晓静. 企业战略绩效评价体系研究 [D]. 株洲：湖南工业大学，2012.

[46] 范卫峰. 三色鸽公司组建集团的战略研究 [D]. 开封：河南大学，2012.

[47] 薛泽雄. 厦门公交集团发展战略研究 [D]. 武汉：武汉工程大学，2013.

[48] 罗勇华. 我国中小建筑企业战略管理研究 [D]. 广州：华南理工大学，2010.

[49] 王喜文. 银鸽集团发展战略规划研究 [D]. 开封：河南大学，2012.

[50] 中国发展战略学研究会战略管理咨询中心. 战略规划与发展规划的区别 [C] //中国发展战略学研究会战略管理咨询中心 2006 年年会论文集. 2006.

[51] 中国发展战略学研究会战略管理咨询中心. 战略规划与经营规划 [C] //中国发展战略学研究会战略管理咨询中心 2005 年年会论文

集 . 2005.

［52］沈阳 . 知识管理主导的企业战略管理系统的研究［D］. 南昌：东华理工大学，2013.

［53］胡文君 . 成都市公共交通体制改革的问题、成因和对策［D］. 成都：四川省社会科学院，2011.

［54］刘娟娟，曾庆华，李赫楠，等 . 国内外城市公交改革对长春市公交发展的启示［C］//城市发展与规划大会论文集 . 2011.

［55］孟海丽 . 国有企业改革的回顾与思考［D］. 淮北：淮北师范大学，2011.

［56］曾士周 . 深化公交企业改革促进公用事业发展［C］//新世纪中国城市公共交通现代化论坛论文集 . 2001.

［57］冯跃 . 所有制结构、公司治理与国企改革研究［D］. 天津：南开大学，2012.

［58］陈玉涛 . 我国公交改革的问题、成因与方向［D］. 重庆：西南政法大学，2010.

［59］尹合远，陈滢 . "公交优先"对汕头市公共交通发展的启示［J］. 地方政府发展研究，2001（6）.

［60］林正 . 北京公共交通发展战略建议［C］//中国巴士快速交通发展战略研讨会论文集 . 2003.

［61］张健俊 . 城市公交优先战略实施的瓶颈制约及对策研究［D］. 福州：福建农林大学，2013.

［62］刘树荫 . 城市公交优先政策研究——以无锡市为例［D］. 上海：华东政法大学，2012.

［63］薄秋红 . 城市郊区公共交通发展策略研究［D］. 长春：吉林大学，2010.

［64］陈波，包志毅 . 城市可持续发展规划和实施的新方法［C］//城市规划年会论文集 . 2004.

［65］沈巍 . 大城市公交优先发展战略研究［D］. 南京：东南大学，2006.

［66］董璞砚 . 地方政府在城市公共交通优先发展中的责任研究［D］. 临汾：

山西师范大学，2012.

[67] 闫亚斌．公交优先的政府职责与提高绩效措施研究［D］．西安：长安大学，2008.

[68] 全永燊，孙明正．公交优先理论与实践［J］．江苏城市规划，2007（5）．

[69] 蒋新春，胡小文．公交优先模式的探索和实践——以常州市为例［C］//城市发展与规划大会论文集．2011.

[70] 杨波．公交优先是城市可持续发展的必然选择——成都市近几年实施公交优先战略概述［C］//四川省汽车工程学会 成都市汽车工程学会南骏杯学术年会论文集．2005.

[71] 李艳峰．公交优先下政府最优补贴机制研究［D］．南昌：江西师范大学，2009.

[72] 陈懿，戴维思．公交优先战略研究［C］//第一届中国智能交通年会论文集．2005.

[73] 威廉与佛洛拉·休利特基金会．迈向可持续的公共交通之路——首尔公交改革的经验与成就［R］．宇恒可持续交通研究中心，译．韩国首尔：韩国首尔发展研究院，2006.

[74] 程旭．基于“公交优先”的城市交通发展政策导向研究［D］．天津：天津商业大学，2012.

[75] 赵丹．佳木斯市城市公共交通发展对策研究［D］．哈尔滨：黑龙江大学硕士学位论文，2012.

[76] 余庆荣．昆明“公交优先”战略的实践与展望［C］//中国巴士快速交通发展战略研讨会．2003.

[77] 耿大勇．莱芜市公共交通优先发展战略研究［D］．长春：吉林大学，2012.

[78] 丁志刚．南通市公交优先发展对策研究［D］．上海：上海交通大学，2008.

[79] 韦达，王谦．浅析公交优先措施在我国城市交通中的应用［C］//第一届中国智能交通年会论文集．2005.

[80] 徐泽洲．青岛市优先发展城市公共交通对策研究［D］．西安：西安建

筑科技大学，2011.
[81] 刘岸华．四川省自贡市城市公共交通战略管理研究［D］．成都：电子科技大学，2007.
[82] 马晓亮．苏州市公交优先发展问题研究［D］．苏州：苏州科技学院，2009.
[83] 郭娟．我国城市公共交通优先发展战略研究［D］．西安：长安大学，2008.
[84] 种超．我国公共交通管理问题研究［D］．西安：长安大学，2012.
[85] 刘娜．优先发展城市公共交通的必要性与措施［J］．河北工程技术高等专科学校学报，2009（1）．
[86] 楚瑶．长沙市城市公共交通可持续发展研究［D］．长沙：长沙理工大学，2013.
[87] 卢宇．城市公交行业市场化改革研究［M］．北京：经济管理出版社，2014.
[88] 北京公共交通控股（集团）有限公司．城市公共交通计划管理［M］．北京：中国言实出版社，2006.
[89] 建设部综合财务司．城市建设统计指标解释［M］．北京：中国建筑工业出版社，2002.
[90] 刘光明．企业社会责任报告的编制、发布与实施［M］．北京：经济管理出版社，2010.
[91] 熊振南．统计法导读［M］．北京：中国统计出版社，2001.
[92] 全国统计专业技术资格考试用书编写委员会．统计业务知识［M］．北京：中国统计出版社，2013.
[93] 中国统计教育学会．统计法基础知识［M］．北京：中国财政经济出版社，2014.
[94] 中华人民共和国交通运输部道路运输司．世界主要城市公共交通［M］．北京：人民交通出版社，2010.
[95] 朱胜，熊健益．统计学原理—学习指导与习题［M］．北京：中国统计出版社，2009.